尘封的历史书系

yan ya qing

世界公民 颜雅清 传

蔡德贵 著

广东省出版集团

花城出版社

中国·广州

图书在版编目（ＣＩＰ）数据

世界公民颜雅清传 / 蔡德贵著. -- 广州 ：花城出
版社， 2013.1
　（尘封的历史书系）
　ISBN 978-7-5360-6558-1

　Ⅰ．①世… Ⅱ．①蔡… Ⅲ．①颜雅清（1905～1970）
—传记 Ⅳ．①K825.2

中国版本图书馆CIP数据核字(2012)第279667号

出 版 人：詹秀敏
责任编辑：林宋瑜　揭莉琳　余佳娜
技术编辑：凌春梅
装帧设计：林露茜

出版发行	花城出版社	
	（广州市环市东路水荫路 11 号）	
经　　销	全国新华书店	
印　　刷	广东新华印刷有限公司	
	（广东省佛山市南海区盐步河东中心路 23 号）	
开　　本	787 毫米×1092 毫米　20 开	
印　　张	16　1 插页	
字　　数	300,000 字	
版　　次	2013 年 1 月第 1 版　2013 年 1 月第 1 次印刷	
定　　价	38.00 元	

如发现印装质量问题，请直接与印刷厂联系调换。
购书热线：020—37604658　37602954
花城出版社网站：http://www.fcph.com.cn

目录

"爱之玫瑰"

——引言

"在永恒荣光之玫瑰园里,一朵圣花开始绽放,其他花朵与之相比,仅荆棘而已。"

在150多年以前的1858年,在"和平之城"的一个叫做"天堂"的花园里,一位东方哲人巴哈欧拉吟咏着一首诗,诗中有这样的诗句:

神秘的夜莺啊,只把窝巢筑在那灵性的玫瑰园里!……夜莺寻觅玫瑰的妖娆;……在你的心田里,只种爱的玫瑰。……除了爱的玫瑰,不要栽种别的。……颜色各异的玫瑰,共同生长于人类美丽的花园。

他对世人首要的忠告是:永葆一颗纯洁、仁慈和意气风发的心!亘古、永恒与生生不灭的王国就属于你!

在20多年以后,巴哈欧拉期盼出现的,为人类服务的"爱之玫瑰"在中国出生了。

在跌宕苦难的大时代背景下,人既可能显得卑微渺小,感到浮生若梦,世事无常,于是在颠沛流离、风雨飘摇中度过一生;也可能超越自我,出于民族大业的考虑、信念和意志的支撑,在时代中走出生路,留下辉煌。

是"时势造英雄",还是"英雄造时势"?其实"英雄"和"时势"是互"造"的。

20世纪初诞生的这支"爱之玫瑰",当然不是普通的玫瑰。她自己也许并没有常人所享受到的那种甜蜜爱情的幸福,她在婚姻上可能并不完美。但是作为"爱之玫瑰",她的爱,绝对不是普通人的爱,而是对中国的爱,对世界的爱,对全人类的大爱。正如加拿大女作家帕蒂·哥莉所说:她经历了众多的政治与社会的剧变,出生在清朝,成长在革命中的中国,作为二战中的英雄,亲历了太多的历史变迁,她是一个对东西方都有着巨大影响的女性,同时也是一个有思想和勇气的独立女性。也如圣辅约翰·罗伯茨[1]所说:她是一位国际上知名的演讲家,她的一生都贡献给了世界和平事业,她已经代表她的国家中国参加过包括日内瓦、敦巴顿橡树园、莫斯科在内的世界上许多地方举行的和平会议,她任职于联合国组织国际秘书处,她了解战争的可怕,因为她曾生活在敌军占领的地区,而后又设法逃出。

一个女性在20世纪给我们展现了豁达豪迈、识大体、顾大局的牺牲精神,却仍然是有血有肉的真实人生。既有为民族大业贡献的快乐,也有因为父命难违而造成的婚姻不完美的悲情。那是一种需要认真回味的人生,是可以超越时代的。在市场经济的大背景下,我们同样需要这种大智、大仁、大勇,同样需要奉献,同样需要回归朴素的自我,同样需要用自我意识创造自己的真实人生。

这个人是谁?

她是一位"素颜美女","高雅秀丽","冰清玉洁"。这三个词汇的第二个字"颜"、"雅"、"清",组合出一个民国杰出的侠女人物——抗日战争史上著名的女外交家、中国最早的女飞行家之一、联合国创建的最早参与者——颜雅清。

她也是大家之后,名门之后,中外政要的身边人。她是清末圣约翰大学的创始人之一颜永京的孙女,民国时期政府总理颜惠庆和铁道部副部长颜德庆的侄女,曾经给杨开慧和毛泽东治过病的中国西医泰斗颜福庆的长女,清华之父曹云祥的表侄女,上世纪30年代上海首富维克多·沙逊的座上客,蒋介石夫人宋美龄赴美期间的随身护理,语言大师林语堂、思想家胡适的朋友,美国罗斯福总统夫人的故友,她还是《联合国人权宣言》的起草人之一,联合国早期的信息官……她

---

[1]　加拿大籍,John Robarts(1901—1991)。

是围绕在中外权力中心身边的人！但是她严于律己，不靠家庭，不靠关系，艰苦奋斗，谦卑待人，不仅为中国奉献，而且为世界奉献，是一个真真正正的爱国志士，也是为全人类服务的"世界公民"，是一个感人至深的女杰！她是大国崛起的范儿，是中国的骄傲！

这样的一个女杰颜雅清，在时人的记忆里，却是有不少错误和误解的。有的把她误写成严雅清，如胡适；有的误写成颜雅卿，如政府档案；还有的，甚至干脆认为，颜雅清这个人是不存在的，她只是另一个女飞行员李霞卿的另外一个拼写法而已，如航空史研究者关中人先生。

有句话，不知道多少人引用过，谁也不知道是哪位哲人说的：上帝创造女人十分吝啬，或给予智慧，或给予勇敢，或给予美貌。上帝创造李霞卿慷慨大度，格外垂青，竟把智慧、勇敢、美貌一并赋予了她。[1]颜雅清和她是好朋友。和李霞卿相比，颜雅清淡妆素雅，不施粉黛，却比李霞卿更多了一层为全人类服务、为联合国工作的大背景。她多才多艺，会作画写生，能歌善舞，善于演讲，中英文皆通，还能使用俄语。

……

颜雅清身为一个杰出的民国女性，兼有爱国主义和国际主义的大背景，但她一直隐身在历史的幕后。现在是还原的时候，该让她走到历史的前台了。

---

[1]　王玉彬：《东方蜻蜓李霞卿》，《科学大观园》1995年第3期。

第一章 冰清玉洁

——颜家有女初出生

1. 显赫的颜氏家族

颜氏家族是中国历史上少有的家族，繁衍了2500多年，以其孔子弟子颜回而名扬四海。

中国有句俗话，叫做"富不过三代"，但是没有"贫穷也不过三代"的说法。可惜身居陋巷的颜回后裔何时发达，没有人能够考证。

颜回是春秋鲁国人，孔门七十二弟子之一。他乐道安贫，深得孔子赞

颜回

美，孔子夸奖说：颜回很难得！一箪食，一瓢饮，住在僻陋的巷子里，要是别人，必将忧烦难以忍受了，而颜回却安然处之，并没有改变他问道好学的乐趣。孔子还向别人称赞颜回，"不迁怒，不贰过"。所以，后世都将颜回列为孔门七十二贤人中最贤的一个，以德行著称。儒家学派无一例外地尊他为"复圣"（孔子为至圣，孟子为亚圣，颜子为复圣）。

在孔子的弟子中，最有外交才能的是子贡，子贡之外可能就是颜回了。颜回的外交才能，后来被其南宗后裔颜惠庆继承下来了。

在颜氏后裔里，不管是南宗还是北宗，都以颜回的"贫贱不能移"的道德操守教育后代，他们一辈传一辈地告诉后代祖先的高尚品德。颜惠庆家族口耳相传的故事说：颜回因为家里贫穷，曾被同学怀疑偷了同学的东西。老师孔子对颜回很了解，不信他会偷，为了给学生们确凿的证据，就让同学考验颜回：取黄金一锭，在金锭上刻字"天赐

担任清华大学校长的曹云祥

曹云祥父亲曹子实

颜回一锭金"，悄悄放到颜回常打水的井台。众人躲在远处偷窥，颜回来打水，见金以后，在金锭上写字"外财不发命穷人"。事后，孔子的满门弟子都信服，颜回虽家贫，但志气凛然，日后定成大器。

先秦时期，颜氏家族在齐鲁大地繁衍，也有个别入居河南的。西汉时，颜氏仍主要繁衍于山东一带。东汉时有楚人颜忠，也有颜氏徙居今湖北省境的。魏晋南北朝时，世居山东的颜氏没有因外界动荡不安而受影响，高官不断，人丁兴旺，发展成为颜氏琅琊临沂一支望族。隋代以前，一支颜氏由琅琊入迁关中，唐代颜师古（颜回三十七代孙）时，曾孙颜真卿等一批人，均有名于当世，或仕宦当朝，或书法造诣精深，或两者皆备，其中颜真卿最是大名鼎鼎，百世流芳。此支颜氏，风光显赫一时，为世人仰慕。北宋末期，康王赵构南迁杭州，山东、河南等地颜氏随之南迁，形成颜氏南宗。南宋末期，居于江、浙、闽、赣一带之颜氏，为避兵火，有迁两广、两湖之地者。明初，颜氏作为明朝洪洞大槐树迁民姓氏之一，被分迁于河南、河北、山东、陕西、湖北等地。清末，颜氏人已广布全国各地。

颜回的后人里面，名人众多。颜延之、颜之推、颜师古、颜真卿、颜元是其佼佼者。

颜氏南宗繁衍到上世纪的时候，在福建和上海一带出现了许多杰出人物。

在《清华之父曹云祥》里，笔者提到的曹云祥的父亲曹子实，就是颜永京的妹夫。曹子实是浙江秀水的一个孤儿，在上海流浪街头，被基督教传教士蓝柏收养。曹子实成年后，和上海的基督教徒颜永京结识，1873年，曹子实和颜永京的妹妹结婚，成为颜永京的妹夫。这位被颜永京之子颜惠庆在日记里称为"马夏尔"的姑父曹子实，体魄魁梧，生性乐观。尽管在苏州工作，却经常来颜永京家。曹、颜两家的

联姻，对以后曹子实的儿子曹云祥产生了很大的影响，对其升迁起过决定性的作用。

据钱益民、颜志渊先生的《颜福庆传》，颜永京的父亲颜清源，在福建厦门海盗盛行、太平天国运动兴起、陷于战乱的时候，逃亡到上海，经营木棉业，但是家境并不富裕。据舒厚仁先生和颜庆莲的女儿曹舒丽安说，当时住在王家码头，有自己的堂名"退省"[1]。颜清源

颜永京故居

夫人，沈太夫人是上海崇明岛人。颜清源生有五个孩子。长子颜永京，字拥经，乳名三大。次子颜如松，据说亦叫颜祖经，字澍隆。这个名字，让人很自然地想到道教的一首诗《龙门华山派》，其中有两句："情高悟开复天理，自然长颜如松年。"

颜如松少贫，自幼被父亲送到王家码头的教会学校，接受基督教教会教育，1870年赴美深造，就读于美国建阳学院，1875年1月初回国。关于他留学的情况，很难看到有关的记载，只有祁兆熙[2]《游美洲日记》提到，他和颜如松是1874年底在美国金山启程，坐同一条轮

[1] 曹舒丽安：《我的外祖父颜永京牧师》，台湾《传记文学》第17卷第6期。

[2] 祁兆熙（？—1891），清江苏上海（今上海市）人，号瀚生。早年于"法兵驻沪之时"，初习洋务，任上海团练董事时，学习法语一年。1865年入海关办事，学习英文三年。由例仕同知，后保花翎补用知府，署广东惠州府碣石通判。博学多才，长于洋务。同治十三年（1874年）八月，奉命带领唐绍仪等幼童三十名赴美国留学。1875年初归国，著有《游美洲日记》并附《出洋见闻琐述》一卷。稿本原藏上海南洋公学，后作为"王培孙纪念物"归于上海图书馆，即据此整理：他们一行34人（幼童30人，护送人员及随行者四人，包括邝参军其照号容阶，佐余护送也；孙茂才云江，驻洋容帮办幕友也；三弟兆熊，伴余往游，十二龄次子祖葬），祁兆熙将学生安顿好后，十月二十四日复至金山（现在称旧金山）上船，十二月初一日（1875年1月8日）回到上海。（祁兆熙《游美洲日记》，钟叔河《从东方到西方·走向世界丛书叙论集》，岳麓书社2002年，第211页）后来在粤任职17年，历办督署洋务，辑中外通商约章，同香港英国当局安定中国电局事宜；还从事筹赈、禁赌、查洋面等，又办团练，在督署办洋务。辑《通商约章》、《洋务成案》两书。

船经日本回国的。祁兆熙的日记提到两个细节，一个是颜如松自费留学，和舒凤标同时回国，但是舒凤标在美国纽约学医科15年。他们两个人均已经西化，穿西服了。一个是颜如松年轻时候好新奇的事情，有强烈的好奇心。我们引述祁兆熙的几则日记：

（1874年阴历）十月二十四日，廖竹滨来，送余上船。船上工人待客谦和。船上有上海人二：一为颜如松，自携资斧，就学外国，一为舒凤标，至纽约学医。二人皆洋服者也。

二十六日，乙未，晴，礼五。早起。饭后登舱面，见颜如松以绳系肉，中藏倒刺小钩。有海鸟啄肉，不得脱。鸟毛似乌鸦，肉不可食。因问医生取药水死之，剥其毛羽，为奇观焉。是日，风虽逆，舟行尚稳。

十一月初七日，丙午，晴，礼二。风水虽顺，而浪仍不小。是船开行以来，未尝一日行二百"麦"路者。不似乘"日本"船，至捷之程日行二百九十"麦"也。

三弟（兆熊）早餐能吃生鸡蛋，谓余曰"前所不能食者，今亦能之矣，不亦怪乎！"余曰："习惯成自然耳，曷足怪？即如舒凤标住美十五年，动作一切如西人，上海土话反不能成语。他年诸生回华，度未尽简乡音无改者矣。"

十一月二十三日，壬戌，礼四，晴。早起冷甚。八点吃早餐。颜如松、舒凤标俱登岸游观东洋，迟一礼拜回。[1]

颜如松使用鱼钩钓鸟，现在看起来是一种非常荒唐的行为，但是在当时的颜如松那里，却是一种好奇心的驱动和满足。一个刚刚接受完西方系统教育的留学生，耳边还回响着西方思想家们关于好奇心的名言警句，如英国历史上最有名气的文人塞缪尔·约翰逊就说过，好奇是智慧富有活力的最持久、最可靠的特征之一。好奇是学者的第一美德。而颜如松接触的中国思想家不太鼓励好奇心，往往更为重视循规蹈矩，所以也往往扼杀了人们的创新精神。颜如松从西方人那里学到了一种好奇心，弥补了在中国接受的教育之不足。而这种好奇心也

---

[1] 祁兆熙：《游美洲日记》，钟叔河：《从东方到西方·走向世界丛书叙论集》，岳麓书社，2002年，第245—250页。

遗传给了自己的孙女颜雅清。

祁兆熙一行是十二月初一回到上海的，那么颜如松就是1875年1月15日（阴历十二月初八日）回到上海吴淞口的。

颜如松回国以后的升迁非常缓慢。到1880年6月19日的《万国公报》上才看到有别人和他的诗作，也有朋友庆祝他升任会吏[1]的职务，可见他那时候才有了一定的知名度。后成为圣公会牧师，在江湾教堂主持教务。1889年2月，正值壮年的颜如松不幸死于伤寒。根据吴虹玉[2]的回忆，当时的情况是这样的：

1889年上半年种种情况使我健康大损，医嘱去日本休养。这些情况是：当时管理江湾教堂之颜如松牧师，因病住在虹口我的住所。阴历正月初四（1889年2月3日），嘉定李会吏之妻因难产病危，要我速往。我当夜雇轿匆匆赶赴嘉定，于凌晨3时抵达。一路摸黑迷路，所幸巧遇一教友家，供给夜餐、灯笼，并为我们引路。我得以使病人解救，守护她整整两夜。第三日深夜2时，忽然沪上来人传我妻言，颜如松牧师病危，要我即刻返沪。翌日午后赶到家中，颜牧师已去世，我惟参加其葬礼而已。然我因劳累过度，未几便发烧生病。

吴虹玉牧师在江湾接替已故颜如松牧师，此乃重返故地，因他原系离此前往嘉定，协助开设新堂区者。圣保罗堂有分堂6处，学校11所，各堂之间，相距甚远。故吴牧师及吴、石、朱三会吏甚为忙碌。

"自此以后，江湾堂区由我照管。"[3]

颜如松和吴虹玉牧师的妹妹结婚，颜如松去世之后留下五个孩子，兄弟姐妹五人中，颜福庆排行第二。其他兄弟姐妹"靠寡母任

---

[1] 会吏：基督教新教圣公会对"助祭"（希腊文dia'konos）一词的译称，另也有助祭、六品、辅祭等异称。一般神父在受职前，皆需先受此职。作弥撒时可协助神父参与一定的礼仪。多为过渡性的品级，经过一定时日，多数皆可升为神父。源于《新约圣经》，传说在初期教会中由主教派立，协助主教办理教会一般事务，如慈善救济事宜。原词为希腊文dia'konos，与新教所译"执事"同源。

[2] 吴虹玉（1834—1919），江苏常州人，1848年入上海教会学校，受洗入教，1854年秋随军舰去美国，在一家报馆当印刷工，1864年回到上海，在教会工作。是美国圣公会在华最早施洗的信徒和最早被按立的华人牧师之一，与黄光彩、颜永京并称为美国圣公会的三位华人先驱。徐以骅教授有《美国南北战争中的中国牧师——吴虹玉》（《档案与史学》（沪）1999年第6期，第52—55页）对吴虹玉介绍甚详。

[3] 朱友渔、徐以骅：《吴虹玉牧师自传（1915年口述）》，丁日初主编《近代中国》第七辑，立信会计出版社，1997年，第307页、第308页。

教堂女布道和江湾小学教员薪给抚养成人。颜福庆幼年寄居伯父颜永京家中，和堂兄弟同窗求学，受堂兄颜惠庆的民主主义思想影响尤深"。[1]颜福庆6岁过继给伯父颜永京，等同于颜永京的儿子。

颜清源还有一个女儿，就是后来嫁给曹子实做妻子的三妹，到现在也不知道她的名字。

曹子实和颜清源的女儿结婚之后，生有六个孩子，两女四男，分别是曹芳云（女）、曹雪赓、曹福庚、曹云泉、曹云祥、曹丽云。六个孩子都留美求学，其中四人曹芳云、曹雪赓、曹云祥、曹丽云是在各项事业上史载留名的。曹云祥就是清华之父，在《清华之父曹云祥》里已经详论。颜、曹两家的关系非常亲密，给后代留下不少家族和睦的佳话。有了这层关系，曹云祥和颜惠庆、颜福庆就成为姑表兄弟。

颜永京就是颜雅清的伯祖父。因为颜雅清的父亲颜福庆等同于颜永京的亲生儿子，所以颜永京也就等同于颜雅清的亲祖父了。

颜永京一家被誉为上海最好的基督徒。

颜永京1838年生于上海广福寺地方，寓居小东门，在兄妹五人中排行第三。虽然在上海长大，血管里流淌着的，却依然是齐鲁文化的血液：智、仁、勇兼备，知书达理，正直不阿。他一直以自己是山东人而自豪。小时候，和其他山东籍的孩子一样，喜欢嬉戏。经常率领一帮孩子，效仿道士，"身披单被作鹤氅，手持摇铃"。十几个孩子后边跟着。私塾里的狗死了，带领孩子们给狗"作殡葬之仪，送犬入土"。及长，"溜冰泅泳与击球之戏，俱所擅长"。而"辩论中屡以口才取胜"。"洁身自好，不以财货动其身"。[2]成人之后，颜永京给外人的印象是"貌白皙，身中材，容有威，语不繁而必有中"。"和容柔声"，"学贯中西"，"能以自牧"。所以"得人之推尊"。[3]这些品质对后人影响极大。

其时，美国最早派到中国的传教士之一、基督教圣公会在中国的奠基人文惠廉（1811—1864，本名William Jones Boone），最初在厦门

[1] 谈松华：《颜福庆》，娄献阁、朱信泉主编：《民国人物传》第10卷，中华书局2000年，第460页。

[2] 谢洪赉：《颜永京先生事略》，《颜惠庆自传》，台湾传记文学出版社，1973年，第297页。

[3] 同上，第300页。

传教，1844年被任命为美国圣公会中国传教区主教，成为圣公会在中国的第一位主教，被授权在上海办了一个男塾。

颜永京，照片来自徐以骅主编《上海圣约翰大学》

1848年，10岁的颜永京到文惠廉的这所学校就读。1854年，颜永京被基督教圣公会选派，送往美国留学，坐了70天的帆船，费尽艰辛，受尽海上颠簸之苦，终于到达美国。1861年毕业于俄亥俄州一个不太知名的建阳学院（Keyens College），获硕士学位。后来，他的弟弟颜如松和长子颜锡庆都先后毕业于该学院。颜永京"在该校好学乐群，给同学和当地居民留下深刻印象"。[1]8年后，鉴于颜永京在中国的传教成就，建阳学院授予他荣誉硕士学位。后来，他还入选全美大学高材生荣誉学会，是该会的第一位中国籍会员[2]。

颜永京1862年回国以后，先担任上海英国领事馆翻译，不久加入同文书局，后改任上海租界工部局的通事，现在叫翻译，是上海文学辩论会惟一的华籍会员。1870年，颜永京正式成为牧师，在武昌县华林购置地皮建校舍，筹建了文华学堂，后扩充为文华书院，即后来的长江中游著名学府华中大学（今华中师范大学），在武汉一带兴学布道历时12年。1878年，颜永京回到上海，协助施约瑟主教创办了圣约翰书院，1881年任校长，主持教务达8年之久。

施约瑟，又译施若瑟（Samuel Isaac Joseph Schereschewsky，1831—1906），是出生于立陶宛贫家子弟的犹太人，受犹太文化的熏陶，也受西方思想文化的很大影响，并且精通中国文化，学贯中外。圣约翰书院成为后来被称为"东方耶鲁"的圣约翰大学。美国美以美会对颜永京的评价是：他信仰坚定，自我牺牲，绝不畏惧。正是智、仁、勇的完美结合。

颜永京在圣约翰书院，重金吸引早期留美幼童学成者，归国来校

[1] 徐以骅：《颜永京与圣公会》，丁日初主编《近代中国》第10辑，立信会计出版社，2000年，第195页。

[2] 曹舒丽安：《我的外祖父颜永京牧师》，台湾《传记文学》第17卷第6期。

任教，在国内的学校中是最早添设英文课程的。这些曾经的幼童有些是中国第一个走出国门，到美国留学的容闳带出国的。颜永京还热心公共教育事业，他的儿子——后来成为中国政界风云人物的颜惠庆，在自传中提到，其父对上海格致书院的各种活动极为重视，时加赞助，曾在院内用幻灯演映百余张五彩影片，讲述环游世界盛况。他视权势和富贵如粪土，颜永京的外孙女曹舒丽安在《我的外祖父颜永京牧师》一文中提及：光绪十七年（1891），清廷欲征召颜永京充任皇帝英文师傅，被颜永京婉言谢却，他只是淡淡地对传送口风的人说"不敢当"，就立刻把话题支开去了。他对家人说："每天教书，要我向学生跪拜磕头，我如何能做得到呢？"他引用李白的诗说："安能摧眉折腰事权贵，使我不得开心颜。"后来他因病卧床时，获悉光绪皇帝颇有大刀阔斧改革的决心，曾不无惋惜地对家人说："假如光绪早下决心变法维新，我也许会去北京。可是，当时瓜分势酾，我怎么能给一个亡国的君主做老师！"另外一个说法，是颜永京可能还另有隐情。他不愿意为帝王师，"其故有三：改革太速，皇帝于此时学英文，未为得宜，一也。教会事不可舍置，二也。不愿入政界，拘于礼规，三也。"[1]

　　1882年，在圣约翰书院讲授心理学的过程中，颜永京把英国学者赫伯特·斯宾塞（Herbert Spencer）的教育学著作《教育论》（*Education：Intellectual，Moraland Physical*）的第一章译成中文，取名《肄业要览》，由上海美华书馆出版。1889年，他又将美国学者海文（Joseph Haven）的心理学著作《心灵学》（海文的原著初版于1857年，*Mental Philosophy：Including the Intellect，Sensibilities，and Will*）译成中文，由上海益智书会[2]出版，因此而被视为将西方心理学介绍到中国的第一人。

　　《心灵学》原名《心理哲学：包括智、情、意》，在此书翻译中，颜永京创新的译词与现今通用的心理学术语几乎全不一样，再加上全书译文均为文言，所以内容十分艰涩难懂，在很大程度上影响了它的传播，但是颜永京在传播西方心理学方面所建立的首功是不容否

---

[1]　谢洪赉：《颜永京先生事略》，《颜惠庆自传》，台湾传记文学出版社，1973年，第299页。

[2]　益智书会是近代来华传教士在中国创办的著名文化传播机构之一。

定的。

《心灵学》被公认为是在王国维之前中国人最早译介西方美学的著作。颜永京译"美学"为"艳丽之学"，审美能力为"识知艳丽才"。1908年，商务印书馆出版颜惠庆主编的《英华大词典》，在"美学"、"美术"的词条中，也仍保留了"艳丽学"这一美学的对译词。由此可见其影响已经很大。在《心灵学》的译序中，颜永京首先对心理和心理学的对象进行了界说："盖人为万物之灵，有情欲、有志意，故西土云，人皆有心灵也，人有心灵，而能知，能思，能因端而启悟，能喜忧，能爱恶，能立志以行事，夫心灵学者，专论心灵为何，及其诸作用。"由于他的译著和讲学影响较大，圣约翰大学也就成为我国最早传播、介绍西方心理学的基地之一。颜永京还翻译了传教士慕惟廉所著的《知识五门》（1894年），当年梁启超错认为颜永京所著，以后学术界长期也多以为是颜永京所著，实为其翻译作品。

1891年4月第3册《中西教会报》，颜永京发表有《耶稣教师大会记录》。1893年，颜永京翻译有《日使文学汇集》，发表在《万国公报》[1]。该译文最早把心理学翻译为"心才学"，文章介绍美国埃尔书院院长华尔赛的著作《万国公法》和《心才学》。日本的森有礼编有《日使文学汇集》，森有礼曾任日本驻美、驻华公使和日本文部大臣等职，在驻美期间，于1872年公开向美国人民征求振兴日本之卓识良策，着重在五个方面，即：一、国之殷富；二、商务；三、农务与制造；四、律例与国政；五、修德、安身，立国、立家。认为这五个方面均与文学必有相关之处，共得应征之宏篇十余件，森有礼将此汇集成书。森有礼所谓文学，"乃统赅文法学、地理志、史记、算学、格物学、动植物学、保身学、地壳学、化学、万国公法、富国策、人才学、诗赋、古人著作等"，与"化国"、"化家"有关系。由于内容均切中时势，颜永京认为中日两国，"地则同洲，民亦同类，即文化又大同小异"。"文学引人熟世事，知人情，明物力，开知识，加聪明"，但是仅有文学是不够的，还要有"德学"，德学之重要，就是因为"文学一门，尚不济事，犹必以德学配之斯为美"，"德学者，令人启天良，教人知正心。在家在外，如何立品。在国中，如何

---

[1] 光绪十九年（1893年）第50期，第5—8页。

为民"。所以，于中国"亦或可取"。

除此之外，颜永京的译著还有《科学导源》（斯宾塞著，节译本）、《史氏新学记序》（1898年），著作有《史略便蒙》（与唐永熙选定，1897年）等。另外编辑有《英普教会史》、《教会祷文》、《圣公会要道》、《训蒙识字》等。[1]

颜永京人品高尚，"起居有定，操守维严，不容人以非礼相干。待人以和，交友有信。国家之事，无日去怀。每谈至失败，辄慷慨见于色。好读书，积卷帙甚富。当世大问题，无不研究。科学、神学不偏废。凡有新说起，辄涉猎之。"[2]

颜永京还敢于直言，批评中国科举制，"作为教会教育的组织者，颜永京曾公开批评中国的传统教育制度是对'精力可怕的浪费'和对'思维活力的巨大摧残'，因此这一制度'使整个国家成了化石'。颜认为中国当时最大弊病之一就是存在着某种'精神惰性'，因此尽管人们已看到欧美在各方面的进步，但仍不思仿效。颜通晓国际事物，强调中国应具有国家竞争的意识，否则必落在亚洲他国之后，如西、葡落于英、法、美、德之后一般，因此如圣约翰之类的教会学校有唤醒中国的特殊使命"。[3]

为了唤起中国人对西学的兴趣，颜永京重视英语教学，认为"教授英语是当时传播西学的惟一途径；教授英语是吸引学生来校读书的惟一方法；教授英语可向那些不愿担任牧职的学生提供惟一的谋生手段"。[4]

颜永京虽然和美国关系密切，而且在生活习惯方面几乎全盘西方化，但是爱国一直是他持之以恒的信念。颜永京"性正直，不容人世有不平事"。"上海租界之内，西人之权偏重，其中不良者，往往凌侮车夫，或下等华人。先生见之，未尝不义形于色，辄为之剖解申诉。西人为义所屈，乃谢罪焉。"[5]他在1881年4月6日和1885年11月

---

[1] 谢洪赉：《颜永京先生事略》，《颜惠庆自传》，台湾传记文学出版社，1973年，第298页。

[2] 同上，第299页。

[3] 徐以骅：《颜永京与圣公会》，丁日初主编《近代中国》第10辑，立信会计出版社，2000年，第204—205页。

[4] 同上，第205页注释。

[5] 谢洪赉：《颜永京先生事略》，《颜惠庆自传》，台湾传记文学出版社，1973年，第299页。

25日，因为看到旧上海租界的公园有"华人与狗不得入"的牌子，他非常愤恨，就与上海著名绅商陈咏南[1]、吴虹玉联名写信给工部局，抗议不准中国人游览外滩公园的规定，坚决维护中国人的尊严。他们强烈要求拆除这块侮辱中国人的牌示，并提出有条件开放公园的建议。他出面为受西人凌辱之车夫和穷人打抱不平，致使西人谢罪。[2]他还认为租界内华人缴纳税金比西人还多，而租界内的市政厅，却没有华董的位置，所以他据理力争，争取华人的董事地位，只是没有结果。[3]

1886年，颜永京任圣公会设在上海虹口救主堂的牧师。颜永京和宋庆龄的父亲宋耀如（宋查理）是好朋友，也是基督教同道，颜永京摸着自己脑后的辫子劝宋耀如："入乡随俗，你要想在中国传教，最好还是把辫子留起来。因为你是中国人，你的任务主要是向国人传道，拯救千千万万同胞。如果你不留辫子，不穿戴中国人习以为常的衣冠，他们会认为你是假洋鬼子，他们见了连躲避都来不及，哪里还会从你手里接受上帝的福音呢？"[4]可见颜永京非常熟悉国人的心理。

圣约翰大学为纪念颜永京的功绩，将男生宿舍楼命名为"思颜堂"。现在它依然是原圣约翰大学今华东政法大学的一道靓丽风景，透露着浓厚的文化信息。

复旦大学美国研究所的徐以骅教授，是研究基督教的权威学者，他对中国早期基督教人士进行的研究，做出了很大的贡献。他所作的《颜永京与圣公会》一文，是迄今我们看到的最详细研究颜永京的论文。该文载入丁日初主编、上海中山学社编的《近代中国》第10辑。

颜永京作为中国基督教圣公会早期的华人牧师之一，在武昌文华书院和上海圣约翰书院（即后来的圣约翰大学）的开创者中，成为这所大学里中国人的代表。圣约翰大学的校训"光与真理"和"学而不

---

[1] 陈咏南，上海著名广东籍爱国绅商，生平无考。1929年曾经在广州晏公街48号，开共安联保火险公司。

[2] 徐以骅：《颜永京与圣公会》，丁日初主编《近代中国》第10辑，立信会计出版社，2000年，第205页，第212页。

[3] 参见谢洪赉《颜永京先生事略》，《颜惠庆自传》，台湾传记文学出版社，1973年，第299页。

[4] 解力夫、冯光：《宋氏家族》，社会科学文献出版社，1996年，第22页。

思则罔，思而不学则殆"，体现了颜永京中西融为一体的办学思路。作为国内的教会教育界公认的华人领袖，他也是最早进入教会教育高层的中国人，而且还是第一个，在王国维之前就把西方心理学介绍到中国的学者。

在品德方面，颜永京堪称典范。他虽然受西方文化的熏陶，但是对于中国固有的伦常，一直坚守。"孝亲教子，友于弟妹，诚信接人，忠于职务，无不严守圣哲的遗训，躬行实践。"[1]这些品德对他的后辈影响甚大。圣约翰大学卜舫济校长高度评价他，"是一位不知有自己，但知有大众，诚实、公正、勇敢，能牺牲小我的伟人"。[2]

作为教士，颜永京对于禁烟和天足两项运动相当热心。在提倡天足方面，颜永京身先士卒，禁止他唯一的爱女颜庆莲缠足。颜庆莲周围达官贵人的女子，都是缠足的。天足的颜庆莲不独惹人注意，而且为此常遭缠足者嘲笑，不得不女扮男装外出。[3]在19世纪八九十年代的中国，一个大家闺秀保持天足，是需要很大的勇气与决心的，由此可见颜家的开通与民主。颜永京的这种主张，后来也贯彻在孙

年轻时的颜惠庆

女颜雅清身上，颜雅清小时候是不缠足的。而父亲对禁烟的热衷，对颜惠庆的影响最为深刻。1894年，颜永京受中国禁烟总会的派遣前往英国，宣传鸦片贸易对中国流毒之深，力陈鸦片带给中国人的毒害，谴责英国商人唯利是图，将鸦片输入中国的罪恶行径，呼吁英国各界本着"己所不欲，勿施于人"的精神，和基督"爱人如己"的教义，支持中国的禁烟运动。颜惠庆跻身政界后也竭力倡导禁烟，曾数度作为中方代表出席国际禁烟大会。他常回忆起童年时，有一次父亲带他

---

[1] 曹舒丽安：《我的外祖父颜永京牧师》，台湾《传记文学》第17卷第6期。

[2] 沈亮：《颜永京》，《华人基督教史人物辞典》，网络资料版。

[3] 曹舒丽安：《我的外祖父颜永京牧师》，台湾《传记文学》第17卷第6期。

到厦门老家旅游，沿途看到不少的中国同胞因吸食鸦片而疲顿猥琐、龌龊不堪。父亲对此痛心疾首，殷殷告诫颜惠庆日后定要为中国的禁烟事业努力。这件事情给颜惠庆留下了极为深刻的印象，每每激励他执着地为中国的禁烟运动而努力。[1]

1894年，颜永京受中国禁烟总会派遣，出国宣传禁烟。后来到美国宣传禁烟，1898年6月20日在睡眠中去世。他的遗嘱要求子女：善事慈母，爱众亲仁，为国家社会服务。[2]

颜永京和妻子戚氏[3]生育了六个孩子，五男一女。长子颜锡庆、次子颜志庆，三子颜×庆，四子颜惠庆、五子颜德庆、六女颜庆莲。颜永京的弟弟颜如松1888年不幸患伤寒病故以后，留下三子二女：颜明庆、颜福庆、颜连庆和颜桂英、颜俪英。父亲去世后，6岁的颜福庆寄养于伯父颜永京家中，与堂兄颜惠庆形同手足，如亲兄弟。[4]

在颜永京的子女之中，出名的太多。其中最有代表性的是"颜氏三杰"，就是颜惠庆、颜德庆、颜福庆。

颜惠庆

颜惠庆（1877—1950）担任过北洋政府总理，代行总统职务，还

[1] 陈雁：《颜惠庆传》，河北人民出版社，1999年，第5页。
[2] 曹舒丽安：《我的外祖父颜永京牧师》，台湾《传记文学》第17卷第6期。
[3] 颜永京的妻子戚氏出生于浦东农家，曾在上海西门美国教会学校上学，订婚后颜永京送她到香港进修一年，以提高英语水平。
[4] 陈雁：《颜惠庆传》，河北人民出版社，1999年，第3页。

左起颜明庆、颜惠庆、颜德庆、曹云祥、颜福庆、颜连庆[1]

担任过外交总长、驻苏大使等高级职务。若论成就，颜惠庆或许是颜永京最为骄傲的儿子，他是我国近现代史上享有声望的政治家、外交家、社会活动家。

　　颜惠庆，字骏人，1877年4月2日出生于上海虹口，颜永京给他取了一个英文名字，叫Williams，是为了纪念颜永京在教会中的好友，美国人文惠廉主教。母亲姓戚，是上海浦东人。1880年，颜家从虹口搬到圣约翰书院，颜惠庆有机会接触到美国人。此后，他在圣约翰、英华学塾及上海官方与英人开办的同文书院就读，学过英文和拉丁文以及数学。中文旧学另请家庭教师来完成。1895年，颜惠庆前往美国，在弗吉尼亚州亚历山大圣公会中学读书，1897年入弗吉尼亚大学，先后学习德文、英国文学、自然科学和人文社会科学诸学科。颜惠庆对国际法和宪法尤为偏好，曾在乔治·华盛顿大学系统进修了外交理论和国际法知识。5年后颜惠庆从弗吉尼亚大学毕业，获文学学士学位，此后在上海圣约翰大学教授英语、地理和数学。1905年，他在上海编《南方报》英文版，当时就约请了在圣约翰大学当助教的曹云祥做该报的编辑，兼任商务印书馆的编辑。1906年9月，颜惠庆赴

　　[1]　1936年摄影，《颜惠庆自传》，姚崧龄译，台湾传记文学出版社，1973年。

北京，参加清廷首次举行的游学欧美毕业生考试，名列一等第二，赐（译科）进士出身，被慈禧太后和光绪皇帝召见，还被派往学部任职，但未就任，而是返回上海圣约翰大学。上海圣约翰大学授予他文学博士衔。[1]

1905年，商务印书馆特聘颜惠庆主编一本大型英汉辞典——《英华大辞典》，他约请曹云祥等十几个人做撰稿人。颜惠庆把大辞典看做"实为群书总汇，亦一具体而微之百科全书"，因此"凡泰西所有天文舆地、诸子百家暨种种美术，靡不包举无遗"，任务实属艰巨，非独力所能承担。于是邀请了16位上海圣约翰大学和香港皇仁书院的专家协助编纂，延聘"稀龄硕德，久已淹雅著闻"的袁足一，主持华文的勘定，由"留学美国有年，见称于女界"的亲妹颜庆莲负责英文订正。

在颜惠庆的主持下，曹云祥等人积极参加编撰，短短两年间完成任务。全词典3000多页，12万条英语词汇，成为很长时间内"钻研西学者"的大型工具书，对中西方科学、文化、技术的交流起了重要作用。严复充分肯定这部凝聚着众多学者心血的词典，亲笔作序，在序文之首、末，钤自己的四枚大印，以示珍重。严复序称："《英华大辞典》出焉。搜辑侈富，无美不收，持较旧作，犹海视河，至其图画精详，迻译审慎，则用是书者，将自得之，而无烦不佞之赘言也。""由于吾国西学之日进"，旧有辞典"不足以餍学者之求"，而这部辞典有"与时俱进"之优点。颜惠庆的表弟曹云祥在编撰这部词典的时候，也初试牛刀，得到了锻炼。

1905年，颜惠庆还编著了《华英翻译捷诀》，将中国传统文化和西方的很多基本知识编入，是当时很畅销的习英语者普及读物，到1927年印刷达19版。

颜惠庆的日记，记录了他一生亲历过的1911年中英鸦片谈判、1919年巴黎和会、1925年北伐战争和关税会议、1931年九·一八事变、1932年日内瓦会议、一·二八事变，1933年伦敦世界经济会议和1949年北京和平谈判等国内外的重大历史事件，内容十分丰富，是一份相当有价值的档案史料。颜惠庆的儿子颜植生，将父亲的日记在

---

[1] 何明主编：《北洋政府总理的最后结局》，中共党史出版社，2008年，第275页。

1986年捐献给上海市档案馆。现在已经出版由颜惠庆英文撰写的《颜惠庆日记》中文版。

颜惠庆不仅能自食其力，还秉承父亲的遗愿，承担妹妹颜昭（庆莲）赴美留学的费用。颜庆莲后来毕业于弗吉尼亚州的司徒学院（The Stuart Hall），主修器乐。及后，颜惠庆进京供职于外务部，一直将妹妹带在身边，直至出嫁，兄妹感情笃深。[1]

颜惠庆1907年进入外交界，1908年2月，被外交部聘为二等参赞，随同伍廷芳出使美国，从此开始了他的外交生涯。1909年冬，颜惠庆应召回国，在外务部任主事，供职于新闻处，负责接待驻京外国记者，并协助发刊英文《北京日报》。翌年，参加清廷举行的游学生殿试，授翰林院检讨，升任参议，兼任清华学堂总办。1911年，参加中英禁烟问题谈判，使英国政府承认了禁烟原则。1911年11月，袁世凯任内阁总理后，升任外务部左丞。民国建立后，颜惠庆任唐绍仪内阁外交部次长。1913年，任驻德国、瑞典、丹麦三国公使。1920年8月，颜惠庆出任北京政府外交总长；此后，曾三次出任此职，数次兼、代、署理国务总理，摄行总统职权。在北京政府任职期间（包括出使欧洲），颜惠庆曾以中国代表团顾问的身份出席了巴黎和会（1919），筹备、组织了中国代表团参加华盛顿会议（1921），参与了北京关税特别会议（1925）的谈判；为收回日本在山东攫夺的权利和恢复中国关税自主权，斡旋于西方列强之间。他任外交总长时，曾奉令宣布停止沙俄驻华使领待遇，废止沙俄在华特权（1920）；主持废止了中日军事协定，并与德国签订复交条约（1921）。

1926年5月，由于和奉系发生龃龉，为了保持住自己的独立人格，颜惠庆辞去国务总理兼外交总长的职务，隐退于天津，以经商为生。

1931年，九·一八事变后，南京政府急于起用一批北京政府时代的外交官，开展国联外交。颜惠庆应召抵南京，11月，被任命为驻美公使，后又被任命为中国驻国联代表团首席代表，前往日内瓦。在1932年1月召开的国联会议上，他提交了日本侵略中国案，促请国联大会和行政院制裁日本。在国联大会上，痛斥日本的侵华行径，取得了极大成功。同年春天，国际裁军会议也在日内瓦开幕，颜惠庆被任命为中国首席代表，出席会议。会议期间，他和苏联外交人民委

---

[1]　参见陈雁《颜惠庆传》，河北人民出版社，1999年，第18页。

员加拉罕积极接触，秘密谈判中苏复交问题。终于在当年12月，于24小时内办妥了复交手续。消息公布后，震惊了世界。[1]抗日战争爆发后，颜惠庆在上海积极从事社会慈善事业和教育事业。1949年，为反对蒋介石政府继续内战，抱病飞往解放区同中国共产党代表商谈和平，同年11月，中央人民政府任命他为华东军政委员会副主席、中央人民政府法律委员会委员，1950年5月在上海病逝。毛泽东和周恩来均致唁

颜德庆

电，高度评价其一生为中国人民做出的杰出贡献。

顺便要说及，颜惠庆在上海圣约翰教学期间，曹云祥刚好从学校毕业。颜惠庆既是他的表兄，又属于他的师长辈。两人的关系一直非常密切，一起参加过很多重要活动，曹云祥命运中的几次重大转折也

京张铁路1909年10月通车典礼技术人员合影，前排左起翟兆麟、陈西林、詹天佑、颜德庆、于人凤

[1] 陈雁：《颜惠庆传》，河北人民出版社，1999年，第10—12页。

与颜惠庆有关。在《颜惠庆日记》[1]中，除了遗失的1920年、1922年至1923年、1927年日记内容我们无法得知，在其他各卷日记中我们发现，颜惠庆多次提到与曹雪赓、曹云祥兄弟俩的交往。而有了这层亲戚关系，曹云祥作为颜雅清的表叔，他们之间的来往就非常多了。

颜惠庆胞弟颜德庆（1878—1942），字季馀。著名铁路工程专家，上海同文馆等学堂毕业。1895年（另一说1896年）随兄颜惠庆留学美国，在理海大学（Lehigh University）专攻铁道工学。1902年起，历任粤汉铁路、上海铁道管理局技师，从事京张、粤汉、沪宁等铁道敷设，被清政府授为工学进士。民国初年曾任北京交通部参事。1919年任协约国共同监管中东及西伯利亚铁路技术部中国代表。1920年被派往欧美各国视察铁道。1927年后，任国民政府铁道部参事、胶济铁路管理委员长等职。1937年任铁道部代次长，后为顾问，最后任铁道部副部长。1939年出席英国庚款董事会。曾创立工程师学会，大力支持詹天佑，是詹天佑在事业上离不开的得力助手。1942年4月15日病逝于上海，终年64岁。詹同济编译的《新编詹天佑书信选集》[2]收录了詹天佑给颜德庆的大量信件，而且收有他们两人的合影。

至于三杰中的颜福庆，是下面要述及的。

---

[1] 颜惠庆著，上海市档案馆译，中国档案出版社，1996年。
[2] 华南理工大学出版社2006年。

2. 颜雅清的出生

思想家巴哈欧拉说："通过上苍的权能与力量，由他的知识和智慧的宝库，我已将深藏在他永恒之洋中的珠宝取出来展现于你们面前。我已命令天堂的仙女们，由遮掩的帷幕背后出现，并用我的圣言——具有绝顶力量与智慧的圣言——来装扮她们。我更进一步以神圣力量之手启封了我的启示之美酒，将其圣洁的、隐秘的芬芳，吹送到一切受造物。"[1]

陈酿美酒，是由于年深日久的沉淀与淳化，才散发出令人沉醉的醇香。人的身份和地位，往往也由于历史的沉淀而发生变化。一个人在生前曾经有过显赫的地位，但是后来往往被历史的重大事件所淹没，而经过一段长时间的筛选和沉淀，这个人的历史功过会被重新发现。颜雅清，就是经过几十年的历史沉淀，重新被认识的一位杰出中国海外女性。简单说，她是一位对中国、对世界，尤其是对联合国作出巨大贡献的女性。这个在天堂的仙女，已经"由遮掩的帷幕背后出现"，在历史的沉淀之下，颜雅清焕发出惊人的静美。

胡适的话不是经典，但是绝对有道理：历史是任人打扮的小姑娘。然而，胡适的"打扮"不是毫无原则的，他强调的是"大胆的假设，小心的求证"，这一原则被季羡林先生推崇为不移之论。

台湾文史作家陈定山1958年的《春申旧闻》笔记，讲到当年上海

---

[1]　《巴哈欧拉圣典选集》，澳门新纪元国际出版社，2004年，第153节，第213—214页。

少女颜雅清和父母颜福庆、曹秀英在一起（陈国凤大夫提供），右手中指的戒指和脖子上的项链尽露贵族态

的"交际名媛"时这样写道："上海名媛以交际著称者，自陆小曼、唐瑛始，继之者为周叔苹、陈皓明。周叔苹乃为邮票大王周今觉的女公子。陈皓明则为驻德大使陈震青之爱女。其门阀高华，风度端凝，盖尤胜于唐瑛、陆小曼。自此以后，乃有殷明珠、傅文豪，而交际花声价渐与明星同流。"

肖素均在《民国十大传奇女子的美丽与哀愁》[1]中不无深情地说：民国，中国历史上拥有特殊意义的一段时期。在这段乱世岁月里，有着这么一群传奇的女人，她们或生自盛世豪门，身价矜贵无比；她们或拥有绝代风华，魅力无人能及；她们或才情千万，傲然自立；她们或人生绚丽璀璨。……这些交际名媛风姿绰约、雍容大雅，如一群美丽的蝴蝶精灵。而这群美丽的蝴蝶精灵中，最吸引世人目光的、最光彩照人的，就是长相漂亮、五官有着一种西洋风情的唐瑛。唐瑛之所以能成为旧上海的头牌交际花，除了美丽的容貌外，还与她自小严格的家教分不开。唐瑛除修养极佳外，她穿衣考究而前卫，一直都是引领上海滩时尚风潮的风向标。Channel No.5香水、Ferragamo高跟鞋、CD口红、Celine服饰、Channel香水袋、LV手袋……凡是当时法国贵妇人所有的，她也都具备。据当时的传闻描述，唐瑛有十个描金箱子，里面全是衣服，光皮衣就挂了满满一整面墙的大衣橱。唐家养了一个裁缝，专门给她一个人做衣服。因此唐瑛的穿着在当时总是代表着上海滩最顶尖的时髦的女郎。

其实，在上海的名媛队伍中，一直有一个被遮蔽的身影，就是颜雅清。她的身份一直到2008年才被加拿大作家帕蒂·哥莉在《飞天名

[1] 中共党史出版社2009年，第30页。

媛——中国第一代女飞行家三人传》[1]中揭示出。这位名媛在美国是大名鼎鼎，但是在国内知之者甚少。单是搜寻有关她的资料，就极为费劲，更不要说为她立传了。我们真得感谢加拿大作家帕蒂·哥莉，她撰写的《飞天名媛》给我们提供了大量在国内鲜为人知的史料。而这部书出版的信息最早是颜雅清的女儿陈国凤大夫告诉我的。有了帕蒂·哥莉的这本书，我们得以知悉颜雅清的全貌。

　　1904年1月17日[2]，清光绪二十九年，农历兔年的腊月初一日，小寒已经过了10天，还有几天就是大寒，这正是上海这个当时属于江苏的南方城市最寒冷的日子。大街上，人很稀少，即便有人在街上，也是行色匆匆，赶着到公司或者家里，以便避避风寒。

　　上海同仁医院，是设在圣约翰书院医学部的附属医院，地点在虹口的培恩路和百老汇交界处的一所民房。那里的医生们、护士们都在忙碌着。

　　就是在这个节令，在上海同仁医院的宿舍里，在一个年轻的实习医生和传统基督教家庭，诞生了一位女婴。这是他们结婚以后的第一次生育。正在上班的实习医生得到信息，赶快回家。女婴出生之后，被取名为雅清——女孩非常雅丽，大大的眼睛，有神而明亮，面容白皙，五官端正，注定将来会出挑成一个美女；而且，这位年轻的父亲，特别向往美国的耶鲁大学，而当时在中国的译名还是雅礼大学，为此，女儿的名字就纳入了一个"雅"字。她生来典雅清丽，绰有天赐姿容。窗外，有几支腊梅在傲寒开放着，好像在告诉小雅清：既然来到这个世界，就要准备迎接各种艰难困苦和各种挑战。所以女儿在

<hr>

[1] Patti Gully, Sisters of Heaven, 美国旧金山Long River Press2008年英文版，中国花城出版社2012中文版，以下只注明正题，副标题省略。

[2] 颜雅清的生卒日期有不同的说法，颜雅清的侄子颜志渊先生和钱益民先生合著的《颜福庆传》所附录的《颜福庆年谱》，说颜雅清生于1904年，没有具体日期。《巴哈伊世界》的记载则说她1905年11月29日生于上海，去世于1970年3月18日，而颜雅清在纽约的墓碑上则说她生于1905年生，1970年死，年65岁。墓碑上写的介绍是：中国20世纪30年代的女飞行员。联合国中国代表团的成员，后来曾在联合国秘书处工作。住在纽约市布朗克斯河谷（县）的里佛岱尔。据介绍，这里是中间和上层阶级的住宅。加拿大传记作家帕蒂·哥莉（Patti Gully）的说法（《飞天名媛》）则是1906年1月17日。这些日子哪一个为准，谁也搞不清楚。我2011年3月2日在美国达拉斯联系到颜雅清的女儿陈国凤大夫，陈大夫说母亲的生日应该是1月17日，就是帕蒂·哥莉提到的，但却不是1906年。陈国凤大夫说，可以肯定的是，母亲是属兔的。按照这个说法，1903年是农历兔年，大致可以确定颜雅清生于1904年1月17日，农历兔年的腊月初一日。如果是1904年的11月29日，就不是兔年而是龙年了。

接受洗礼之后，父亲又给她一个希伯来语的名字"Hilda"（"希尔达"，也写作"黑尔达"——在希伯来语里有"战士"的意思）。这个名字预示着女儿会成长为一个女强人，一个为人类服务、为世界和平而奋斗的女强人。晚于她的女子复旦大学校长谢希德和英国的铁娘子首相都以此为名，不过英国的铁娘子后来更为出名的名字是撒切尔夫人。在颜福庆的概念里，女儿只有雅丽是不够的，还要当保卫国家的战士。这是年轻父母对长女的要求。然而，生在这个时节，这个孩子注定要先当大清帝国的臣民，然后才能够成为中华民国的公民。谁知道，这个孩子长大之后，并不满足于仅当中华民国的公民，她更要当世界的公民；不仅为中国奋斗，而且为世界和平奋斗。

　　颜雅清出生的第二年就是1905年，在中国历史上，是很有意义的一年。这一年，许多封疆大臣，如袁世凯、赵尔巽、张之洞、端方等人联名奏请立停科举。八月，光绪帝下诏"立停科举以广学校"，自丙午（光绪三十二年，1906）科为始，"所有乡会试一律停止，各省岁科考试亦即停止"。从隋朝开创的，在中国实行了1300年之久的科举制度，至此完全废除。士子必须更换出仕的方式了，对于他们来说，这可能是个很大的转折，而对于颜雅清来说，却无疑是个好兆头，是可以焕发创造力的好兆头。事实上也是如此。一个基督教的世家正好是与时俱进，从祖父颜永京开始，就是欢迎这种改革的。

　　这个基督教家庭的男主人就是颜福庆，是"颜氏三杰"之一，颜氏家族里的又一个重量级人物。其时，他刚刚从圣约翰书院医学部毕业，在同仁医院实习。女主人叫曹秀英，是上海的名门闺秀。他们夫妇就是颜雅清的父母亲。

　　说起这个颜福庆，还得把话多说一点。

　　颜雅清的父亲，就是颜惠庆的叔父颜如松之子颜福庆（1882.7.18—1970.11.29），上海人，出生于上海宝山县江湾镇吴家湾。后来长期在上海福开森路22号居住[1]。他是颜惠庆堂弟（因为寄养在颜惠庆家，等同于亲弟弟），字克卿。医学教育家、公共卫生学家，他也与颜惠庆一样，是圣约翰大学的毕业生。后来留学美国，是耶鲁大学医学博士、哈佛大学公共卫生学博士。1910年起担任长沙湘雅医学院院长，表弟曹云祥后来也因此成为长沙湘雅医学院董事会成

　　[1]　《中国名人年鉴》，中国名人年鉴社，1943年，第250页。

员。1915年2月，伍连德、颜福庆等21人在上海集会宣告中华医学会成立，并选举颜福庆为首届会长，伍连德为书记。此后在长达60年的时间里，颜福庆历任中央大学医学院（南京大学医学院前身）、北京协和医学院、上海医学院公共卫生学教授、副校长、院长，为中国的公共卫生事业做出了卓越贡献，被称为上海医学院之父、中国西医泰斗。1911年在京汉铁路沿线从事鼠疫防治工作，1914年，他再次赴美国专攻预防医学，获得哈佛大学公

颜福庆在耶鲁大学的照片

共卫生学院公共卫生学证书（C．P．H）。[1]1916年在萍乡煤矿进行钩虫流行病调查和防治工作。又曾先后在西北等地从事卫生建设。抗日战争和抗美援朝期间积极组织医疗救护队。新中国成立后被选为第一届至第三届全国人大代表、全国政协委员、九三学社中央委员兼上海分社副主任委员，是解放后最早确定的第一批一级教授。

颜氏的家谱一本书写不完，就此打住。

颜雅清的母亲曹秀英，也是上海的名门望族，1882年2月27日生于上海一个富裕的基督教世家，是有名的上海大户人家。曹秀英正好与颜福庆同庚。

1896年（清光绪二十二年），颜福庆14岁的时候，圣约翰书院创办了医学部，以上海同仁医院为教学和临床实习场所。1898年（清光

颜福庆年轻时候的照片

[1] 姚泰：《上海医科大学七十年》，上海医科大学出版社，1997年，第341页。

颜福庆年轻时候的照片

绪二十四年）颜福庆16岁的时候，养父颜永京去世。

颜福庆1899年成为圣约翰书院医学部第二班学生。1902年颜福庆20岁的时候，美国耶鲁大学学生组织雅礼会。1903年颜福庆从圣约翰书院医学部毕业，在上海同仁医院当实习医师，与曹秀英在上海的一个教堂举行了婚礼。

同仁医院创建于清同治五年（1866年），创办人之一吴虹玉牧师，是颜福庆的母亲吴氏之弟，系颜福庆之舅。同仁医院是上海地区成立最早的近代医院之一，为美国圣公会所办的教会医院，曾经是圣约翰大学医学院的附属教学医院，首任院长文恒理，最初在今塘沽路大名路附近，设立以门诊为主的诊疗所，取名同仁医局，两年后扩大规模，更名为同仁医馆。后几度迁址，1947年9月，寻址今万航渡路1561号。现在是长宁区愚园路738号。

1904年1月17日颜雅清出生之后，不到半年，1904年的6月份，父亲颜福庆应清政府之召，也因为要维持生计，应召与同道刁信德[1]等，结伴坐船赴南非约翰内斯堡多本金矿，去当华工的矿医。

曹秀英担负起抚养第一个孩子的重任。一年后，到颜雅清咿咿呀呀学语的时候，父亲从南非返回上海，那里的华工集体赠送一枚金质纪念章给颜福庆。颜雅清看着这枚纪念章，并不明白父亲所付出的辛劳，只是觉得好玩。不久，颜雅清还不到2岁，1906年，父亲赴美入耶鲁大学医学院深造。1907年，颜福庆25岁留美期间，曾参加孔祥

---

[1] 刁信德（1878—1958），广东兴宁人。宣统元年（1909年）毕业于上海圣约翰大学医学部。宣统三年（1911）留学美国，获宾夕法尼亚大学卫生学博士和热带病学博士学位。1915年回国，历任上海同仁医院内科主任，上海红十字会医院院长，圣约翰大学医学部教授、教务长、院长，同仁、宏仁医院主席董事等职。同时在上海开业行医。刁氏学识渊博，医术高明，在圣约翰大学医学部执教30余年，沪上不少名医皆出其门下。热心社会公益事业，曾参与创建中华医学会，被推选为第四届会长。还先后任中华医学会上海分会会长，上海圣约翰大学同学会、中华健康协会和中华麻风救济会会长。

26

熙、蒋廷黻等创办的"诚志社"。在美国，颜福庆生活清苦，坚持勤工俭学，多次利用课余时间受雇当茶叶和杂货的推销员，挣钱补贴生活费用。颜福庆因为节俭和勤恳，不但维持了生计，还稍有结余。

父亲不在家的时候，母亲十分细心地照顾长女。晚上要给孩子盖被子。小雅清偶尔也会淘气，逗母亲，那是小孩天生就会的招数。聪明的小雅清自然不会例外。有一次，母亲去小雅清的房间，看到女儿闭着眼睛，母亲看到被子盖得好好的，转身要走，小雅清大叫了一声，吓了母亲一跳。母亲告诉小雅清，有教养的孩子不应该大声叫嚷。小雅清记住了，到以后上学的时候，还真体会到母亲教育的周到。

1909年3月12日，雅礼会执行委员会决定，任命颜福庆为筹备中的雅礼大学医学教员，同时兼任雅礼学堂教员，为期两年。薪水为1200美金。另加100美金的孩子抚养费、美国到长沙的旅费。两年后如双方同意，可以续约。同年6月，颜福庆以优异成绩毕业，获医学博士学位（M.D.），同时荣获优秀博士毕业生和坎贝尔金质奖章提名，被吸收为美国自然科学会成员。7月，颜福庆赴英国利物浦热带病学院进修。10月，颜雅清的第一个弟弟，颜福庆夫妇的长子颜我清出生。12月，颜福庆获得热带病学学位证书（D.T.M.），是该校第六届25名毕业生之一。1910年1月31日，颜福庆回到上海。

1919年在长沙，后排右第一人为颜福庆，三排左第三人为曹秀英（照片取自钱益民、颜志渊《颜福庆传》。

　　20世纪初，西方基督教的传教活动走向本土化、世俗化和知识化，教会开始思考调整医学与传教的关系。此时，"雅礼中国"计划应运而生，这是由三个耶鲁毕业生发起的医学传播计划，要求参与者带着基督传教的精神，以"工作非教派化"的方式，到中国内地传播西方医学知识，将医学和教育作为首要内容。雅礼医院便是在此背景下于长沙开办的。整整五年，医院只有一位叫做胡美的美国医生。胡美知道颜福庆的耶鲁大学背景，非常希望他能够到长沙助他一臂之力。

　　于是在1910年2月27日，颜福庆夫妇带着长女颜雅清坐船到达长沙，胡美到码头迎接了他。在胡美眼中，颜福庆是"一个细长的青年，穿着较厚的美国大衣。当他从跳板上走到沿江大道时，好像既属于这个环境，但又与它不同"。胡美第一次见到颜福庆的印象，就是如此。这个美国人激动地握着颜福庆的手说："你是上帝送给长沙的礼物，这里还没有一位真正受过现代医学教育的医生。"[1]

　　雅礼医院当时设在长沙西牌楼的对面，租借了民房为医院的场所，非常简陋。

　　颜福庆从此开始在雅礼医院坐诊，并在雅礼学堂教授卫生学。

　　之后，颜福庆得到胡美的信任，在胡美带领下，赴汉口出席"中华博医会"大会，成为该会第一个正式的中国会员，开创了博医会的先例。医院初办，还没有什么影响。尽管医院诊费明显低于中医，但主动求诊者不多，因为当时的中国百姓还不了解西医，在国人看来，西医只是奇方异术、病急乱投医的权宜之计。颜福庆并不在乎这些，他在病人狐疑的目光中，主刀外科手术。他虽然是左撇子，但是能够左右开弓，左右手都能开刀，纯粹的中国面孔，逐渐为他赢得了当地人的信任。西医事业在长沙也慢慢打开了局面。

　　颜福庆与胡美虽为好友，但他的待遇，比胡美差许多。颜福庆认为，这种待遇的差距明显是欺负中国人，不符合基督教在上帝面前一律平等的教义，为此他提出抗议，表示既然是在一个传教团里，无论美国人还是中国人，都应该地位平等。颜福庆据理力争，取得了胜利。他讨得的是薪金，争得的却是中国人的尊严。在这个问题上，颜

---

　　[1]　高晞：《颜福庆——一生为了中国医学现代化》，《新民晚报》《夜光杯》2010年1月31日。

福庆觉得是大是大非，不能让步。

随着西医在长沙站稳脚跟，教会医院的收费也随之攀升了，普通百姓渐渐无法支付医疗费用。那时候的中国，流行病、传染病频繁发生，中国人的平均寿命只有30岁。思前想后，颜福庆觉得必须摆脱教会的束缚，独立办医学。颜福庆没想到的是，办学设想的实现，是困难重重，而其真正实现却是得益于一次意外的诊治。

有一天，湖南省督谭延闿患病，突发高烧，家人紧急之中，请当地中医治疗，皆无法退热。家人在急不可耐的情况下，抱着试试的心态找到雅礼医院，请来颜福庆。颜福庆测了当时谭延闿的体温，高达40度，在简单询问病史后，颜福庆留下一些西药就告辞了。第二天，谭延闿的高烧居然退了，病也痊愈了。颜福庆知道，这谭延闿患的是大叶性肺炎，这种病，到了固定的天数之后，自然痊愈，并不要治疗。颜福庆解释说："大叶性肺炎，到第八天就会自动痊愈，这是一个医学常识，只是他们不知而已，我并没有用什么特效药。"[1]

但是此事一传十，十传百，不仅成为湖南，而且是整个西南地区妇孺皆知的奇迹。谭延闿从此也改变了看法，开始相信西医，颜福庆见机行事，向他提出雅礼会与湖南省政府合作，在长沙开办一所新式医学院的申请，获得谭延闿的鼎力支持。

小雅清看到父亲脸上的笑容，自己的小脸也显出兴奋的样子。她知道，这可能就是大人们常说的成功吧。

后来，小雅清又看到，父亲为解除鼠疫给人民造成的痛苦而付出的辛劳，她虽然还不懂整件事情的重大意义，但是她觉得父亲是值得尊敬的。

正在颜福庆的事业蒸蒸日上、生机勃勃的时候，颜福庆一家遭遇到一次危险。那是小雅清6岁多的时候发生的。

当时的清王朝，像一艘行将倾覆的破船，正所谓"水能载舟，亦能覆舟"，到了民不聊生的时候，下层群众自发的反抗斗争自然会风起云涌。突发性事件作为诱因，会引发大规模的骚动。1910年在长沙发生的举世震惊的"抢米风潮"，被历史学家认为是这些民变中影响最大的一次。

---

[1] 高晞：《颜福庆——一生为了中国医学现代化》，《新民晚报》《夜光杯》2010年1月31日。

　　事情起因于1909年湖南发生的一次大水灾，稻米收成大幅度减产。这年的10月，小雅清的弟弟颜我清出世。年底，湖南的农民生活就非常艰难，加之洋商来湖南籴米，囤积居奇，那个素称"鱼米之乡""膏腴之壤"的湖南，闹起了大饥荒，米价暴涨。

　　1910年4月，颜雅清满6岁了，这一年她经历了一生最早的一场劫难。4月11日，长沙米价每石突破8千文大关。在南门外碧湘街乌春巷，一个靠挑水营生的农民黄贵荪，卖水数日换得了一些当时的通行货币制钱，让妻子赶到碧湘街的戴义顺碓坊，想以市价80文制钱买一升米，米商戴义顺以其中杂有不通行的制钱数文为由，要求其更换。黄妻回家借得通行钱后，再到戴义顺碓坊的时候，米价已涨至85文。通货膨胀的速度之快，让黄妻感到绝望，她无力抵御了，只得采取最后一招，跳入老龙潭（今妙高峰旁的白沙路）中自溺而死。其夫听闻消息，带着在老龙潭边哭泣的两个小孩，一同投入老龙潭中。面对无法换回一升米的绝路，无路可走的农民，一家四口选择了死亡。这一悲剧的发生，使长沙的市民看到自己的生路迷茫，于是引发了一场大规模的抢米风潮。饥饿的群众无法忍受生路被堵住，群起怒吼，冲进碓坊，揪住店主就是一顿痛打，抢光了店主的大米。

　　愤怒的群众在群情激昂的时候，往往会不分青红皂白的。住在米店旁边的富贵人家，也就自然成为饥民尤其想哄抢的对象。湖南的新政实施后创办的新学堂，也被不分青红皂白的贫民认为是加重了他们的负担，对贫民子女就学并无惠益，同时遭到焚毁。颜福庆的家，在当地也是富裕人家了，在这种情况下，遭遇到哄抢，是非常自然，也是防不胜防的。颜福庆家，第一次遭遇重大劫难。

　　小雅清眼看着父亲辛辛苦苦刚刚买来的红木家具、衣物、粮食和书籍被洗劫一空，甚至爸爸的耶鲁大学毕业证也被烧毁。这场劫难，爸爸说一共损失了1710枚墨西哥鹰洋，颜雅清不了解饥民的真实状况，但是市民们的那种惊恐，那种绝望，让她知道求生是多么自然的一种欲望。虽然家中被抢劫，但是颜雅清对灾民还是抱有同情心。

　　军警们血腥屠杀市民，群众的情绪失控，更为愤恨，行动也更加激烈。灾民们放火焚烧巡抚衙门，号房、赉奏厅、文武巡厅、大堂、二堂等处，一时间浓烟滚滚。接着饥民们又将日本领事署、美商美孚洋行、英商怡和洋行、日商东情三井洋行及教堂、趸船、邮局等都尽加捣毁或焚烧。清政府的大清银行、长沙海关等衙署自然也难逃厄运。

后来的毛泽东在延安对埃德加·斯诺说："（这时候——1910年）在湖南发生了一件事，影响了我的一生。在我读书的那个小学堂外面，我们学生看到许多豆商从长沙回来。我们问他们为什么都离开长沙。他们说城里发生了大暴动，并对我们讲述了大暴动的情况。

"那年发生大饥荒，在长沙成千上万的人没有吃的。饥民派了一个代表团去见抚台，请求救济，但抚台却傲慢地回答他们：'你们为什么没有吃的？城里多的是。我就总是吃得饱饱的。'人们得知抚台的回答后，都非常气愤。他们举行了群众大会，组织了一次示威游行。他们攻打衙门，砍断了作为官府象征的旗杆，赶走了抚台。在这之后，布政使骑着马出来，告诉人们说政府将采取措施帮助他们。他的许诺显然是有诚意的，但皇帝（或许是慈禧太后吧）不喜欢他，指责他同'暴民'关系密切。结果他被革职。接着来了一位新抚台，他马上下令逮捕暴动的领袖。其中有许多人被斩首，他们的头被挂在旗杆上示众，作为对今后'造反者'的警告。这件事在我们学堂里讨论了好多天。它给我留下了深刻的印象。大多数学生都同情那些'暴乱分子'，但他们只是从一个旁观者的立场看问题。他们并不理解这件事同他们自己的生活有什么关系。他们只是把它作为一个令人激动的事件而感到兴趣而已。而我却一直忘不了这件事。我觉得，跟那些造反者在一起的都是像我的家人一样的普通百姓，对他们受到的不公平对待我深感愤慨。

……

"这些接连发生的事情，在我已有反叛意识的年轻头脑中留下了永久的印象。也就是在这个时期，我开始有了一定的政治觉悟，尤其是在我读了一本关于瓜分中国的小册子之后。我甚至现在还记得这本小册子的开头一句：'呜呼，中国其将亡矣！'它谈到日本占领朝鲜和台湾的经过，谈到在印度支那（译者注：印度支那指越南、老挝、柬埔寨三国。《西行漫记》中写作越南）、缅甸等地宗主权的丧失。我读了以后，对国家的前途感到忧虑，并开始认识到，国家兴亡，匹夫有责。"[1]

后来，小雅清知道了，那是一场曾给"帝国主义和封建统治阶级

---

[1]　《毛泽东口述传·英汉对照版》，埃德加·斯诺录，翟象俊译，复旦大学出版社，2003年，第23-31页。

1956年1月毛泽东在上海锦江饭店宴请颜福庆

以沉重打击"的斗争，既然这样，那自己家的损失又算得了什么呢？当时她还没有什么"大家""小家"的概念，她还没有牺牲"小家"保护"大家"的意识，有那种意识，是长大以后的事情了。

颜福庆一家和毛泽东有关的事情，也发生在这一年的夏天。

有一天，下着飘泼大雨，四周冷冷清清。颜雅清突然看到，门诊所里来了个农民模样的年轻人，高高的个儿，身披不算很新的蓑衣，头戴的斗笠也不新。原来是他的妻子身患疟疾，听说这里的医生医术高明，便来求医，俩人全身湿透，女的脸色如死灰。"本患疟疾，再受大雨风寒，雪上加霜，危在旦夕。颜福庆见状，也顾不得雨水扰人，急忙扶病人上床抢救。在颜福庆的精心治疗下，病人日趋好转。家属高兴，颜福庆自然也高兴，为此颜福庆免收了病人所有的医疗费用。"几十年以后，上世纪50年代初，毛泽东在北京宴请全国知识界知名人士，宴席上，毛泽东特地点名颜福庆，请他坐在自己的左边。酒酣时，毛泽东饶有兴趣地谈及当年他背夫人杨开慧求医的往事。颜福庆救人太多，竟一时想不起来，毛泽东再三提醒，颜福庆才依稀记起了这历史的一幕，他想不到自己治愈的竟是毛泽东的夫人杨开慧。[1]而据帕蒂·哥莉说，毛泽东本人也曾经到颜福庆的医院里看过病。[2]

这一年的11月初，东北哈尔滨发现第一例鼠疫病例，这场震惊全世界的鼠疫，让人们如同感到世界末日，大难临头。在风雨飘摇中行驶的清王朝这艘破船，启用了年轻的，在英国受过预防医学系统训练的伍连德医生为首席专家，降灭疫魔。伍连德确定了传染源，果断地采用隔离、焚尸、逐户检疫等现代防疫措施，短期内成功地控制了疫情。但是这场鼠疫已经夺去了52462人的生命。由于带菌的旅客南下，鼠疫沿着京汉铁路这条大动脉向南蔓延，华中危急！整个中国危

[1] 王晓君《海上摭忆话名人》上海辞书出版社，2007年，第210页。
[2] 帕蒂·哥莉《飞天名媛》，张朝霞译，花城出版社，2012年，第129页。

急!

　　1911年春，湖北省向雅礼医院紧急请求，要求派颜福庆到鄂，指导防疫。颜福庆一方面与长沙城的开明士绅们进行商谈，劝说官员们早日开展防疫工作，防止疫情蔓延。士绅们坚决主张他去湖北，并勉励他说：良医防病，其次遏病，再次治病。另一方面，他下决心把鼠疫阻挡在华中地区以外，更重要的工作当然是京汉铁路交通干线的防疫。颜福庆当机立断，在京汉铁路成立了防备鼠疫的卫生服务部，先给每个服务部的成员注射鼠疫疫苗，在沿途各站设立了监视员，在黄河以北的各主要公路，沿途城镇，及手推车道和人力车道，都设立稽查员。他发出告示，激励民间大张旗鼓地捕杀老鼠，捕杀多的予以奖励，在任何老鼠可能出没的地方，还设了防鼠警察。华中地区一场全民参与的，有组织的防疫战打得非常漂亮。最终，颜福庆圆满完成了防疫任务，湖北防疫公所赠给颜福庆一枚奖牌。

　　经过这场过度的劳累，母亲曹秀英和小雅清看到父亲一直咳嗽不止，担心是不是被传染，好在胡美及时为颜福庆作了彻底的检查，排除了被染鼠疫的疑虑，全家人这才安下心来。

　　也就是这个时候，另一个弟弟颜士清在12月1日出生了。五口之家了，颜福庆的家庭负担越来越重了。

第二章 内外交修

——接受中西方教育

1. 中西女塾的快乐

颜雅清逐渐长大，该到上学的时候了。但是，从开始上学，颜雅清就不得不到处转学，因为父亲工作和学习的流动性很强，所以颜雅清也跟随父母亲，到处迁徙上学。从小学到大学，一直流动性很强。

现在非常流行贵族学校这个词，其实贵族学校在20世纪初就是很时髦的词了。

那时候，在上海最有名的女子贵族学校，就是中西女塾和圣玛利亚女校。中西女塾更是因为宋氏三姐妹就读过而闻名遐迩。

上海作为近代中国开埠最早的都市，是中西文化交汇的前沿和中心，在女子教育方面也得风气之先，体现了中西合璧的特点。女塾的出现就是明显的证据。

中西女塾的原校址，在今上海西藏路316号，汉口路口。1890年，由美国基督教监理会所属的中华监理会创办。最初，专收高等华人的女孩入学，明确宣称学校"专为中华有力之家而设"。1892年始向社会招生，也是只有富家女孩才能够上得起。1892年4月5日《申报》刊登中西女塾招生启事一则："中西女塾，本塾专教中西文字，以及刺绣等。每月收修膳费洋三圆。如欲来学，请至三马路（今汉口路）西首监理会堂后面，面订可也。"

学校地处上海市中心，设施完善，月收修膳费洋三圆，按当时的漕米每石折价洋五圆，三圆可以买到72斤米。中西女塾的女生，只能来自于富裕的贵族家庭，她们自然成为上海各大报刊追捧的少女星群，也成为各商家为自己提升名气的广告载体。当时大上海著名的餐厅"杏花酒楼"，竟借女塾学生打出广告词："中西女塾同学及社会名流时常光临的著名粤菜鼻祖——杏花酒楼！"

中西女塾的学生来自官宦富豪之家，"故（1902年）开学之初，仅有学生五人，其一为朝鲜贵族尹子吴夫人，一为曹佐庭夫人，即今留美女生监督，余为曹芳云女士，即今青年会总理雪赓君（曹雪赓为曹云祥之兄）之姐，以及叶可良夫人，成颂文夫人是也。"[1]以后，中西女塾一直是以富绅官宦家的女儿为招生对象，是一所著名的贵族女校。[2]

受中西女塾办学理念的影响，土生土长的女学也想破土成长。1897年秋天，经维新派大臣刘坤一的批准，梁启超协助上海电报总局总办经元善筹备中国女学堂。洋务大员盛宣怀出资大力支持。但是消息一传开，就引来一片嘘声。1898年6月招生的时候，包括经元善女儿在内，报名者一共才有15个人，1899年就有要求关闭的呼声。而后在举步维艰中艰难发展，到1908年，清政府学部才奏准在北京成立中国第一所官办女子师范学堂，使女学筹办合法化。

1911年，颜福庆看到女儿已经到了上学的年龄，考虑女儿的教育问题。上什么学校？颜福庆着实考虑了很久。

颜福庆知道伯母戚氏，颜惠庆的母亲，就是中西女塾这所学校毕

中西女塾学生宿舍的客厅

[1] 朱有瓛、高时良主编：《中国近代学制史料》，第2辑，上册，华东师范大学出版社，1989年，第296页。

[2] 王炳照主编：《中国私学·私立学校·民办教育研究》，山东教育出版社，2002年，第240页。

业的。而且小雅清的表姑，就是曹云祥的大姐曹芳云，也是上的这所学校。颜雅清上学的时候，曹芳云还在这所学校当教师。曹芳云告诉表弟颜福庆，宋氏三姐妹宋蔼龄、宋庆龄、宋美龄也是这所学校毕业的。

曹芳云还告诉表弟颜福庆：中西女塾收取昂贵的学费，有严格的管理，学生宿舍里备有六尺长、四点五尺宽的小床，必须用白色被褥，学生要把自己的小床整理得整整齐齐。进入学校大门，绝对不能带有艳丽珍贵的服饰和珠宝，否则，就要捐赠学校充公。学校里的一举一动，都要合乎礼仪，都要循规蹈矩，一丝不苟，并且要秀外慧中，有严格的教养和坚强的性格。甚至在走廊里停下说话，都具体规定必须让到一边。要学会做教会学校的"标准女子"，做出色的沙龙和晚会的女主人。学校一日三餐丰富多彩，早餐有中式的肉松和西式的黄油，学生客厅里有沙发、地毯和留声机；学校的校训是"成长、爱人、生活"，教育是美国式的，重视体育、英文、音乐、科学，学校的英文演剧是当时最有特色的。

贵族之家当然对这样的学校趋之若鹜，就连中等人家，也愿意节衣缩食，把自己的女儿送进这所名校来。

这里说的曹芳云，就是曹子实的长女，曹云祥的大姐，1871年

上海中西女塾校门

生，1883年至1885年在苏州教会女学校读书，1886年在上海中西女塾学习，是首届入学的五个女子之一。曹芳云在1897年9月自费赴美留学，是甲午战争之后第一位赴美国留学的女子。先入哥特学院（Cottey College）学习。1902年，曹芳云结束了在哥特学院的学习回到国内，在母校上海中西女塾任教。1907年，她再次赴美，入韦尔斯利大学（Wellesley College）学习理科；1909年入哥伦比亚大学（Columbia University）师范科学习；1911年在该校获学士学位后回国。回国后，重任上海中西女塾教员，1913年任上海青年会教育部长，1914年又担任浙江湖州女学教员。[1]

另外有个说法是：1907年7月底，端方最终确定录取男生胡敦复、曹云祥等11人（其中耶鲁大学4人、哈佛大学7人），取女生宋蔼龄等4人，其中胡彬夏、王季茝、曹芳云三人因程度微有不合，先入韦尔斯利大学附设的预备学堂，俟试验合格后再行升入，宋庆龄则另择适当学堂送入。[2]

根据徐以骅教授主编《宗教与当代国际关系论丛》之一，梁冠霆著的《留美青年的信仰追寻》[3]，曹芳云1871年生于苏州，其时父亲曹子实在苏州办学。1897年毕业于上海中西女塾，同年自费留美，1902年毕业于哥特学院。1907年再次赴美留学，就读于卫斯理学院、哥伦比亚大学师范学院，1911年回国。

曹芳云根据自己在学校就读和教学的经历，告诉表弟颜福庆，他们的亲戚宋庆龄三姐妹都在该校读过书，均获益良多。所以，这所学校是小雅清最理想的学校。

其实，女性接受教育在当时是新鲜事，在社会上还有不少的阻力。1906年11月23日，曹芳云在中西女塾任教的时候，翻译家严复给当时的校长查理逊女士来了一封信，说：我们习惯地将女性禁锢于家庭之内，而且从不认为她们是具有思考能力的存在体。借适当的教育与更佳的原则，我们希望看到女子的德与行在质与量的方面均有所提升，这就是说，要使每一个女子有自知之明，而且成年之后她可以对自己的行为负责，并预知将来会有一个快乐的生活。严

---

[1]　谢长法：《中国留学教育史》，山西教育出版社，2006年，第90页。
[2]　同上，第82页。
[3]　上海人民出版社，2010年，第26页注③。

复的这段话和巴哈伊信仰有关男女平等、普及教育、女子教育的观点如出一辙。巴哈伊信仰注重教育和指导妇女：妇女与男人有同等的权利，她们是宗教和社会里的极重要分子，只要她们受束缚而不能最大限度地发展其能力，那么男人就无法取得有可能属于他们的伟大成就。

中西女塾自开办以来，培养的名媛有宋蔼龄、宋美龄、宋庆龄，中国近代著名女音乐家如史凤珠、王瑞娴、李虞贞、邱贞蔼、周淑安、蒋英、姚锦新（姚依林的胞妹）等都曾受教于此。当年上海滩最著名的名媛唐瑛、陈皓明、周叔苹、郭婉莹也都是出身于此校。

颜福庆在自己家里查阅了材料，对学校非常满意。又经过表姐曹芳云的这番议论，颜福庆最终选择了这所中西女塾，把长女颜雅清送去就读。

学校里的一切对于颜雅清来说都是新鲜事。进了学校的铁艺大门，小雅清才发现，和在家里完全不一样了。她第一次离家，没有母亲和保姆伺候，她穿衣梳妆，叠被铺床，一切都要自己动手。人人平等，谁也别想撒娇，更不准耍赖。在这里任性娇气的脾气，都必须改掉！

根据比颜雅清晚一些的学生 S. T. K. Dolly Alma 写的《中西女塾的学生生活》[1]，我们看到这样的一所学校：

从那红墙古刹的静安寺转弯，离开古井约莫数十步的矮绿尾处，便有抢生意的围绕过来的人力车夫，以十几铜元的价值，依着愚园路而忆定盘路的拉到金家花园的墨梯女校。校门是壮雄的铁门，上面写着"McTyeire 中西女塾"几个字。此外在校外只看见红色砖墙，仿佛长城般的把整个墨梯女校沿着包围。

如果今天是探望日，那么，下午四时许，门前便停满了黑色绿色紫色青色的汽车，都是亲朋远来探视的表示。

进了大门，右手转弯。在一条半圆形的道路上，沿着两旁树木丛林走去，走不消多少路，便是大草地。大草地的北面一所红色三层楼洋房，便是昔年金家花园主人翁金君的住宅，现在变为高中部及初中部的教室了。这房屋叫做景莲堂，是纪念前校长Miss Richardson的。

[1]　《现代学生》1932年第6期。

第二章　内外交修——接受中西方教育

一层楼正中的一大间是图书馆，里面满堆着中英文书籍，都很艺术地用书架排列着，供人阅览，正中的墙壁上，便悬着 Miss Richardson 的一大幅遗像，很和蔼可亲地带着笑脸看她的未来学生在此读书。

……

论到运动，春天夏天和秋天都练习网球排球。冬天才练习篮球，其中网球最受同学的欢迎，于是抢网便成为一桩很普通的纠纷，聪明的同学先把网抢到手，在网球场张着，于是欲拍网球的同学没有网，便只好不拍。凶猛的同学便不由理说偏要抢网，于是纠纷常起，往往因拍网球，而互相呜呜而哭。这种网球排球的比赛很为同学所重视，每学期各级互相比赛争得锦标，有时还出去比赛，和沪江大学、爱国女校等比赛。台球只是弱不禁风的弱小同学玩玩，有时课余之间也很多人争着拍玩。

……

科学实验室与音乐室都不是十分大，是互相比邻的。科学实验室内同学大都是很肯思索而勇于解释难题的智慧学者，偶然间高兴试验，便放出些臭如皮蛋的硫磺气等，科学实验室钻出的同学，衣裳间多带些化学药品气味，面部虽不脏得煤炭店里学徒，但眉毛两鬓间细察起来，却"满地飞霜，乌鹊群集"。音乐室吾们又唤做钢琴室。这小小房屋里却养成不少著名的女琴师，而学校琴科的著名，便可在凌晨至午夜这屋的四周放着叮咚的声浪内，知悉名不虚传了。其是一日之间，琴声叮咚，数千万下，吾想空山野寺木鱼之声尚多不及此。而况乎琴声幽雅，山高水长，清泉涓涓，情绪绵绵之致。所以歌声隐窗纱，人籁动天地，《马塞革命的前进曲》、《巾帼英雄木兰之长歌》都可以在学校内听得而背诵。

中西女塾的喜剧表演是著名的，尤其是英文戏剧、舞蹈最富盛誉。在May Feeday或Christmas Eve 都是照例盛会举行的日子。

大都表演的都是头班快要毕业的学生，她们要预备一个多月，到末后的十几天一定是忙得不亦乐乎，连上课的时间也都移作为练习时候。为主角的名花，非但要身材配合，生得漂亮，还要平日功课优良，所以要想出风头的几位，平日非多多用功不可。又有暑假前和年假前的音乐大会，也是举校若狂。充分预备，而耗费时间，连上课也分心的一种举动。

其他的集合是多不赘述，研究文艺的有文艺会，辅助宗教的有

女布道会，联络交谊的有交谊
会，属于学生自治的有学生自治
会、女青年会等等，每个集会必
有一二位教员担任顾问先生的职
务，确乎是教师学生合作的一个
好机会。

这些会都很有精神，颇有成
绩可言，如中文文艺会的著作，
大约诗词，因为同学根本就不爱
作诗，举一例如下：

年轻的颜雅清

月到中秋影不斜，

云天一色碧无瑕。

银河皎洁霜华冷，

疑是广寒玉女家。

英文文艺会的著作，也都是英文诗，如《葬花词》等都是当时的
名作。

讲到布道会，就该说起这校本是教会学校，向来校长是美国教会
派来的，现在因受革命影响，已换了中国校长；就是一向教会学校里
强迫学生入礼堂做礼拜的规则，现已作废。不过校内仍有布道会，其
目的在各人修养各人的灵性心地，使都为善人。入会者都是教员学生
而自愿参加的。星期日下午五时有祈祷会，就是校外的人也可以参
加，但无论如何，在这混沌世界，有人修修良心，终是好的。

……

情书在此校是没有的，因为学校当局拆信先看，遇可疑处必责问
而重罚，去信亦然。不过学校当局十分原谅，未婚夫的信札，允准可
以寄来。惟此未婚夫，须已经学生家长覆明或请求通信者。只是男友
如果十分聪明，托人带信入校，或伪造密语化名寄来，也有时不会给
学校当局察出的。惟次数须少。多则终有一天水落石出，给学校罚一
个半年不准请假或数月不准离校。到那时，身如笼中鸟，只好在房里
哭了。哭也没有用，先生是不会放松的。

如此的学校生活，是颜雅清初次接受的。

值得颜雅清牢记的，是学校里经常组织的演讲，这种锻炼给颜雅

清以后工作带来很大优势。好多学生在第一次练习站到众人之前演讲的时候,战战兢兢,汗出如浆,有的会窘迫得哭出声来。然而,在师长们的鼓励下,孩子们逐渐走向训练有素,能够大大方方站上大礼堂的舞台,向下面的听众演讲了。颜雅清的这种演讲训练,为日后在国际联盟和联合国以及美国的巴哈伊社团演讲打下了很好的基础。后来参加毕业演出,也一点都不紧张了。

当时学校开设的所学课程,基本上是仿照其他学堂的标准。清廷谕旨各地开办小学堂,但并未颁发小学堂的章程。上海浦东的学界领袖人物秦荣光[1]等拟订了小学课程:"中文分经学、史学、地理、算术四科。西文分英文、法文两科"[2]。各小学也仿照施行,一改过去只要学生背诵经文,学作八股和试贴诗的私塾旧制。

《申报》1890年2月23日的《中西女塾说》对此详细记载:

……宜先此中西书院所由设也,院中专教我华子弟储材以为国用。但其设院初意,男女原不偏废,而措施不无先后之分,囿于势也。目今男书院逐有成效,女书院自当创始。前经禀请本国派下大书院女师傅海淑德来华,并鸠集巨款,为建女书院之费,刻已于三马路泥城河边兴工起造。一俟落成,先开女塾,试办专收我华幼女,教以中西文字、女工针黹及一切有裨实用之学,内外交修,而不偏尚词华,免致仅成弄月吟风之末技,具有不欲习西文者,儒书而外,举凡西国有用之学,具有译出之书,在文字虽殊,义理一也。开塾时自必明定章程,刊诸日报以供众览。惟现设女塾,专为女书院始基,在在求精,非寻常女塾比。事系创举窃恐有女之蒙,视为无足轻重,以致观望不前,用将关系极大之处,先行代为揭出。总之,易于乐成,难于图始,人之恒情也。俟女塾学有可观,即行扩充书院规模,异日成就既多,信从日众,安知我华不且到处访行哉!化行俗美,当拭目俟之,则谓中西女塾为之权舆也可。

---

[1] 秦荣光(1841—1904),初名载瞻,字炳如,号月汀,陈行乡人,裕伯后裔。17岁补县学生员,54岁补岁贡,就职训导。以长子锡田官内阁中书、次子锡圭任翰林院庶吉士得五品封典。热心从事教育40余年,常教导后生务实践,斥空言。痛科举文字庸滥、俗学无用,又感农家子弟失学寡识,戊戌变法后,陈请县署在陈行、三林设义塾,并移秦公(裕伯)祠经费就祠设塾,又创设6所私塾。

　[2] 民国吴馨等修:《上海县续志》卷10,上海南园志局,1928年,第19页。

曹云祥在江苏中学教书时候的老朋友范祎[1]先生，早在《中西女塾章程序》也说：

　　情哉女子之义也。世界文化之进退，风俗之隆污，种类之强弱，以及社会之振起与颓落，莫不关系于女子，故女学者，世界之精神，即一国之命脉也。

　　中国三千年来，一以锢蔽女子压制女子为政治与教化上永远改变之大宗旨。其历代相传之经典，与专为女子而著之书，所言女子之天职，当行与当知，无得逾门阈一步者，故综中国女子之生平，贞节外无奇操；服从外无高行；柔顺外无美德。间有天资明敏，不能掩没者，或溢为诗词字画等技，则儒者犹正襟危坐而讥之曰：此非女子之本分也，吁，可悲已！

　　今者，吾中国人民四百兆，而二百兆之女子，幽静之于闺闱之中，无教育，无学问，无见识，上焉者为花为鸟，以供人之玩弄；下焉者为牛为马，以给人之驱遣；而又有缠足之恶习，残贼其形体，俾成无用之废物。凡女子自坠地以后，父母之教训，亲友之勖勉，乡里之月旦，举不外责望其完婢妾之道而止；彼女子之自期，亦复不过如是。呜呼！去全国人民之半，地位日即于卑微，而欲求文化之兴，风俗之改良，社会之有进步，国不陵夷衰败者，未之有也。又况以种类言，则婢妾之女子，其遗传与熏陶，安往而不足以养成奴隶之男子哉！

　　自耶教东来，第一以释放女子，提挈女子为事，其释放与提挈之法，即在兴女子，使女子与男子，同受教育，同有学问，同有见识，担荷其天与之责任，同享用其天赋之权利。夫女子既得释放，则自主；既得提挈，则自贵。在自重与尊贵之地位，于是乎发现其才能，以共赴社会之一点，此社会之所以能文明，而国之所以能兴存也。人第见欧美各国之盛而欣慕之，而艳慕之，其亦考欧美各国女子之气象

---

　　[1]　范祎，即范子美，号晞海。1866年生于苏州，5岁时随父亲迁居上海。他自幼聪明过人，13岁时参加科考童试，即获得秀才资格，故有"小秀才"之称。从16岁起，他开始参加乡试，1893年获举人资格。后来他曾两度参加会试，均名落孙山，遂回苏州任教。其间，他潜心研究宋明理学，熟读四书五经，打下深厚的国学基础。1902年加入《万国公报》，成为首位中国编辑。参与中西女塾教学工作长达十年之久，以推动女子教育。1939年9月，范子美在上海病逝，享年73岁。

中西女塾校景

为何如，而知其根基之所在矣。

中西女塾者，美国监理公会传耶教之女士所设立，欲以兴盛本国之法，兴盛中国，而为我中国女学之倡者也。自一千八百九十一年至今，一十四矣。其间女学生之得毕业文凭已不乏人，咸有学问见识，以表著于社会之间，亦多热心教育，充教习于各学堂，谋造同类之幸福者。嗟嗟！我中国女界晦盲塞窒，三千年乃始发一线之光明，而将来之希望不可限量，而我中国之希望，不可限量也。

女塾章程，旧印若干册，为人索取已尽，兹特重加删改，益为简明易遵，而课程一种，尤关重要。从前国文教科沿用旧法，未能尽善，今参考以实验，辅以新法，期于我国之国粹无所间缺失，其余各教科亦皆精实完备，采西方之善本，合现时之程度焉。然一切学问见识，必以真道德为基础，令所得之释放提挈，不惟其外貌，而在其内心，斯又章程与课程表之总意也。院长连吉生女士手著西文章程底稿，详述以授余，因为之斟酌，写录既毕，重念时局之日艰，同胞之涂炭，邈矣前途，在兹后起，故略论女学之关系，弁于其首，以告我国人，非徒为本章程言之也[1]。

---

[1] 载《万国公报》，第17卷第7期（总卷199册），1905年8月。

范祎所提到的上海《中西女塾章程》载明：

本塾专教女生，无论年龄大小，只须愿守塾规，皆可来学。惟八岁以下不收。已满十三岁者，必须住馆。其十二岁以下者，住馆与否，听便可也。

本塾中西并重，不宜偏枯。如欲专读西文，须由该生父母予入塾前声明。惟圣教书不能不读。

女生来馆肄业，皆须觅有妥保，填写本塾印就保单。

住馆学生籍贯居址，就近有无亲友照料，父母外指定何人来领，皆须详细填明于本塾印就之保单。如该生亲友非指定来领之人，只可到塾探望，不得将该生领出，以昭郑重。

……

西国教法以善诱为第一义，本塾馆规，严中寓宽，随事体贴。特恐有等女孩，索性执拗，万难开导，既不受教，在塾何益？戒责后若不悔悟，即令出塾。脩膳概

中西女塾上课时的情形

中西女塾学生演出莎士比亚《第十二夜》剧照

胡适与中西女塾学生（胡适欧游归国之后在中西女塾毕业典礼上，做了著名的"大奶奶主义"的演讲。他提出："没有健康的大奶奶，就哺育不出健康的儿童！"1927年8月10日《民国日报》）

不给还。或由教习酌定，勒令停止若干日，以生其愧耻，如再不悔改，即行退出，永远不收。

学生若有疾病等情，由塾延西医治理。如有意外，各安天命。若

不喜西药，任凭带回，自延华医诊治。

余等崇奉耶稣圣教，还以真理劝人，故每日早晚与礼拜日，须敬拜造化天地之主宰，以及诵读圣书等事。至进教与否，全凭各人自主，决不相强，因耶稣教从不强人进教也，慎勿怀疑为牵！[1]

学校规定，基督教背景的学生入学不设条件，非基督教女孩，则要费些周折了。比颜雅清大十几岁的杨步伟，就是后来清华四大导师之一赵元任的夫人，1908年的冬天，从外地转到上海中西女塾就读，就遇到了一些困难。中西女塾是教会学校，她不是教徒，学校指定要上海中华书局总编辑舒新城作保，才收了她。

在颜雅清上学的时候，学校已经名声在外了。《中华基督教年鉴》第4期（1917年）记中西女塾说："是校成立迄今，前后已历27年，其间开支之经费，久矣不仰给予西国差会，除由美差会所遣驻华使道者外，教员薪水及一切开支均赖收入之学费为挹注，一年中不下万金，虽时有竭蹶之虞而量入为出，当属裕如。……至论学课，尤以中英文并进为宗旨，历来担任国学教授者皆一时名流，如范子美先生，即其一也。此外亦尝注重琴学，及其余女子应知之学识，新分课程为十二年，初等四年，备级四年，高等四年，对于年长而学识未备

中西女塾学生课余生活

[1]　《全地五大洲女俗通考》，1904年第10集第19章，第43—47页。

之学生，别设专修之科。对于研究学理增进服务识力问题，又设文学会。每礼拜相与会聚。综合去年学生之数计有336人，有来自鲁燕蜀粤等省者。当1900年时，举行初次毕业，计毕业者三人，即曹孙素馨女士，舒侯臣夫人，史风宝女士，皆占教育界重要位置。此后毕业之学生，所组之同学会，共得三十四人。由本校留美者二十余人，去年考取清华而留美者九人。其他出校之生在各界中占有至大之势力，如医界，学界，著作界，慈善界等至不可以数计。"

在中西女塾读书的宋庆龄

当然，也有对学校的教育不满意的学生。如中西女塾的毕业生薛正记《上海中西女塾的课程》说：

中西女中的课程，可以用一句话概括地讲，一切都是从美国的角度，来灌输所谓西方文明的：

（一）重英文轻中文。关于这一点，只要举两个例子，就可以说明它。在立案前所用的课本，除语文外，一律都是英文的，连中国的历史、地理课本也是美国人编写、在美国出版的，而且还由美国老师教的。翻开这些史地课本，触目的就是抽鸦片烟、缠小足、拖辫子、留长指甲、茅草棚、乞丐等侮辱性的材料，而其他英文课本，都是些美丽花鸟、"英雄肖像"、"辉煌的战绩"以及高楼大厦等等。这个对比给初学的青少年留下什么样的印象，造成什么样的心理？

中西女塾十年制课程计划

中西女塾校舍

中西女塾学生饰演戏剧《八仙过海》

它的危害性是不言而喻的。

……

（二）美国家事训练在学校初开办的时候，有刺绣课，但没有烹饪课。因为厨房工作是下等的，学生既是"高贵"华人的女儿，就不需要这种本领。但学校本身就是宣扬美国生活方式的阵地，因此处处觉得需要西方的家事知识。

……

（三）宗教课。在开办头十年，每天都要上宗教课，后来因为除教徒学生已养成严格宗教生活习惯外，非教徒学生对宗教不感兴趣，就着重课外宗教活动，并以信教可有优先出国机会相诱，期使宗教课能得以加强。

（四）三门课外选课。海淑德在办学宗旨里，很着重地列入教授西洋音乐。

……

实际上，中西女塾的家政课还组织看电影，多是纪录片，向女生介绍各种世界名牌的生产过程，如化妆品、香水、唇膏的生产过程及厂房，品牌瓷器的历史及生产流程……以提高学生品位，开拓眼界。所以中西女生长大成人之后办嫁妆，乃至后来成家，买什么，需什么品牌，她们心中都有一本账。

不管怎样，这所学校成为培养中国最杰出女性的代表，其中当然就包括宋氏三姐妹。颜雅清的聪明和她的社交意识，也被这所学校所蕴含的热情所激发。在这所学校里，颜雅清接受的是西方教育，基督教的原则，与她自己在家里受到的儒家影响，尤其是儒教的那种悲悯之情，初期是那样子格格不入，但是很快，她更为适应这种西式的生活。开放、活泼，自由自在，甚至无拘无束。她的社交才能也在这所学校里表现出来。

颜雅清在中西女塾的学习，基本上是按照这些规程进行的。她在这里学会了打网球，这让她以后在和李霞卿交往时，经常可以和爱好打网球的李霞卿交流球艺。至于骑马、射箭，也都在学习的范围之内。本来属于花木兰学习的课程，颜雅清也学习到了，这种学习在颜雅清后来学习飞行的时候，全部使用上了，尤其对于勇敢精神的培养方面，更是如此。在中国，本来就有"马上得天下"的说法，也有"巾帼不让须眉"的说法。这两种说法一结合，颜雅清觉得这些属于男孩的运动，女孩也应该努力练习，增强富国强兵的本领。加上家庭的教育，颜雅清从小就形成了爱国、敬业、进取、独立的性格，一生都这样。

而且由于学校的培养和灌输，颜雅清和中国传统女孩已经大为不同。那种相夫教子，男主外、女主内，阴阳调和的传统中国人伦观，开始在颜雅清的头脑里动摇了。

颜雅清的这种经历对自己可以说影响了一生。而且她不仅对自己是如此，颜雅清长大成人之后，对自己心爱的女儿陈国凤，也如此要求。那时候的颜雅清已经从表叔曹

颜雅清（Vechten Carl 1937年12月15日摄影）

1921年赴美以前在湘雅寓所的全家福，右起曹秀英（怀抱瑞清）、颜湘清、颜福庆、颜雅清、颜芬清、颜我清（照片来自钱益民、颜志渊《颜福庆传》）

云祥那里详细了解到巴哈伊，其男女是人类的两只翅膀的思想深深影响了颜雅清，不过颜雅清愿意使用"女人是半边天"，来教育陈国凤。既然要顶半边天，就要和男孩一样接受事业的训练。1937年女儿5岁的时候，颜雅清趁在国内的时候，把她扶到马上，让孩子尝试男孩喜欢的激烈运动。因为这种教育，孩子从小就养成了勇敢精神，到1948年16岁的时候，颜雅清在美国因为在联合国工作，给女儿办理了联合国护照，让她一个人独自从上海乘飞机到美国求学。外公外婆把她送到上海机场，自己第一站飞到美国的阿拉斯加，从那里一个人转机飞到纽约。母亲和亲戚到纽约机场去接。陈国凤在美国原计划要读8年大学医科，但是念完两年大学医科之后，她响应国内的号召，毅然回到国内，在北京协和医学院完成了学业。与外公不同的是，颜福庆作为西医泰斗和上海市十大名人之一，贡献在把西方最先进的医学介绍到国内，而外孙女则一生致力于向美国等西方国家介绍中国的传统文化，特别是中医和针灸，从不被接受，到现在初具规模，慢慢被美国人所认可。陈国凤把母亲的精神和外公的专业思想结合起来，也成为成功人士，是美国前任中国针灸协会的会长。

学校的老师们，小雅清印象深的，除了表姑曹芳云，还有钮永建[1]。他1917年11月，应孙中山召唤赴广州，先后任师长、大元帅府参谋次长兼石井兵工厂督办。1918年12月，钮永建遇刺受伤，在医院取出弹丸，离职返沪疗养，时孙中山也在上海，时与往返。为掩护革命活动，任中西女塾教员，与徐谦在上海基督教青年会开办"查经班"，宣传"基督救国"。颜雅清记得钮永建老师的女儿也有一个在这所学校就读。

在中西女塾小学部还没有毕业，颜雅清就中断了学习，原因是要随父亲颜福庆第一次出行到美国。

1914年，颜福庆因为要取得公共卫生学证书，他被接纳参与哈佛公共卫生学院在波士顿的项目，哈佛大学提供足够的研究经费，可以带全家随他出国游学。已经满10岁的颜雅清开始了人生第一次的美国之旅。

在颜雅清的生命中，这次海上的长途漂游对一个女童来说，有着里程碑式的意义。她经历了人生众多具有重大意义旅程的第一次，她在日后会进行更多的环球航海旅行，会飞行到五大洲，而这次远行让她外向的性格得到了充分的发挥，一路上，她不断地向父亲发问无数的问题。父亲不得不付出很多精力，来思考孩子提出的问题。海上旅行的新奇，使她逐渐热爱上了旅行的浪漫与惊险。更令人振奋的是她的目的地——美国——通过父亲对其学校教育的描述，她早已钦佩的国家。初到国外，到处是洋人，洋话，洋物，洋味，在美国，颜雅清的好奇心真正得到满足。

到美国以后，颜福庆给女儿在拉伊神学院小学部（一说女子中学）报了名，该校是一所位于纽约拉伊镇，上流社会的私立寄宿制的女子学校。拉伊是一个富人聚居区，学校距纽约市非常近，只有25迈车程，从拉伊镇到哈佛大学单程距离是200英里，开车大概是4小时左右，把女儿送到这个学校，父亲去那里看望孩子也算是方便。这所学校直到现在在美国仍然是排名很靠前的学校。当时拉伊镇只有四千左右的人口，但是却既有时尚风格又拥有悠久历史，小镇周围环绕着殖民风格的建筑、古老的橡树。她的父母之所以选择这所学校，不是因为学校周围环境的优美，而是因为它以德智兼备的教育著称。那时

---

[1]　1870—1965，字惕生，一作铁生，又字孝直，号天心，近代资产阶级革命家，中华民国开国元勋之一。

候，学校里至少有两名来自上海的学生，并且他们能够对颜雅清给予品德与教学的帮助，这样的情况也许也影响了颜雅清父母的选择。

这所学校重视学生的学习和智力开发，强调创意和潜力的培养，满足学生兴趣和能力发展的需要。强调在阅读、写作、数学、科学等科目的学习中通过问题解决、分析和评估数据等高级认知过程，学习知识和掌握技能。学校的教学目的是在所有学生学习成功的基础上，增加更高的要求。在教学过程中鼓励学生发展各种相关学习经验，获得自我价值感，肯定自己的能力和兴趣，在教育中鼓励学生在愉快的学习中挑战自我。

学校课程由必修课、选修课、探索课程和支持性课程构成。力求既保证基本的教育水准，又满足学生多样化发展的需求，特别是探索性课程是在传统课程之外的拓展，与现实社会的发展联系更加紧密。而支持性课程则充分体现出融合教育的理念，对那些有特殊需求以及学习遇到问题的学生给予特殊的支持和帮助，以保证不让一个孩子掉队的理念的落实。这种政策也取得了切实的效果。

学生每学期要参加一项探索类的活动。如合唱团、管弦乐队或者乐队，均是隔日活动。六年级的学生的选修课包括外语、音乐、技术、艺术和体育。六年级开设一个学期的技术课程和一学期的艺术，健康教育包括在体育课之中。六年级还给学生提供咨询活动，每十名学生一组，每周一次，由成人与他们一起讨论青少年发展中遇到的一些问题。

这种教育的方式，对于开发颜雅清的智力和想象力无疑起到很好的催化作用。

一年之内，颜福庆取得了公共卫生学证书，举家回国。颜雅清也中断了在这所学校的学习，随父母亲回到上海。颜雅清父母一贯重视教育，不能让孩子失学，于是又送女儿到上海中西女塾就读。

颜雅清回上海不久，1917年2月22日，星期四下午4点，19岁的美国女子，美国飞行家史天孙女士到上海演示飞机，理科研究会的余日章先生邀请她到上海的江苏省教育会三楼举办飞行知识讲座。讲座的台上放着一架飞机，吸引了在场观众的眼球，他们都是第一次听说飞机这种新东西，连名称还没有完全确定，有人把它叫做"飞行机"。

看到飞机的模型，非常好奇，很多人不相信这种东西居然可以飞到天上。史天孙女士针对疑问的眼神，详细介绍了这种刚刚诞生不久（怀特兄弟飞机上天是1903年）的战争利器飞行器，其功能非常之大，可以侦察敌情，可以指挥炮队，可以投掷炸弹，毁敌防务。男女听众1000多人前去聆听。[1]颜雅清也挤进去，听后大受启发，大开眼界，暗中下定了想学习飞机驾驶的志向。

后来，史天孙还在江湾表演飞行，但是没有线索知道颜雅清是否去看过。在江湾表演之后，史天孙从上海到了天津，3月25日下午3点在天津英租界的跑马场，天津人亲见了新鲜事———金发碧眼的史天孙到天津做飞行表演。当时天津的报纸上如此报道："此次女士所献之技，除在空中作回环颠倒诸式外，在跑马厂（场）中设假炮台一具，女士从空中掷落炸弹，表明现今战争时用飞机掷炸弹之景况。""史女士常云，当此20世纪，泰西各国皆视飞机为制胜之具，中国欲不落人后，不可不研究飞行术也。"[2]"记者在车中遥望，隐约如纸鹤一般凌空飞舞。惟距离稍远不甚清楚，颇以为憾。车抵场门，飞机早已落地，当即入场就座，觅场内排列大小两艇，闻先演者为小艇。维时正在布置大艇。将至四点，忽闻机声震动，偶而离地许咫尺，向南驶行数丈，即扶摇直上渐升、渐高。在空中盘旋数次。艇中偶放出黄烟两道，蜿蜒空际。几有双龙飞舞之妙，继为鹞子翻身式旋翻旋下，及离地丈余，仍向南驶行数丈方始落地，观者无不拍掌称妙。"[3]

这些当时报章上有关人类飞天的石破天惊的报道，让颜雅清对飞行如痴如狂。在家读《庄子》的时候，颜雅清非常欣赏鲲鹏展翅、扶摇直上九万里的那种逍遥之态，梦想着飞天。细心的颜雅清在《东方杂志》[4]上看到了这位女英雄飞行表演的6张照片，题为《美国史天孙女士演飞行术之摄影》，将上飞机时之摄影、立于飞机上向来宾演说、飞行场之情形、飞机回绕飞行场之态度、飞机初上升时之态度、飞机将出发时之态度，从这些照片，颜雅清满足了自己未看表演的缺憾，憧憬着将来自己有一天也会飞到蓝天上。甚至在课堂上，颜雅清

[1] 参见《三女士之演说》，《环球》1917年第1期，第8页。
[2] 王志辉、杜建雄：《小小洋妹驾战机津城上演飞天舞》，《城市快报》2004年8月31日，第25版。
[3] 天津市地方志编修委员会办公室，天津图书馆编：《益世报天津资料点校汇编（一）》，天津社会科学院出版社，1999年，第255页。
[4] 1917年3月15日，第14卷第3期。

有时候也走神，想着飞天的事情。

1919年，中西女塾师资缺乏，向北京大学校长蔡元培告急，要求蔡校长帮助推荐北大毕业生到中西女塾任教。蔡校长非常认真，在全校广而告之：

蔡元培为上海中西女塾聘请汉文教员启事（1919年11月8日）

培近接得上海McDyeire School之校长来函谓：愿请一能以极纯熟之官话教授汉文者为教员，每年能出约一千元之薪水。本校毕业生中，有自忖资格相当而又愿去者，请于本月十五日以前，投函校长办公室，以便转达该校。[1]

1920年，颜福庆虽然在上海，但是在长沙还保留着一处房子。杜威要到长沙访问的时候，颜福庆和颜雅清正好在长沙的家里，他们接待了杜威。

颜福庆一直热爱湖南，把长沙作为自己的第二故乡，对长沙的文化娱乐活动，也有兴趣参加。不可想象的是，颜福庆居然喜欢上了长沙的地方戏湘戏。湘戏以长沙为中心，流行于湖南中部、东部一带，以及江西萍乡、吉安等地，又称长沙湘戏、大戏等，清末民初称湘剧。主要腔调有：高腔、低牌子、昆腔、弹腔等4种。高腔是由江西弋阳腔与当地民间音乐结合而形成的，其特点是一人演唱，众人帮和，伴奏只用锣鼓不用管弦。明徐渭《南词叙录》（1559）说："今唱家称弋阳腔，则出于江西、两京、湖南、闽、广用之。"继弋阳腔之后，昆腔传入湖南，曾一度盛行。以高腔与乱弹占绝大部分。湘剧的角色分行也很有特点，有正末、副末、正生、大花脸、二花脸、紫脸、三花脸（生）、青衣、花旦、贴（包括小旦、武旦）、老旦等。[2]颜福庆在长沙的时候，吴绍云（吴六亥）发起组织清华班，乃特别增美，蟒靠官衣，改用缎料。设官殿予尚德街，其门首联云"清朝冠冕，华夏文章"，演角亦极力罗致。其中一个花脸夏胖子，是颜福庆的最爱。"爱角而具有奇点，莫如颜克卿，颜极倾爱夏胖子。一日，某庙演剧酬神，夏为剧中人之一。演未竟，忽大雨倾盆，观众均

---

[1] 此启（据《北京大学日刊》1919年11月8日）。

[2] 门岿、张燕瑾主编：《中华国粹大辞典》，中国文化出版公司，1997年，第881页。

无雨具，纷纷走避，惟颜（福庆）雨狂溅不走，又某日，夏演剧尚未下脸，颜即强之同去，夏指脸笑曰，此何可行？颜亦笑曰：'余正爱汝之花脸，使我生美感也。'"[1]

夏胖子就是夏庆成，著名湘剧花脸。

真是无独有偶，后来的京戏名旦梅兰芳，居然对夏胖子临场发挥的做法也极为欣赏，说："从前有个夏胖子，在（湖南）永安市演这出戏（指《春秋配》剧中《摘梅堕涧》），台下的观众，想寻找他的短处，就准备了很多的草鞋（湖南乡村看戏的习俗，如果对演员的演技不满意，就拿草鞋掷上去）。他演到侯上官上魁星楼的时候，少走了几步楼梯，交待不够清楚。他正跳到桌上在做了望的姿态，有一位卖水烟的看客，在台下警告他："夏师傅谨防草鞋，你是几步上楼的。"夏胖子一想，不好，看样子草鞋快要上来了。他下楼只走了两步，就假装失脚，用一种滑下楼的姿式，来形容侯上官见猎心喜，有迫不及待的情绪。剧情的处理倒很生动，果然博得台下的好声。从此这个滑下楼梯的姿势，便成了固定的身段了。"[2]

这次杜威来河南，缘起于湖南省教育会于1920年10月25日至11月4日举行盛大的讲演会。在一大批著名学者之中，包括邀请国际上的学术大腕杜威到湘讲演。杜威在1919年4月到5月，1920年6月曾经到访上海，上海的杜威旋风刚过，又接着刮到湖南了。在上海，颜雅清无缘见到杜威，而在长沙，没有想到，杜威是住到自己的家里了。

杜威夫妇1920年10月25日上午10时乘火车抵长沙。下车后，杜威夫妇下榻颜克卿（颜福庆）医生家。在颜宅午餐。午后，拜访谭延闿省长。[3]10月26日，湖南省教育会会长陈风荒与朱剑凡、舒新城同往颜宅拜访杜威。[4]下午2时半到4时半，在长沙遵道会开始讲演《教育哲学》。由明德学校教员刘树梅任翻译。谭延闿省长亲临会场，并任该日会议主席。听众约有80多人，会场座为之满。[5]10月27日下午2时至4时，在长沙第一师范讲演《学生自治》。由刘树梅任翻译。听

---

[1] 省三《湘戏之沿革》，《湖南戏报》1936年7月1日，转引自湖南省艺术研究所编《湖南戏曲史探》，1992年，第118页。

[2] 梅兰芳述，许姬传记：《舞台生活四十年》，中国戏剧出版社，1987年，第411—412页。

[3] 长沙《大公报》，1920年10月26日。

[4] 同上。

[5] 同上，1920年10月27日。

讲者为各中等以上学校学生代表千余人。他认为，现在的学生自治，就是将来的国民自治，所以学生自治是一个很重要的问题。自治的目的，不是与管理员争夺权力，乃在自由思想，乃在养成自立性，乃在将来成一个健全的国民。[1]午后6时，湖南省教育会在该会西偏楼上公宴各讲演名人，尚有军政两界高级官员参加。杜威在宴席上作了简短演讲，略谓，湖南现在适为中国之瑞典，以后甚望注意教育方面，以求真正幸福。杜威夫人也发表讲话，主张男女同校，甚望湖南政府及各教育家赶急推行。[2]10月28日上午8时，往岳云中学参加北大同学举行的欢迎会。上午9时，赴长沙遵道会讲演《教育哲学》。由曾约农任翻译。下午2时半至4时半，在长沙遵道会继续讲演《教育哲学》。[3]10月29日下午2时半至4时半，在长沙遵道会场讲演《教育哲学》。10月30日上午9时半在长沙第一师范讲演《教员是领袖或指导员》，由曾约农任翻译。听讲者为各师范学生。[4]下午2时半至4时半，在遵道会讲演《科学与近世文化之关系》。由曾约农任翻译。[5]下午6时，赴省农会、总商会、长沙县教育会、报界联合会、律师公会、青年会、实业协会、中华公会八团体在总商会举行的欢迎各演讲名人的宴会。到会者八十余人。在宴会上，杜威作了简短讲话。由赵运文翻译。他讲："自来中国，一年有余，多蒙各处欢迎。但不如今日之盛，尤为感谢。"并表示，"来华美人不论何界，不仅为自己利益计，俱愿为中国人民尽辅助之力。"[6]11月1日上午8时至9时，参加湖南省议会举行的欢迎会。上午11时，到长沙遵道会参加中华工会举行的欢迎会。军警政绅商学各界到者不下五百余人。下午2时，讲演《教育哲学》。此为在湘最后一次讲演。下午4时至6时，到长沙总商会参加湖南报界联合会举行的欢迎座谈会。谭延闿省长等人士出席作陪。会上，杜威就关于制宪问题作了简短讲话。由曾约农翻译。他认为，在美国，各下级自治机关，组织完备，故制宪较易，中国则较为困难。宜先注重教育实业，与民休养。可定一临时宪法，暂行若干年

---

[1] 长沙《大公报》增刊，1920年10月28—29日。

[2] 长沙《大公报》，1920年10月28日。

[3] 同上，1920年10月20日。

[4] 同上，1920年10月29、31日。

[5] 同上，1920年10月31日。

[6] 同上。

再正式制定。晚上8时至9时，军警学三界在湖南省教育会设席为杜威夫妇饯行。[1]在湘期间，曾在雅礼大学作《讨论学生毁偶像事》的演讲。他认为，长沙师范学生毁城隍神像，表示出学生有破除迷信、改良社会的决心，此行动受百姓的反对，诚是可叹！并认为，学生所行的办法，不是一个积极的创造的政策，所以结果失败。建议学生以后对于改良社会应用极稳当的方法做去，才不至于失败。[2]11月2日下午4时，乘沙市轮船往湖北汉口。离湘时，湖南省教育会给杜威送致菊花石岩及湘绣等各种礼物。

杜威的这些讲演，颜雅清并没有全部听到，但仅有的几次也使她受益匪浅。

从长沙回到上海的时候，颜雅清离毕业还有一年了。当时学校的收费情况大致是这样的：每年学费、膳宿费、学琴费、唱歌专科费各60圆，游艺专科费48圆，物理化学实验费10圆，生物、动物等科加5圆，家政科加4圆。这个学校的家政学是旧中国最早设立该学科的。后来的燕京大学也设立了家政系。

学校里不乏靓丽的女孩。当时的上海有一个传言：要看上海滩最摩登漂亮的小姐们，只要每个礼拜天上午到中西女塾的大门口去等着。因为当时在上海刚刚兴起的女子学堂，聚集的女学生都是家境殷实的小姐。小雅清小时候就脸庞白皙，还有两个讨人喜欢的酒窝，那可是后来的大明星胡蝶的标志性漂亮的特征呢。其实小雅清也有胡蝶一样，甚至更为端庄俏丽的容貌，大而亮的眼睛，也有两颗若隐若现的梨花酒窝，小雅清自然也是出众的女孩。

不知道从哪一年开始，学校每年5月下旬召开运动会，举行体操表演会。上海当年最有影响的大报《申报》[3]上有非常生动的报道：

天气至美，花木茁发，尤为一年中最佳丽之时期，午后四时，骄阳乍过，芳草地上，鬓影钗光，于来宾欢呼声中，该校全体学生，鱼贯入场……场中有一钢琴，学生入场之际，琴声大作，铿锵足悦耳。全体学生环行后，即依次举行舞蹈与游戏，有彩带舞，女郎十余，以

[1] 长沙《大公报》，1920年11月2日。
[2] 长沙《大公报》增刊，1920年11月2日。
[3] 1924年5月22日。

彩带互掷而舞，有条不紊，颇为娴熟。其次为进行操，纵横步伐，均极肃整可观；再次为双人舞，一举一动，俱合法度，于静穆更露流利之致。此后蚱蜢舞，尽以女童为之。人数五六，年七八龄，各衣绿裳，头后披绿翼，在绿草地上活泼跳跃，视之为蚱蜢也。最后诸女童伏地倏然，来客大为感动。恨年光未肯倒流，再一尝童年之滋味。蚱蜢舞即毕，有波兰舞、鞋匠舞，均极玲珑活泼。最可观者，为此后之蝴蝶舞，女郎四人，衣蝉翼之纱，其色或绛或青、或如蔚蓝之云，入场后，翩翩而舞，体态轻盈，后披散发，因风而飞舞……蝴蝶之侣既退，乃举行障碍竞走，均活泼泼的儿童为之。

　　参观运动会的家长非常高兴。这种寓美育与体育相结合的做法，很适合女孩子的特点。

　　在中西女塾，颜雅清一方面学习西方的文学名著，一方面也接受一些中国传统文化的教育。古希腊盲诗人荷马创作的两部长篇史诗《伊利亚特》和《奥德赛》、《鲁宾逊漂流记》、《吉卜林作品精选》都要读的。到后来，颜雅清在美国演讲，吉卜林的诗作，她还能够信口念出来。

　　到1921年毕业前夕，为了筹款扩张校务，学校组织了毕业班的100多个学生参加演出，排演的竟是比利时名作家梅特林克的《青鸟》[1]，分别于6月1、2、4日在上海香港路的大英戏院上演。这个剧作表明了她们求光明的渴望，其象征意义，就是须自己牺牲，然后可得幸福；到光明之路是曲折的，必须自己奋斗。这正好与五四时期个性解放的时代潮流取得同一步调。梅特林克（1862—1949）是比利时戏剧家，象征主义戏剧创始人，1911年获诺贝尔文学奖，其著作具有丰富的想象和诗意的幻想。这些作品以童话形式显示出一种深远灵感，又以一种巧夺天工的妙手法打动读者的感情，激发读者的想象。

　　《青鸟》（1909）为六幕剧，写两个小孩铁铁儿和密铁儿去寻找一只青鸟的故事。

　　颜雅清不记得是谁扮演的"未生儿"，他投生时候那种迟疑畏缩的现状，动人而且让人浮想联翩。扮演"光"的演员获得观众的好评。"光"告诉铁铁儿，说他接到仙女的信，说青鸟可能在坟地里。铁铁儿

_____

[1]　当时的译名为《翠鸟》

等便向坟地出发。他们来到坟地，死人都出来了，大家都害怕死人，只有铁铁儿不怕，他旋动金刚石，坟墓都不见了，死人也没有出来，坟地化为花园。铁铁儿等来到未来之国，看见许多尚未出生的小孩，他们降生到人间时，都要带去一件礼物，例如要发明一件可以增进幸福的东西，各种神奇的机器，如无人认识的光，会在空中飞的机器（20世纪初始有飞艇、飞机），可以到月球探险的机器，和桌子一样大的发出奇香的菊花，比梨子还大的葡萄，大如甜瓜的苹果，大如南瓜的甜瓜，使地球暖和的火，把地球不公道扫除干净的神物，征服死亡的神物等等。时间老人发现了铁铁儿等，赶他们走。"光"悄悄告诉铁铁儿，已得着青鸟。于是铁铁儿等旋转金刚宝石，离开未来之国。但一出未来之国，青鸟变成粉红的了。"光"把铁铁儿等送回家中，与他们告别。铁铁儿说他并没有得着青鸟。"光"说大家总算尽能力去做了。也许青鸟并不存在，或者一经关在笼子里就变色的。猫、狗、水、火、牛奶、糖等精灵也向孩子们告别。最后"光"说它自己存在于一切光明之中，存在于人们善良的心灵和光明的思想之中。

此剧在上海轰动一时，当时正在上海的茅盾，也"因了助朋友们的兴头"，观看了4日的最后一场演出，专门写了一篇看了中西女塾的《翠鸟》以后的观感文章，发表于1921年6月10日《民国日报·觉悟》，说这场六幕长剧人物有"狗"、"猫"、"火"、"水"等等，是"化物成人"的办法。

这出剧作告诉颜雅清，幸福肯定是存在的，人类的未来是幸福的，邪恶就是善良的缺失，黑暗就是光明的缺失。只要消灭了邪恶，人类就能有幸福。幸福不能到记忆中去找，不能到幻想中去找，更不能到坟地去找，幸福要靠脚踏实地去找，人只要睁开眼睛，真正成为"人"，就能看见幸福，路就在脚下——幸福无处不在。人依靠自己的努力，是能找到幸福的。宏大的场面，让参加演出的颜雅清十分激动。一直到晚年，颜雅清仍然记得剧中有一句台词，也是"光"说的：反正大家都尽力了，幸福不是靠一代人能找到的，有时要靠几代人才能获得。强调通过人的努力去追求光明、幸福，这种人道主义、理想主义的思想影响了颜雅清一辈子。

从中西女塾毕业的同学，有两条道路可走，一条是订婚和结婚，完成生活中的大事，另一条是去美国留学，走向更广阔的天地。

颜雅清选择了后者。

2. 史密斯学院的短暂生活

　　1921年，17岁的颜雅清在中西女塾毕业，以优异的成绩考上了清华学校留美专科生，是当时录取的十个女生之一。

　　但是不巧，颜福庆再次利用学术休假的时机，要到美国哈佛大学进修，并且还要带女儿一起去美国。这样，颜雅清就放弃了去清华学校就读的机会，和清华学校失之交臂，然而学校的花名册上始终保留了颜雅清的名字，在以后的寻找清华学校毕业生公布的名单中，还有陈颜雅清的名字，那是1931年在《清华周刊》上刊登的，因为其时颜雅清已经和陈炳章结婚几年了，所以名字前冠以陈字，就是跟陈炳章姓了。那时候的时尚，就是女性结婚以后，在自己的名字前边要冠以夫姓，如宋美龄婚后的名字是蒋宋美龄，宋蔼龄的名字是孔宋蔼龄。今天的香港仍然保留着这个习惯。而且那时人们也知道，颜雅清的特长就是打网球，这是在中西女塾培养出来的兴趣。

　　颜福庆决定带着夫人曹秀英和长女颜雅清同行，他们乘坐轮船顺利到达纽约。颜福庆在纽约、波士顿、费城等地学习和考察眼科，父亲先替颜雅清在纽黑文找到一所住处，然后安排她到马萨诸塞州的胡桃山中学学习。

　　在马萨诸塞州伍斯特，有一座建于1898年的艺术博物馆，比这座城镇更为有名，加上它正好坐落于市中心的商业区，就成为附近城镇市民和游客经常观光的所在。而处在伍斯特和波士顿的中间，东距波士顿20英里的地方，有一个小城镇叫纳提克城，那里的美军士兵研究中心和美国陆军环境医学研究所非常有名。纳提克城北有一所胡桃山女子中学，是美国上层阶级的孩子们憧憬的理想学校。

胡桃山中学的得名与该地的胡桃有
关。它坐落在一座小山脚下，校园里风
景如画，四周被大面积的草地和树林
环绕着，还有一座美丽的湖泊。湖边和
山脚栽种了大片的胡桃树，小山便因此
得名胡桃山，而中学的原名瓦纳反而被
遗弃了。在这里虽然时间不长，但是对
于颜雅清来说，仍然可以满足自己一定
的好奇心，比方说，校园里的大树，因
为杈桠有比较平的，学生们可以爬到树
上，坐在树杈桠上聊天，那是女孩子最
惬意的时候，她们并不比男性差，起码
在冒险精神方面如此。女孩子的好奇心
可以使她们得到一点程度的自我满足，
尤其对颜雅清来说，性格中的那种张扬
性，在这里可以无拘无束。

史密斯学院

　　学校的环境虽然非常好，但颜雅清
在学校里并不满足。她发现这所学校不
适合自己，她的兴趣不在这里。她被中
西女塾培养的自信激发，想设计自己的
一条路子。于是她没有经过父母亲的同
意，这位早熟的少女，就擅自去了马萨
诸塞州的史密斯学院。

　　史密斯学院设在马萨诸塞州北安普顿，是一家私立的独立女子文
理学院（一说文科学院），创建于1871年，直至目前仍然是美国最大
的女子私立院校。北安普顿是一个小城镇，一直保持3万人的规模。
史密斯学院建校以来，就一直以保持着高素质的教师团队而闻名于
世。古老的屋顶和常青藤相映成趣，伙食很好，而且每周有一次烛光
晚餐，一次午茶，教授们和学生们一起参加，对于向来有"高贵而冷
漠遗风"的学校来说，无疑是显出另一番风格。学校推行一整套多元
化的教学理念，注重发挥学生的自立自主精神，实行有针对性的教学
方式，表现出明显的优势，使其不仅在美国而且在全世界始终都享有
很高的排名以及声誉。学生们可以在自己学校读书，也可以选择其

史密斯学院礼堂

他学校去读书。采取小班制，没有必修课。星期六有电影、戏剧、周末派对举办，业余生活很是丰富多彩。

学校创办人史密斯，在女性可以像男性一样改变世界的信念指引下，于1871年斥资40万美金设立了这所名校。但是1875年刚刚开始招生的时候，首届只有14个学生。据说校长史密斯既不博学，也不和善，他的学位是假的，他甚至没有进过大学。创办之初，他雇佣了一些贫困的大学生，可以付很低的工资给他们。他的学校收费低，可是由于他成本控制得更低，所以他越来越富有，而他的教师们却越来越穷，学生也很少能吃胖。那时候的午餐，是由史密斯夫人亲自派发，每人一点汤，里面飘着两片很薄很小的肉，另外一块小干面包。[1]但是就是这样的一所大学，后来却成为世界名校。

史密斯学院后来的规模有所扩大，是著名的七姊妹学院（包括巴纳德学院、布尔莫尔学院、曼荷莲学院、拉德克利夫学院、史密斯学院、瓦萨学院、威尔斯利学院）成员之一，是个由七所知名的女子贵

---

[1]　参见（美）霍瑞修·爱尔杰：《赫可特的继承权》，清华大学出版社，2009年，第27页、48页。

族学校所组成的校际联盟。

在史密斯学院的毕业生中，不
少是来自美国知名的政治家族，或
在日后成为政经或学术、文艺界
的名人。学者方面，其中包括著
名心理学家科特·考夫卡、弗里
茨·海德，里根总统夫人南希、小
说《飘》的作者玛格丽特·米切尔
（Margaret Mitchell），后来的复
旦大学校长谢希德等（而且据复旦
大学徐以骅教授透露，谢希德在该
校的英文名字和颜雅清一样，也叫
希尔达），都是该校的毕业生。

史密斯学院音乐学院

史密斯学院的毕业生真正是做到了指点江山，挥洒自如，巾帼不让须
眉。而美籍华人物理学家吴健雄则曾任教于该学院。直到今天，当一
个学生进入该校读书的时候，那种自豪感仍然可以溢于言表。史密斯
已然代表着一种人生态度的选择，一种挑战社会的勇气，一种精神，
一种信仰的皈依。[1]既然女儿选择了，所以颜福庆也不反对，自己的
长女应该到这所学校就读。

根据帕蒂·哥莉所说，颜雅清在学校表现得非常出色，1922年秋
天，史密斯学院破例接受她为文化交流学生，主修历史课程，属于
1926年届毕业的学生，她无疑成为该校有史以来获此殊荣年龄最小的
学生。

在一年级的时候，颜雅清申请了享有盛名的史密斯学院戏剧协会
会员，这个协会经常表演，不仅在大学，而且还到别的地方演出。加
入这个协会非常不容易，测试很严格，淘汰率极高，而且对服装要求
很高，要求穿着灯笼裤和蓝筒袜，其他服装也很讲究。那种宽松的灯
笼裤，是以它的创始人玛丽·布鲁姆的名字命名的，也称为"理性服
装"，将它们穿在薄的上衣下面，很适合骑单车和打网球，但当时的
人们认为这显得很泼辣。

在剧本创作方面也要求有天分。颜雅清虽然很小，但是非常尽力。

[1]　《史密斯学院》，http://baike.baidu.com/view/3962331.htm。

这为她创造了优异的条件，而后在世界舞台上，她会同样表现出色。

在这里，受学校的大环境影响，她也开始对女性权利予以关注，这和她在上海中西女塾所接受的教育吻合。

而此时的颜雅清，在后来的大文豪梁实秋的笔下，被误认为是颜德庆的女儿，而且认为此时的颜雅清也尽情地享受着美国式的浪漫。梁实秋说：

> （颜雅清）课余之暇，雅善交际。时哈佛大学有张鑫海[1]先生者（后改称博士），年少多才。亦留学生中之翘楚，与颜女士友善。过从甚密，据云颇能以纯洁之友谊相终始。又有张某某先生者[2]，乃西点陆军大学学生，身着军装，倜傥不羁，亦颇蒙女士青眼。张性急躁，遽以婚事相商，遂惨遭"刮胡"[3]之痛，张先生受创至深，大不快活，以为多日精神实力，废于一旦，有所不甘，竟致持枪胁迫，险

---

[1] 张鑫海，1898年出生，浙江海盐人，1918年清华学校毕业，到美国留学，其时在美国哈佛大学受业于白璧德先生，他英文极好，爱好西洋文学，与梅光迪、吴宓、洪深、汤用彤诸位先生同学，与楼光来、林语堂、徐志摩均有交往。被吴宓赞为"年少美才，学富志浩，极堪敬爱"。1920年8月17日，陈寅恪、汤用彤、张鑫海、楼光来、顾泰来、俞大维和吴宓等七人的"七星聚会"，"畅谈书籍学问，间及谐谑"。（傅宏星《吴宓评传》，华中师范大学出版社，2008年，第46页）胡适在美留学时，初与同乡梅光迪关系很好，以兄弟相称。但当胡适提出"要须作诗如作文"之后，立即受到梅的批评，梅光迪认为胡适的新文学来自于美国传播的新思潮，其中包括Bahaism，就是现在的巴哈伊教，因此，关系越来越僵。胡适的态度，特别是后来陈独秀以及钱玄同等人加入战团，以彻底否定中国文化为己任时，引起哈佛的中国留学生们的愤怒。梅光迪的盟友张鑫海愤慨地说："羽翼未成，不可轻飞，他年学问成，同志集，定必与若辈鏖战一番！"故直到1922年才有《学衡》杂志的创刊，这意味着"鏖战"的开始。1923年，张鑫海在白璧德的指导下完成题为The Classcism of Mathew Arnold的博士论文，引起清华学人的关注，后来到清华、北大、东南大学讲学，1928年起担任中华民国驻外使节。

[2] 此处之张先生是张道弘。美国西点军校是美国陆军军官学校的中国称呼，俗称西点军校。学校依山傍水，风景优美。西点以责任、荣誉、国家为培养之根本，为美国和世界造就了大批卓越的将军和政治家，在全球凤享盛誉，是全球军事院校之冠。
中国籍学生就读美国军校的为数不少，但解放前能在美国西点军校就读并毕业的仅有八位。第一位是温应星，当时与美国赫赫有名的巴顿将军同班，后来当过清华学校校长。第六位是张道弘，为民国时期美国西点军校八位中国籍学生之一，排序第六位。张道弘（1898—1976），有时写作张道宏，安徽籍，15岁时考取清华。张道弘是梁实秋在清华的学长，大概梁实秋碍于情面，没有说出他的名字。其实梁实秋和张道弘交往是很深的。1924年张氏西点毕业回国，随即时来运转，不久竟捷足荣登段大帅兼总理祺瑞先生之乘龙快婿（夫人段式彬千金），后又任税警学校长。1930年后任天津市警察局局长，抗战期间主管华中公路运输，1946年还一度（8月至10月）任国府农林总务司司长，且多嗣多福（6女1子），天伦尽享。1949年后张氏辞去公职，1956年万幸获准赴港探望长女后便留居香港。张氏于1976年美国国庆日在澳门逝世，享年77岁。

　[3] 凡碰女学生之钉子者，皆谓之"刮胡子"，此留美学生界之通用语也。

西点军校列队

些闹出人命案子。此事留学界中无人不知。吓得颜女士急急忙忙地回了国。后来这位张先生回国，听说在段执政当国的时候招了驸马，现已做官。[1]颜女士回国之后，往来京沪之间友朋甚多，就中有一位北京大学教授叶先生亦为熟识之一，社会人士无不盼有情人都成眷属。而今忽以陈颜缔婚闻！[2]

在这所学校里，除了接受坚实的教育之外，对于世界秩序的关注，也促使颜雅清变得成熟起来。她为人类事业的努力，应该与史密

[1] 梁实秋《乾坤定矣——Mr. P. T. Chen与Miss Hilda Yen》，1927年5月23日上海《时事新报·青光》专栏，署名徐丹甫。

[2] 此处叶教授不知道指何人。据梁实秋说，那个"真名士自风流"，"醉卧美人膝，醒握天下权"的才子叶公超，在美国留学时发生过女生追求他一事："公超萧然一身，校中女侨生某常去公超处请益。其人貌仅中姿，而性情柔顺。公超自承近于大男人沙文主义者，特别喜欢meek（柔顺）的女子。这位女生有男友某，扬言将不利于公超。公超惧，借得手枪一支以自卫。一日偕子离外出试枪，途中有犬狺狺，乃发一枪而犬毙。犬主索赔，不得已只得补偿之。女生旋亦返国嫁一贵族。"（《梁实秋集》，花城出版社，2008年，第377页）叶公超始于1920年赴美国留学，先后就读于缅因州贝兹大学（Bates College）和马萨诸塞州爱默思特学院（Amherst College），获爱默思特学院学士学位。爱默思特学院是美国一所著名的私立文科学院，与颜雅清就读的史密斯学院在一个地方，相距甚近。而且该校与汉普夏夏学院、史密斯学院、芒特霍利奥克学院和麻省大学4所大学相距很近，所以与邻近的4所大学达成协议，互相交流学生和教员；在某些专业领域，如非洲研究、国际关系等领域共同合作，并定时有汽车往返于各校之间（免费）。学生可以在这4所学校选读任何课程并获得学位，而不需另付学费。但是这个女生是不是颜雅清值得怀疑，其一，颜雅清绝对不是"貌仅中姿"的女孩子，而是上海出了名的美女。其二，颜雅清也不是"性情柔顺"的女孩子。有一点值得肯定的是颜家和叶家是很熟的，叶公超的叔父叶恭绰，是颜惠庆担任总理时期内阁的交通部长。而且，叶公超拔枪的情况也与张道宏相似。

斯学院的培养有关。

史密斯学院实行的是文理贯通的教育体系，学生在这里，可以随意选择自己感兴趣的课程。只是颜雅清没有来得及修完学校的课程，因为父亲回国，自己也只得中断在这里的学业了。

时间虽然短暂，但是两次的美国经历，颜雅清明显地在这里受到了美国文化的熏陶和感染，再加上在上海中西女塾的中西教育，使颜雅清游刃于中美文化之间。她的文化修养中开始纳入了美国元素，而且具有了世界的眼光。在这里，她主修的历史学，为日后她在国际联盟和联合国的工作提供了一定的基础。

史密斯学院的历史也记载了这位后来成为中国女飞行员的学生。[1]

颜福庆没有立即回国，而是带着夫人和孩子到欧洲先考察一番。颜雅清在这里看到了美国之外的另一个世界。

---

[1]　Smith Alumna's Letter Provokes Outraged Response，26. Feb. 2012

3. 雅礼大学毕业

1922年，颜福庆带着一家从欧洲回国以后，自己在长沙雅礼大学工作，女儿颜雅清也被父亲安排到这所按照美国耶鲁大学的风格建立起来的学校学习。这时候的雅礼大学正好是刚刚开始招收女生，因此颜雅清成为该校的第一批女生。

雅礼大学的筹办开始于1901年初。其时，美国耶鲁大学有少数毕业生热衷于海外的教育科技事业，倡议到中国来办学校和医院，得到湖南教育当局和广大校友的支持，1902年在长沙成立了雅礼协会，主持这一工作。最早来华筹备的德士敦先生夫妇，选择了长沙作为办学地点。1904年德士敦病逝以后，盖葆耐先生、席比义先生、解维廉先生先后来到长沙，接续其未竟事业。1905年，后来和颜福庆成为至交的胡美博士也从印度来到中国。胡美被公认为"具有闪耀的乐观与理想主义，是雅礼大学的灵魂"。经过共同努力，多方交涉，租得西牌楼的一所民房为校舍，于

雅礼大学校门

1906年，雅礼大学堂开学，学生们留着长辫子

1906年11月10日开学，由盖葆耐先生担任校长。学校取名为"雅礼大学堂"。其"雅礼"二字，既表示出耶鲁之音，也取《论语》"子所雅言，读书执礼"之义。这所学校的毕业生，著名外交活动家何凤山先生对此解释说："雅"是高雅、儒雅、风雅、典雅、雅致；"礼"是礼貌、礼教、礼让、礼节；持之以礼，礼者理也，理智、理解、理论。[1]可见雅礼的宗旨，是教导学生成为气质高雅、德智兼备的君子，亦即为国家造就优秀的国民。这正好和颜雅清的名字所蕴含的意义不谋而合。

1919年，学校搬到北门外麻园岭校址（即现在湖南医科大学北院）。著名建筑设计师墨菲接受美国雅礼教会的聘请来中国，规划设计了带有中国宫殿风格的雅礼大学。墨菲采取了中西合璧的方式设计，大屋顶和西式墙壁完美结合，建成了一座美丽的校园。湘雅医学预科合并于本校大学部，学校规模趋于完备，文、理、医预三科齐备，雅礼大学堂改名为雅礼大学。

---

[1]　何凤山：《怀念雅礼——生我者父母，教我成材者雅礼》，载雅礼校友会主编《雅礼中学建校八十周年纪念册》（湖南长沙，1986年），第30页；Yale—in—China of 1936, Yali Quarterly, Nov. 1936，湖南省档案馆藏，67—3—337。转引自赵厚勰《雅礼与中国：雅礼会在华教育事业研究（1906—1951）》，山东教育出版社，2008年，第76页。

颜雅清入学的时候，科学馆落成已经两年，已经形成一所气魄宏大、绿化美丽的校园。学校前门是北大马路，后门对着文昌阁，科学馆、大礼堂、寝室、食堂、大操坪及教授住宅，顺次遍布其间。各中西合璧式建筑之间，绿草如茵，树木扶疏。学生们尽情在学校里读书，享受着精神的滋养。大学为五年制，本科三年，预科二年。

雅礼大学贯彻耶鲁大学的培养方针，注重学生的个性培养和爱他人。学生们被要求自己的事自己做，极度地注重个性，对于自己要忠实地认识自己，然后才能爱他人。这种教育被认为是个人本位精神和他人本位精神的结合。

雅礼大学实行的是通才教育。虽然文理分科，但是互选学分很多，这体现了"通才教育"的精神。学校管理制度严格，一律在校住宿，一律穿制服，重视仪表。夏天一般是女士们穿着长长的白裙，男士们穿着白鞋，西服领带，戴着软木遮阳帽，都带着阳伞。冬季穿呢制服，穿皮鞋。星期六外出必须按时回校。在校园内要讲卫生，不许随地吐痰，要携带手帕，要求守时，不许迟到。考试也极为严格，学校功课紧迫，使人非得用功读书不可。学校这样严格要求，对于学生一辈子做学问做人都有好处。

学校对英文要求很高，程度超强。美籍教师多，除中文以外都采用英文教本，使用英语教学，学生不论文科或理科，英语口、笔头表达能力，都超过其他国内大学的水平。毕业生没有不会讲地道的英语的。颜雅清在这样的学校，在英语学习方面，自然获益很多，使得毕业以后有资格到上海担任英语教师。

学校也重视中文教学和体育。雅礼大学特别注重中文。每天上午上中文至少2小时，每周作文一篇。当时中文教员水平很高，多为饱学之士，所以雅礼大学学生的中文水平不低。雅礼虽然功课紧张，但不轻视体育锻炼。学生课后，要到操场运动，不准呆在教室。颜雅清在中西女塾培养出来的网球爱好，也可以在这里进一步得到满足。

1924年，在颜雅清二年级的时候，学校校长更换。大学负责人盖葆耐回美国，雅礼协会任命胡美为雅礼大学校长，历史学教授解维廉为主事，主持校务，雷文斯负责总务。

这时候，颜雅清的表叔曹云祥作为该校董事会成员，接到雅礼大学的电报，从北京清华学校来到雅礼大学，作为副董事长，因为董事长缺席，便代表学校董事会参加校长胡美的就职典礼。颜雅清看到表

1920年，长沙雅礼学堂的网球场。雅礼学堂是雅礼中国协会实施耶鲁中国计划的一部分

叔在仪式上使用英语致辞，不断获得喝彩，心中非常佩服。

根据曹云祥自己对《清华周刊》记者的谈话，他是1924年11月19日到长沙的：

> 此次南下，为长沙雅礼大学校长就职事；该校董事会会长不能亲临，余为该校之副董事长，屡承电请，实不能不有此一行。况余为清华学校校长，主持此种盛会，不但个人，即学校方面亦有荣焉，此本校董事会所以允许有此行也。
>
> ……
>
> 余在长沙，停留五日。此五日中，九次讲演，九次赴筵。在此种聚会之中，得与名人及教育家相谈，获益不少。余所参观之学校，最满意者为今夏留学同学胡毅君父亲所办之明德学校；有二十余年之成绩，所送清华学生，有二十多名，概已毕业赴美，可见教导有方。该校教员之忠于所事，师生间感情之好，实所罕见。联络清华师生间之感情，乃余之宿愿，现亦正在进行中；见此不能不有所感，并给余极大之助力。[1]

---

　　[1]　《曹校长归后谈》，《清华周刊》328期，1924年11月28日。

曹云祥在长沙的几天时间，住在表哥颜福庆家中，颜雅清第一次从表叔那里知道了一些大同教（巴哈伊教）的信息。但是这时候的颜雅清没有皈依这种新信仰。

因为父亲颜福庆当时担任湘雅医学院院长，颜雅清得以知道该院的院歌。

湘雅医学院院歌唱道：

长沙张仲景，医学溯先贤，泱泱乎流风千载，湘雅树中坚……椎轮始业，自谭、胡、颜。

原来，1910年2月，颜福庆加盟雅礼医院，到1912年，颜福庆为时任湖南都督的谭延闿治愈了大叶性肺炎，使谭延闿产生引进现代医学，培养西医西药医生的想法，从而与雅礼会在长沙的发展计划不谋而合。所以院歌里把谭延闿、胡美和父亲颜福庆都写进去了。1914年12月8日，在长沙的潮宗街，建起了中国现代史上首所中美合作创办的高等医学教育机构——湘雅医学专门学校。校长是颜福庆，教务长是胡美。1920年春至6月26日，医校的师生分两批由潮宗街全部迁入新校舍，成为雅礼大学医学院。

颜雅清还觉得湘雅医学院的院训也和父亲的风格一致。"公勇勤慎，诚爱谦廉"，"求真求确，必邃必专"，正是父亲颜福庆的缩影。颜雅清对父亲的敬重可想而知。这为她日后服从父命，和陈炳章先生结婚打下了伏笔。

颜雅清在雅礼的老师，根据帕蒂·哥莉的说法，主要有伍德布里奇·宾厄姆博士（Dr.Woodbridge Bingham）、C·莱斯特·沃克先生（Mr.C.Lester Walker）、威廉·J·海尔牧师（Rev.William J.Hail）、丹尼尔·S·桑福德先生（Mr.Daniel S.Sandford）、肯尼思·洛斯和弗朗西斯·S·哈钦斯博士（Dr.Kenneth Roseand Francis S.Hutchins）。

颜雅清在雅礼大学的学习详情不得而知，倒是在毕业时候遇到了一次意外的紧张。根据钱益民、颜志渊撰写的《颜福庆传》，当时的情况如下：

1925年6月中下旬，正是学校毕业考试时间。雅礼大学首届毕业生也将举行毕业典礼。按惯例，雅礼大学的毕业典礼是和湘雅医学院、雅礼中学同时举行的。颜福庆的大女儿颜雅清，即将从雅礼大学校长胡美手中拿到毕业证书。

离毕业典礼不到两星期了。但是学校开始了一场要驱逐外国人的活动。学生会决定采取激进的行为，投票判决所有在长沙的外国人的死刑，而胡美博士应该是第一个见上帝的人。一天，颜雅清匆忙赶到胡美办公室，见面脱口就说：

"我能单独和你谈谈吗？"

胡美还没转过神，雅清又补充了一句："这件事非常重要。"

胡美和颜福庆是多年的至交。因此，雅清和胡美既是师生，更是伯父和侄女的亲戚关系。1921年雅清随父到美国求学，就是胡美的建议。雅清在美国的史密斯学院求学，没有读到毕业，于1925年回国转入雅礼大学，是雅礼大学最早的一位女生。在胡美面前，雅清把实情全部倒了出来。

这天上午，长沙邻近地区，北伐军与湘军在激烈交战。长沙城内，雅礼大学、雅礼中学和男女护校的全体学生，参加了长沙市学生大游行。雅礼下属机构中，唯独湘雅医学院学生没有参加。游行学生高举"打倒帝国主义"等醒目标语，沿主要街道游行一周后，在湖南省教育会前的操场上集会。学生群情激昂，一致痛斥英帝国主义的残暴。但是在决定学生联合会的下一步惩办行动时，会场秩序大乱。有的主张这种惩罚，有的主张另一种惩罚。群众运动像一个无头苍蝇，在宣泄之余，失去了理智，完全跟着情绪走了。

混乱中，有人高喊："把长沙所有外国人抓起来！"

"对头。把长沙所有外国人抓起来，明天一早拉出去枪毙！"三五个人的应和，变成了全体学生的一致意见。

雅清讲完故事后，又重重地加了一句：

"你是被处决名单上的头号人物！"

1923年开始，胡美在原先湘雅医院院长之外，又担任了雅礼大学、雅礼中学的校长。身兼三个外国机构的首脑，胡美理所当然地被看成了长沙的头号外国人。

说完，雅清又反复向胡美澄清，她自己并不恨胡美和其他外籍教员，雅礼大学的学生也同样如此。雅清意识到，自己有责任把这个消息告诉胡美。雅清离开后，胡美急忙叫来颜福庆和雅礼大学、雅礼中

1913年颜福庆和胡美（右一、右二）

学的教务主任商讨对策。随后胡美马上向省政府求援。赵恒惕派来一支全副武装的小部队，分成两组，通宵保卫外籍教员。在士兵保护和家长配合下，这场危机暂时度过。[1]

　　幸亏颜雅清的及早提醒，胡美得以帮助自己的同事们。学生家长们被请进学校，学生的过激行为得到制止。

　　学生的情绪稳定下来以后一周，胡美在发放毕业证的时候，再次看到颜雅清。颜雅清对胡美鞠躬，脸上露出微笑。她主修的是心理学，获得心理学学士学位。4年的课程3年完成，学业优秀，专业里面的课程有6个满分，其中三个是社会学、化学和物理学。[2]

　　毕业之后，颜雅清在雅礼医学院得到了第一份工作，是做一个志愿者，利用心理学和社会学方面的训练，做社会工作。她发现，自己在帮助别人的时候，居然是最快乐的。

　　但是新工作开始不久，长沙的排外运动加剧，外国人不得不离开长沙。

　　情急之中，胡美和其他外国人不得不撤离长沙。而此时的长沙城

[1]　颜志渊、钱益民：《颜福庆传》，复旦大学出版社，2007年，第67—68页。
[2]　参见帕蒂·哥莉《飞天名媛》，张朝霞译，花城出版社，2012年，第22页。

里，调子不断升级，由只是驱赶外国人，到和外国人合作的中国人，最后到非湖南人，一律要驱赶。那时候的颜福庆另外还负担一个由老朋友交给的任务。因为1925年至1926年的长沙和湖南闹灾荒，有"慈善总理"之誉的熊希龄发电报给颜福庆，希望颜福庆联系美国朋友，帮助筹款赈灾。颜福庆当即给美国朋友发电报请求资助，美方积极进行[1]。但是到驱赶外国人的活动激烈起来之后，事情就越来越难办了。1926年12月15日，颜福庆一家只得和胡美一起，在士兵的保护之下，撤离了这所挚爱的学校。胡美回美国，而颜福庆则带着全家乘坐英国船撤到汉口。上海同仁医院派人到汉口帮助安置，颜福庆一家暂时住到妹夫舒厚仁[2]的家里。舒厚仁是英国亚布甸大学医学博士，当时正好在汉口行医，1917年担任汉口慈善会中西医院的西医正院长。到1926年中西医院改为汉口卫戍区医院，收治北伐军伤病员。1927年易名为"国民革命军第四方面军军医院"，舒厚仁当时住在汉口法界三德里56号。

颜福庆因为与外国人的联系紧密，只得举家搬到北京。1927年5月31日北京协和医学院决定聘请颜福庆担任该院的副院长，任期从本年的7月1日到1928年6月30日，正好是一年，年薪为5750美圆。

这中间，颜福庆的家安顿在上海。颜福庆也抽时间到上海，但是想办上海协和医学院未果。颜福庆挂记长沙的事业，找机会又回到长沙。但是长沙的形势已经无法让颜福庆实现自己的理想，他救治病人的愿望看样子不能在这里实现了，于是颜福庆想到了自己的出生地上海，那里是当时中国最开放的地方，所以他决定到上海建立医学院。

---

[1]　长沙《大公报》，1926年1月30日。

[2]　舒厚仁就是颜庆莲的丈夫，颜庆莲结婚之后的名字是舒颜昭。舒厚仁是舒高第十二个子女中的长子。舒高第（1844—1919），浙江宁波慈溪庄桥舒家（现属庄桥街道葛家村）人，字德卿，早年随全家迁居上海，进教会开办的男生住读学校求读。聪明好学的舒高第深受老师们喜爱，1859年老师回美国时带他和几位高才生一齐赴美深造。他学习的专业为医学，1867年毕业，成绩列全班第一。后又在神学院深造，1873年获神学博士学位后回上海，在江南制造局翻译馆任职34年，毕生献身于译书事业，积极多方面地介绍西方近代自然科学等知识，用力甚勤，成绩卓著。

第三章 乾坤定矣

——不情愿的婚姻

旧时的中国，男女成婚被称为"结秦晋之好"、"乾坤定矣"，上海人叫"轧朋友"。"乾坤定矣"本于《周易·系辞传上》，是在"天尊地卑"之后的一句话。《周易》极重"天尊地卑，乾坤定矣"的夫妇之道。"家人，女正位乎内，男正位乎外；男女正，天下之大义也。家人有严君焉，父母之谓也。父父，子子，兄兄，弟弟，夫夫，妇妇，而家道正；正家而天下定矣。"[1]

颜雅清和丈夫陈炳章的结婚，在旧上海是一件引起上层社会轰动的大事情，惊动了当时已经有文名的文学家梁实秋先生。梁实秋以《乾坤定矣——Mr. P. T. Chen与Miss Hilda Yen》为题，介绍了他们的婚姻。他们的结婚庆典是1927年的6月2日，日期如此确定，想必当时的报纸上刊登了广告。

1. 重回上海

颜雅清雅礼大学毕业，除了短期在母校做志愿者之外，1927年也和父母亲到了上海，到1935年随伯父颜惠庆出使苏联以前，一直在上海医学院任英语教师。

那时候的上海，如同小说《前程》所说，"呈现着畸形繁华的上海，色情的追逼，脂粉的诱惑，喧嚣的呻吟和绚丽的颜色的集合"。[2]

而颜福庆一家则与之相反，表现出一种高尚的人生态度。颜福庆1928年在上海创办吴淞模范卫生区，形成医学为人群服务的思想，"人生意义何在乎？为人群服务，服务价值何在乎？为人群灭除痛

---

[1]　《周易·家人彖》。

[2]　丁谛：《前程》，上海书店，1989年影印本，第1页。

苦"，颜福庆的这些很早就形成的思想，到1936年请黄炎培为医学院撰写了这首校歌，固定下来，让每一个进入医学院的学生都明白学医的目的和方向。父亲的这种思想，给颜雅清很大的教育，影响了一辈子。

颜雅清看到父亲为人师表，以身示范，有很高的威望。

颜福庆是医学专家又是行政领导，但是处处以身作则，决不以领导自居，有事总是和大家商量，能够团结大多数人一道工作。无论在学校或是医院，都不搞特殊化，处处接受群众监督。他曾经引述古人教导，这样对有关领导说：其身正，不令而行，其身不正，虽令不从。有一次他去华山医院探望一个病友，因为是下班后去的，门卫就跟他说，探望时间过了，请你明天来吧！颜福庆二话没说就走了。这时正好一位医生经过此地看到了，就对门卫说："你有眼不识泰山，刚才要进去探望的侬晓得是啥人？"门卫说："我怎么知道他是什么人？"医生说："他是院长颜福庆啊！"门卫听了心中肃然起敬。第二天，颜院长找这位门卫谈话，和颜悦色地请他坐下，还亲自为他泡了一杯茶后说："今天找你来，不是为了别的，昨天你担任门卫，过了探望时间，你拒绝我进去，做得对，做得好，因为我们订了制度就是要执行，特别我做院长的更要以身作则，我做得不对，今天特地向你道歉。"说完，就拿自己花钱买的一双皮鞋奖励他，表示一片心意。门卫一听，激动得话也说不出来，结结巴巴地说："这双皮鞋我无论如何不能接受。"颜福庆对他说："这是我对你的奖励，请你收下吧！"门卫拿了皮鞋连声道谢。还有一次，一位工人在他家里粉刷墙头，敲碎了一只古董花瓶，颜福庆连忙说："不要紧，不当心敲碎了，我决不怪你。"这位工人原来想总要赔偿的，没想到主人如此宽厚，再三感谢。[1]

父亲威望如此之高，在颜雅清的眼中，父亲的话就是至高命令，不能不服从。为人类服务成为她一生执着的追求。

效法父亲的榜样，颜雅清在上海医学院自己的英语教学岗位上，也勤勤恳恳，尽职尽责。

---

[1] 中国人民政治协商会议上海市委员会文史资料委员会，上海市政文史资料编辑部编：《上海文史资料选辑》第70辑，《上海人物史料》，1992年，第302页。

2. 和陈炳章的婚姻

到1927年10月27日，国立第四中山大学医学院在上海吴淞创立，颜福庆出任首任院长。但是颜福庆的目标是要建立一个上海医事中心。

为了建设上海医事中心，颜福庆最揪心的事情就是筹款。当时宋子文担任财政部长，其秘书是陈炳章。颜福庆觉得陈炳章是很好的青年，才貌双全，身上有很多优秀的品质，是个很好的选择，再加上颜福庆考虑到陈炳章有可能会帮忙筹款，便把颜雅清许配给了陈炳章，后来又把二女儿颜湘清嫁给了刘鸿生的儿子刘念仁。颜雅清的伯父颜惠庆也非常看好这门亲事。

但是实际上，颜福庆是牺牲了两个女儿终身大事的利益。在父命难违的情况下，两个女儿乖乖地顺从了，可是婚后的生活却充满了酸甜苦辣，尤其是颜雅清一心扑在事业上，顾不上照顾丈夫和家庭，后来则不是很完满的。而且，颜雅清和陈炳章的性格完全不同。

陈炳章，字以行，在西

陈炳章。（陈国凤大夫提供）

陈炳章 Chen Bingzhang 福建思明（今并入厦门市）人。毕业于上海圣约翰大学、美国普林斯顿大学政治学硕士，美国普林斯顿大学荣誉研究员。1925年任美国耶鲁大学荣誉研究员，兼任留美中国学生会会长，后任上海圣约翰大学、国立暨南大学政治系教员、教授、系主任。后任国定税则委员会秘书、法制专员、财政部秘书、福建卷烟统税局局长、视察皖赣鄂湘四省卷烟统税特派员、视察山东国税特派员、财政部税务署视察兼财政部长孔（祥熙）部长秘书等职。1935年12月30日任国民政府中央银行经济研究处处长。1942年12月9日任、1945年11月9日复任财政部公债司司长。1944年2月到职任财政部公债筹募委员会秘书长。1948年5月当选"行宪"第一届立法院立法委员。

词典里对陈炳章的介绍

方世界，他的名字是P. T. Chen。他比颜雅清大5岁，生于1899年10月22日，他是福建思明[1]人，1921年在上海圣约翰大学毕业，获得政治学学士学位，在母校短期任教之后，到美国普林斯顿大学读政治学硕士，1924年毕业之后，在该校任荣誉研究员，而后在1925年凭借荣誉奖学金进入耶鲁大学，任耶鲁大学荣誉研究员，同时兼任留美学生会会长。回国之后任上海圣约翰大学、国立暨南大学政治学教员、教授、系主任，还担任过中央大学英文助理教授和记者。旋任国定税则委员会秘书兼法定专员、财政部秘书、福州统税管理所主任、福建卷烟通税局局长、视察皖赣鄂湘卷烟通税特派员、视察山东国税特派员、财政部税务署视察兼财政部长孔祥熙英文秘书。后来升任国民政府中央银行研究处处长、财政部公债司司长、财政部公债筹募委员会秘书长等职务，是著名的经济学家。还当选为1948年行政院第一届立法委员。其代表作是《五十年来中国之公债》、《调整经济研究工作的建议》、《中国战时财政经济之基础》、《出席太平洋学会的经过和感想》、《论不平等条约中之经济条款》、《十年来中国财政金融之进步》、《我国财政今昔之比较》、《论直接税与战时财政》。陈炳章已经成为当时的一位学识渊博、成绩斐然的优秀学者。

在梁实秋笔下，陈炳章是这个样子的一个人：

陈炳章先生者，在友辈中通称PT，盖"兄弟会"[2]中人物，彼此皆作类是之称呼。PT卒业于圣约翰，约翰派中之优秀分子也。1923年投考清华专科生，因英文程度太好的缘故，对于其他方面稍有隔膜，遂改由自费出洋，为彼年自费赴美学生代表。英语甚熟，当其登

---

[1]　今厦门思明区，思明区位于厦门市南部，含鼓浪屿全岛，三面临海，是厦门市的经济、政治、文化、金融中心。一说同安。

[2]　美国大学的兄弟会是一种松散的学生社团，不是强迫性的。所以学生不一定要参加，但是参加兄弟会是一种扩张人脉的捷径。加入兄弟会要缴交会费，兄弟会会办很多party，只要是会员都可参加。

捷克逊总统号时，名片上已印有Bachelor of Arts（文学士）之官衔，其学闻深博已可概见。既出洋后，入普林斯顿大学，而于跳舞场中交际会里大显身手。遂成FF兄弟会中之中坚分子。后又任留美学生会诸要职。于是PT之名在东美大震，有人只知PT之名，而不闻其姓氏，甚有疑其姓王者。PT当来纽约，在中华园呼朋唤友，在跳舞场称兄道弟，披衣裘，峨大冠，春风满面，笑容可掬，其结识颜女士当在此时，而今竟一帆风顺，时机成熟，可为PT贺[1]。

　　陈炳章自参加财政部的工作，便得到宋子文的重用。1927年宋子文接替古应芬为财政部长，财政部次长是张寿镛。1928年陈炳章任财政部驻沪办事处秘书。1928年6月27日下午2时，在上海中央银行三楼举行五股（国用股、税务股、贸易股、金融股、公债股）联席会议（28人），陈炳章和徐堪等人出席。宋子文主席，张次长（嘉璈）副主席，秘书长李承翼。1930年9月，财政部发布训令，陈炳章到山东视察各国税机关状况。1930年10月2日，财政部命令他任接收威海卫财政委员，仰即遵照克期前往，并且命令将办理情况上报财政部。1930年11月8日，财政部电令陈炳章任福州卷烟通税局局长，兼任邮包税局长。12月29日，财政部电令陈炳章为鲁豫济南分区统税管理所主任。1931年，任福州统税管理所主任。后来陈炳章的一封电报《陈报闽省裁厘后类似厘金之捐税整理撤废情形电》（1931年3月5日）直

1935年6月19日在颜雅清家里举行的宴会，左二为陈炳章，其时颜雅清已经在莫斯科

第三章　乾坤定矣——不情愿的婚姻

　　[1]　梁实秋：《乾坤定矣——Mr.P.T.Chen与Miss Hilda Yen》，1927年5月23日上海《时事新报·青光》专栏，署名徐丹甫。

颜福庆全家福（后排右二为颜雅清）

接打给宋子文的，说明他们之间的关系一直很好。电报是："宋部长钧鉴：炳密。冬电江悉。闽省裁厘后类似匣金之捐税，谨将调查情形报告如左。（一）前财政特派员署原办消费税均经停征。（二）惟闻附近省会马江之间将原设海关消费税局改贴内地渔业。"陈炳章时任福州统税管理所主任。

但是事实上，颜福庆通过陈炳章没有筹到款项，倒是朋友们帮忙不少。

1927年颜福庆辞去了协和医院副院长职务，回到家乡宝山县吴淞镇创办上海医学院。他亲自制订教学大纲，聘请国内外著名教授执教，自己也亲自授课。他与中国红十字会医院（今华山医院）商洽，借用该医院作为学生实习基地；与宝山县卫生当局合办吴淞乡村卫生模范区，作为公共卫生学的防治实习场所，这样既提高了学生的知识水准，又使缺医少药的家乡农村受益。1932年"一·二八"淞沪抗战爆发，日军将吴淞校舍全部炸毁，师生无法上课。颜福庆并不因此而灰心，认为卫生事业绝不会因此而中断。于是他设法向圣约翰大学商借部分校舍复课，使学生不至于中途辍学。同年9月，上海医学院改为国立，随后就迁到海格路（今华山路），在红十字会医院西首建立的临时校舍上课。蔡元培先生当时为首成立了中国技术合作委员

颜雅清和妹妹（左）颜湘清（陈国凤提供）

会，聘请颜福庆为上海的常务委员。[1]当时，上海特别市市政府在枫林桥地区，决定在此建设一所规模较大的上海医学院（即后来的上海医科大学，今复旦大学医学院）。当时政府只拨款16万元，而建院却需100多万元，不足之数，均需自行集资，颜福庆不辞辛劳，到处奔走，发动社会各界人士捐资。当时的社会名流刘鸿生、史量才、项松茂、叶子衡等都纷纷捐献。美国洛氏基金会以及英籍犹太富商克多利（Kodori）也提供了部分资金。建成后，就命名史量才捐献给医学院的房屋为"量才堂"，肥皂大王项松茂捐献的房屋为"松德堂"。经过颜福庆的长期努力，到1937年全部建成投入使用。

　　颜福庆从1927年起，把30多年的心血都倾注于上海医学院。在教学上，他强调基础理论要扎实，基本技术训练要过硬。吸收学员必须经过严格考核，毕业生考试也采取淘汰制的办法选拔医生。学员在毕业典礼大会上都要进行宣誓仪式，表示艰苦奋斗，艰苦创业，精益求精，钻研业务，终身不渝，为民服务。[2]

---

[1]　蔡元培：《致刘鸿生、颜福庆等函》，1932年3月15日。
[2]　中国人民政治协商会议上海市委员会文史资料委员会上海市政文史资料编辑部编：《上海文史资料选辑》第70辑，《上海人物史料》，1992年，第300页。

颜雅清的婚纱照（陈国凤大夫提供）

陈炳章和颜雅清合影（其时他们已经离婚，陈国凤大夫提供）

1932年"一·二八"抗战后，颜福庆向叶澄衷的第四个儿子叶子衡募捐，拟在江湾五角场的叶家花园办一所结核病疗养院，因为那里环境幽雅，空气新鲜，便于肺结核病人疗养。谁知杜月笙也想占用这块宝地。颜福庆连忙赶到镇江与叶子衡面商捐地办医院问题。叶子衡很热心公益，说："可以把叶家花园赠送给你们，作为筹建基金好不好？"这正合颜福庆的心意，连声说好，并说："有了叶家花园这块地方，我们可以办个结核病疗养院，以后就叫它'澄衷医院'，用来纪念你的父亲。"叶子衡表示赞同。颜福庆竭尽全力筹建澄衷医院，亲自过问设计施工，仅仅花了两年时间医院就建成了，1933年5月22日举行开院典礼。医院有床位140张，收治肺结核病人。颜福庆把这座医院作为上海医学院的第二实习医院。谁知好景不长，1937年"八·一三"抗战时澄衷医院毁于日军炮火，被迫停办。[1]

看到父亲这样子为人群服务，颜雅清觉得自己的婚姻就不是应该

---

[1] 中国人民政治协商会议上海市委员会文史资料委员会上海市政文史资料编辑部编：《上海文史资料选辑》第70辑，《上海人物史料》，1992年，第300页。

多去计较的事情了。虽然丈夫陈
炳章并不是自己理想中的白马王
子，但是父母亲的一片好心，颜
雅清心知肚明。那时候，颜雅清
在上海可是有很多追求者，顾维
钧、宋子文，都是曾经追求过颜
雅清的，而且宋子文还实实在在
与颜雅清有过一段恋情，女儿陈
国凤都知道这件事，都是并不知
道为什么没有成功。

颜雅清1935年在上海（照片来自帕
蒂·哥莉《飞天名媛》）

　　无论如何，颜雅清和陈炳章
的结合在当时的上海滩是一件轰
动社交圈的大事情，很多人都以
羡慕的眼光看待他们郎才女貌的
搭配。

　　婚后的颜雅清遵从上海当时
的习惯，在自己的名字之前，冠上了夫姓陈。其时，颜雅清在网球运
动方面已经很有名气，1927年出版的《中国电影杂志》第9期，刊登
了颜雅清作为网球选手的照片。那时候的名字就是陈颜雅清了。

　　婚后，陈颜雅清尽自己所能，为丈夫尽贤妻的责任。虽为大家闺
秀，但是在中西女塾和母亲曹秀英那里得到的熏陶和教育，颜雅清也
会做一些家务，缝缝补补，拾拾掇掇，简单的都可以，但是不懂厨
艺，大概也就会一道酱烧排骨，她做得非常到位，品尝过的，都叫好
不迭。这道菜一直作为颜雅清的"美女私房菜"保留着，关键时候，
就会露一手。

　　而从另外一方面说，无论如何，丈夫陈炳章是一位值得骄傲的
人，婚后他们享受了一段幸福的生活。

　　正像帕蒂·哥莉所说：陈炳章天资聪颖，同时性格温顺、脚踏
实地，比起行动派来，他更是一个沉思默想的人。颜雅清的父亲颜
福庆看中了他的这些品质，与自己女儿鲁莽冲动的性格互相补充。
对陈炳章而言，他也很乐意与上海最有魅力的女性之一结婚，成为
上海最杰出的家庭之一的一分子。他的妻子聪慧、优雅、见多识
广，对他的事业全力支持，同时她的智力和教养必定会让他们将来

的后代受益匪浅。

　　陈氏夫妇迅速成为上海最受瞩目的夫妇之一，是这座城市频繁的社交活动中广受欢迎的一对受邀嘉宾[1]。陈炳章沉浸在他妻子被世人赞赏的魅力与成就中，雅清也同样为丈夫的智慧和光明前途感到骄傲。[2]

---

　　[1]　那时候的上海，已经是国际知名都市了。郑观应说："上海为中西总汇，江海要冲，轮电往还、声闻不隔。"（夏东元编：《郑观应集》下册，上海人民出版社，1988年，第1470页。

　　[2]　参见帕蒂·哥莉《飞天名媛》，张朝霞译，花城出版社，2012年，第24—25页。

3. 婚后的几年幸福生活

虽然这门亲事并不是颜雅清一开始就接受的，但是因为陈炳章实在是一个很杰出的男人，所以颜雅清对婚后最初几年的生活，还是相当满意的，陶醉在新婚的喜悦之中。外界对他们也经常投以羡慕的眼光，用普通的郎才女貌不足以形容他们，因为还有女才郎貌。他们是标准的美男子和美女，男的超过1.78米，女的超过1.68米，这在当时甚至在现在都是标准的身高，是美男靓女的身高。而颜雅清更是属于美女型，端妙绝世，气质儒雅。从长相说，增之一分则过高，减之一分则过低，施朱则过赤，敷粉则过白。而且在行为举止方面，一举一动均合乎礼。上海的朋友圈里，颜雅清被认为是具有现代美和古典美完美结合的美女。

这时候的颜雅清身兼数职，事务繁忙，她是学校的英文教师，家庭主妇，是母亲，也是俱乐部的女会员、社会名流，但是她平日所担负的责任似乎相对无足轻重，这令她很不安。如同这个精英家族的其他成员一样，颜雅清也拥有聪明才智以及首创精神，她觉得自己有能力担负重任，渴望多做些事。论能力，她不比任何男人差，但是论贡献，却远远不及男人，这让她内心总是感到不安。这时候，她开始怀疑，家庭可能是她走向社会的羁绊，她要逃离这个羁绊。

日本帝国主义对中国主权不断挑衅，制造了1931年的"九一八事变"，1932年的"上海事变"，大大激发了颜雅清的爱国之情，报国之心。她热情激昂地要尽自己对国家和同胞的责任，她对外交领域的事业很感兴趣，她的很多朋友都从事这项工作，早已经在欧洲国家的各个首都作为中国的代表履行职责。如果她参与了对外事务，她对世界秩序和全人类的尊严这类事宜的兴趣也找到了出口。通过她的伯父颜惠庆，她得以把握加入这种令人热血沸腾的环境中的机会。[1]丈夫陈炳章的才能也很快显示出来。他举止儒雅、性情温和，沉稳而有理智，遇事会在充分思考之后再采取行动。陈炳章希望自己成为一个有名望的演说家、语言艺术家，一直暗暗下决心为实现这个梦想而努力。1928年5月31日，由张歆海、桂中枢、潘光旦、陈钦仁等人发起的《中国评论周刊》（The China Critic）创刊。张歆海就是在美国追求过颜雅清的张鑫海，是该刊的首任主编。他又网罗了美国留学背景的陈炳章、畲坤珊、林语堂、何永佶、邝耀坤、陈立廷、吴经熊、郭斌佳等，为美国哈佛、耶鲁、哥伦比亚、威斯康星等世界著名大学的毕业生，英国留学背景的温源宁、伍连德、钱钟书，法国留学背景的梁鋆立，瑞士日内瓦大学宋春舫，有了这样的背景，《中国评论周报》在创刊之初就成为具有国际影响的英文杂志。但是与"五四"时代知识界激烈的反传统姿态相比，这些留学生既不采取胡适等人的那种提倡新文学革命的立场，也不采取梅光迪、吴宓、陈寅恪那种"学衡派"的保守主义立场。在《中国评论周报》周围所聚集的这些知识精英，更为注重的是，西学东渐背景下本土文化的重建问题，发表的言论表现出西化派与东方文化派之间的调和姿态，他们建立起双重的比较文化标准，强调民族历史特性基础上的文化再造，因此堪称介于西化派、东方文化派之间的第三类态度，或第三种文化派别，由此而使该杂志成为了一本受东西方注目的英文期刊。

在这支编辑队伍里，陈炳章和林语堂应该是志同道合的。而林语堂是哈佛大学的文学硕士，德国莱比锡大学的语言学博士，其时在上海的东吴大学担任英文教授，颜雅清在上海医学院担任英文教师，林语堂1895年生，而且都有福建的背景，算是老乡，而且有可能在美国留学的时候，就已经认识。林语堂虽然比颜雅清年长，但是他们也是同行。从此，颜雅清和林语堂长期有着很好的交往。颜雅清和林语堂很谈得来，他们的文化背景十分相似，都是从小接受基督教文化，长大后又对中国的儒道文化有深入的了解，几种文化的综合，构成了他们相似的复杂而丰富的宗教人生，"人类为着自身的生存，需与一种

---

[1] 参见帕蒂·哥莉 Sisters of Heaven，第21—24页，译文由刘璐、张乔乔、孙景然、古婕慧、莫君旸、成思毓、王薇惟、朱林提供。

外在的，比人本身伟大的力量相联系"[1]。"他们曾住在孔子人道主义的堂室，曾爬蹬到山的高峰且看见它的崇伟；曾瞥见过佛教的迷雾悬挂在可怕的空虚之上；而最后降在信仰的瑞士少女峰，到达云上有阳光的世界。"[2]他们的共同点在于找到心灵的皈依。和林语堂一样，颜雅清也是当时上海最好的基督教徒。

陈炳章在协助创建和编辑《中国评论周刊》的过程中，演讲技能有了用武之地。陈炳章曾任英文《中国季刊》（*The China Quarterly*）、《中国周报》（*The China Weekly Review*）、《中国年鉴》（*China's Year Book*）等特约编辑。曾写过一些关于国家经济的学术类文章和重要的报告，这些不仅为他赢得了声望，也为他走上渴望已久的职位提供了机会：他以税务专员的身份被任命为国民政府财政部秘书，不久后，他就被很多人认为是仕途光明的新国家建设者之一。

颜雅清的父亲很快发现陈炳章的这些特质，是对女儿急躁性格的完美补充。而对于陈炳章来说，能加入上海最有名望的家族之一，并娶到了上海最有魅力的一位女子，他感到十分欣喜。妻子优雅、聪明、有学识，为丈夫的事业提供了完美的支持；同时她的聪慧、优雅也深深影响了他们的后代。

颜雅清和陈炳章很快就成为上海很有名的一对年轻夫妻。上海以丰富的社交活动闻名，颜雅清夫妇深受众人追捧，成为各种社交活动的常客。陈炳章沉浸在妻子惊世的魅力和成就中，同时颜雅清也为自己的丈夫头脑清醒、前途无量而骄傲。[3]

上海任何社交名流的聚会，如果缺少了颜雅清几乎都是不完美的。他们夫妇还是维克多·沙逊先生的最爱。沙逊是颜福庆一家的朋友。知道上海的人，都知道最著名的地标建筑就是华懋饭店，而知道华懋饭店的人，又都知道这所大厦的建造人，是20世纪30年代的上海首富埃利斯·维克多·沙逊（Elias Victor Sassoon）爵士——一个传奇的英国犹太人。而颜雅清夫妇竟是这位传奇大亨的座上客和重要嘉宾。仅这一点，就不能对颜雅清夫妇小觑。

---

[1] 林语堂：《从异教徒到基督徒——林语堂自传》，陕西师范大学出版社，2007年，第169页。

[2] 同上，第45页。

[3] 参见帕蒂·哥莉 *Sisters of Heaven*，第21—24页，译文由刘璐、张乔乔、孙景然、古婕慧、莫君旸、成思毓、王薇惟、朱林提供。

　　一本限量250部，1950年全皮豪华版的《沙逊所藏象牙雕刻》，展示出收藏人沙逊的奢华。它让我们看到，他收藏的象牙雕刻品，有一些是北京牙雕艺术家王彬等人1915—1927年间在北京创作的，题材广泛，既有人物、文房诸器，亦有鼻烟壶等细作，还收藏了明代象牙雕刻佳器，乾隆宫廷牙雕精品。966件藏品几乎全部是极品。这些牙雕收藏品不是他的专业范围，他真正的专业是经商。从1923年，他赴上海主持业务，除贩卖鸦片、军火外，还扩大房地产投资，建造了沙逊大厦、河滨大楼、华懋公寓、格林文纳公寓、都城大楼、汉弥尔顿大楼等当时上海最高的建筑，又建造了凡尔登公寓、仙乐斯产业等房产，还有罗别根花园、伊扶司乡村别墅等产业。

　　维克多·沙逊家族是英籍犹太富商，其家族已在伦敦住了三代人，在英国上流社会已很有名气。父辈与英国王室的友谊，更为他家带来滚滚财富。维克多和他的诸多堂兄弟一起，被先后送进剑桥接受教育。与前辈不同的是，维克多这一代人不再实际，不再刻苦，不再精明进取。而是或沉湎于诗歌，或流连于艺术品中，或干脆生病，因为神经系统太脆弱了。维克多·沙逊是著名科学家牛顿的校友，但在许多深夜，他经过牛顿的苹果树下回宿舍，多半是饮酒夜归，而非用功。他年轻时花钱无度，以致被家里限制用度。他在三一学院时的绰号，叫"黄昏"。在三一学院时，他经历过一次恋爱，但因为沙逊家族的宗教传统与女孩家的信仰相左，恋人终于分离。从此，一路直至79岁，他才安顿下来，当了新郎。

　　沙逊家的后代们那时喜欢开飞机，但维克多在一次小飞机试飞的时候出了事故，摔成了残疾，最后必须用拐走路。他到上海后，建造沙逊大厦，就是华懋饭店，将自己的公寓造在金字塔下。在公寓里特地造了两个盥洗间，一个只给他自己用。因为他说，自己可以与别人睡在一张床上，但不能合用一个盥洗间。这顶层的小盥洗室，可以说是整个沙逊大厦一处最有沙逊气息的地方。这间浴室贴满了黑色大理石。这种产自印度的大理石非常细腻光亮，像镜子一样。[1]

　　对于华懋饭店，《福布斯杂志》在1935年的一篇文章中写道："这是世界上最奢华的饭店，它能与曼哈顿最好的酒店竞争，收费仅是曼哈顿的平均价格。"

---

　　　　[1]　《沙逊的盥洗间》，《广州日报》，2006年12月29日。

华懋饭店开业于1929年9月5日。它属芝加哥学派哥特式建筑，楼高77米，共12层。外墙以花岗岩石块砌成，由旋转厅门而入，大堂地面用乳白色意大利大理石铺成，顶端古铜镂花吊灯，豪华典雅，以其流光溢彩的奢华风尚，和坐落于外滩、俯瞰黄浦江的绝佳位置，在当时有"远东第一楼"的美誉。开业之初就配备了当时属于世界领先科技的空调系统，以及欧洲酒店都尚未启用的室内电话，"远东第一楼"成为那时候上海一代人的集体记忆。大厦原五层至七层为华懋饭店，曾是上海最豪华的旅馆，以设有中国式、英国式、美国式、法国式、德国式、意大利式、西班牙式、印度式和日本式等九国不同风格的客房而闻名。上世纪20年代以来的沉重历史感和普拉达经典百款女裙的大气前卫，相映成趣。

　　华懋饭店新潮的设计和奢华的内部装修，吸引了本地名流和在这座城市做短暂停留的外地名士——孙中山、蒙哥马利、鲁迅、剧作家诺埃尔·考沃德（Noel Coward）、萧伯纳和电影明星查理·卓别林都曾光顾此饭店。马可尼也下榻于此，只可惜他们下榻的具体房间已无可考。

华懋公寓（今锦江饭店北楼）

1929年在中山东一路20号的华懋饭店，是沙逊在上海建造的第一幢高层建筑

维克多·沙逊（1881—1961）

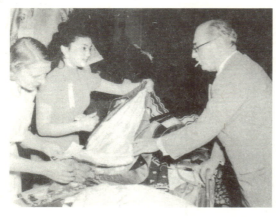

沙逊爵士在宋庆龄募集医疗救济基金的慈善义卖会上选购刺绣衣物

华懋饭店自建成后，一直是上海十里洋场的奢华所在，也是一个光怪陆离的社交场，饭店里的九国套房，面临黄浦江，分别以中、英、法、美、德、日、意、西、印等九国风格装设，在上海独一无二，有人戏称为联合国度假村。华懋饭店的箭镞风格包括拉里克玻璃饰品，意大利大理石地面和弹簧跳舞木地板的舞厅。饭店内部的历史学家Jenny Laing-Peach说："饭店里的大理石地面光滑到能将人影映上去，就像水面一样。饭店里还有个内阳台，在那曾经有个专为茶舞演奏的乐队，而沙逊也以办奢华派对闻名于世。"

在上海的英国人圈子里，沙逊绝对是另类。其他英国人看不起这个既瘸又是独眼龙的犹太人，而沙逊也不和其他英国人为伍。但是他要超出其他英国人，他要出风头，要出人头地。他的办法是一反外国人办派对不请中国人的习惯，开创了邀请中国上层人士参加他主办的派对的先河。

陈炳章此时已经进入财政部要员的圈子，而颜雅清则是上海医学院院长颜福庆的女儿。沙逊和颜福庆一家的关系非同一般。他们这一对年轻夫妇，一下子就进入沙逊的视野。沙逊拿起话筒，拨通了颜雅清家的电话。

94　　陈炳章和颜雅清听说是沙逊邀请参加派对，并不感到非常意外。

这个沙逊在上海人看来无疑是个怪物，而且势力极大。但是他们一家和沙逊早有来往，多少了解一些沙逊的逸闻趣事。听说他刚刚花7000两银子买来一辆新汽车。按照当时上海的法律，新汽车要上两个牌照，一个是租界的，一个是华人区的。沙逊很快选定了自己得意的号码，租界的要1111，华人区的要2222。目的不是别的，就是要炫耀其身份特殊。租界的牌照立即办下来了，但是华人区的牌子已经被一个中国资本家使用了。沙逊想出高价收买，而那个中国资本家偏偏不肯。沙逊于是找到上海市长吴铁成，吴铁成不敢得罪这个上海首富，他怕公用局不敢使手段，就先吊销了那个旧号2222，然后重新启用一个新号2222。另外一件事是，当时的中国银行要在沙逊大厦旁建造大楼，原计划盖34层，地基按照这个标准已打好，但是沙逊不答应，别人造房怎么能超过我沙逊大厦的高度？结果，中国银行只造了16层，当时的中国"国家银行"在中国自己的土地上盖造大厦，居然得由这个外国老板来规定高度，本来是岂有此理的事情，但是也能实现，可见其势力之大。

沙逊邀请，是给中国上流社会很大的面子，当然年轻的颜雅清和丈夫，沾了颜福庆的光。颜雅清和陈炳章走进了华懋饭店。

餐桌上，摆放着预先定好的菜：牛茶、鱼沙律、明治鸡、铁排鸽子、川标菲利、芝士通心粉、桃子布丁……留声机里反复播放着《玫瑰啊玫瑰》，也就是后来流传的《玫瑰玫瑰我爱你》，华懋饭店大堂侧畔的和平爵士吧，回旋着动人的旋律，那可是那个年代最知名的国语歌曲，吴村作词，和唱红上海滩的另外一首《夜上海》，均属陈歌辛作曲。那时候，陈歌辛已经是国内外闻名的"歌仙"了。这首歌的原唱者则为1930年代上海滩著名歌星姚莉。歌词是：

> 玫瑰玫瑰最娇美，玫瑰玫瑰最艳丽，
> 长夏开在枝头上，玫瑰玫瑰我爱你。
> 玫瑰玫瑰情意重，玫瑰玫瑰情意浓，
> 长夏开在荆棘里，玫瑰玫瑰我爱你。
> 心的誓约，心的情意，圣洁的光辉照大地；
> 心的誓约，心的情意，圣洁的光辉照大地。
> 玫瑰玫瑰枝儿细，玫瑰玫瑰刺儿锐，
> 今朝风雨来摧残，伤了嫩枝和娇蕊。

玫瑰玫瑰心儿坚，玫瑰玫瑰刺儿尖，

来日风雨来摧毁，毁不了并蒂枝连理。

玫瑰玫瑰我爱你。

颜雅清陶醉在歌曲优美的旋律之中。本来就有能歌善舞的天赋，再加上在中西女塾和史密斯学院的戏剧协会学就的本领，颜雅清一下子就吸引了在场所有人的眼球，她甜美的歌喉，优美的舞姿，潇洒的动作，征服了中外宾客。那么多人士都愿意邀请颜雅清共舞。在沙逊的微笑中，在狡黠的目光中，无不透露出对组织这种舞会的骄傲。那些瞧不起他的英国佬，有哪一个能够组织这样的舞会？

唱着玫瑰的歌，还要玩玫瑰的游戏。沙逊别出心裁，经常以恶作剧式的幽默而闻名。朋友们都喜欢他经常举办的"主题宴会"。在颜雅清参加的一个令人难忘的"主题宴会"上，他要求他的客人都穿着学生服饰出席，一起玩一种小孩的游戏"绕着玫瑰跑"。仪式是国内很多幼儿园里类似丢手绢的游戏。大家围着中心的玫瑰转圈，沙逊穿着校长服，拿着藤条抽打犯规或者离群者。当然，沙逊要显出绅士风度，并不是真打。玫瑰是颜雅清最喜欢的花卉，这个活动是颜雅清很喜欢的。

而"抢椅子游戏"则是活跃现场气氛的最佳选择，考验参与者的反应能力。沙逊在来宾中选出8个自愿者参加，在场中央摆放6把椅子，围成一个圈。8人站在圈外，绕成一圈。动感音乐一响起，8个人开始绕着椅子转圈，音乐一停，8个自愿者就要马上抢座位。没抢到位子的两个自愿者即被淘汰。后撤下2把椅子，留4把，以同样方式再淘汰两名，只留4名。

华懋饭店八层舞厅

继之加大难度，撤下一把椅子只留3把，4个人绕着椅子快速跑步，以此再淘汰1名只留3名。再加大难度，撤下一把椅子只留两把，3个人绕着椅子单脚跳，以此再淘汰1名只留2名，选出第三名。最后，只留一把椅子，确定第一名和第二名。第一名有三次抽奖机会，可拿走三次中自己最喜爱的一种奖品；第二名有两次抽奖机会，可拿走两次中自己最喜爱的一种奖品；第三名只有一次抽奖机会。

然而，让所有人吃惊的是，沙逊自己打扮得严肃庄重，头戴一顶学士帽，像个校长一样在自己的聚会上指挥，他还利用自己站在高位的优势，拿着白桦树茎条，虽然腿脚不利索，但是还是尽其所能抽打所有他够得着的"调皮孩子"——当然不是真打。颜雅清参加了当晚热闹的聚会，身穿防护服，还戴了一顶充满活力的学生帽。无从知道她是否也挨到了鞭打，但是可以肯定的是，大家都认为当晚她的穿着很抢眼，有魅力。

颜雅清非常知足，作为在上海出生的人，上海的那种海派风格，使她兴奋，而能够促进创新的一切事物，她都极感兴趣。

看着眼前的一切，她想到上海在开埠之初的往事。那时候，因为农民的保守，把铁轨枕木生火做饭，一回想这一故事，颜雅清就想发笑。颜雅清听家人说，1843年上海开埠以后20多年，在1865年，上海英商擅自在浦东到黄浦江口架设了一段42华里的电报线路，竖杆227根，在上海道台丁日昌的支持下，一夜之间，所有电线杆被当地百姓悉数拔除。"原因是对此事，一些守旧的老夫子更是引经据典，发了一通歪论：电线之设，深入地底，横冲直贯，四通八达，势必绝地脉、毁祖坟、坏风水。如对此不闻不问，听任祖坟遭玷污，人们孝之观念必然逐渐淡薄。'求忠臣必于孝子之门，无孝安能有忠？'所以，听其设立铜线，尚安望尊君亲上乎？失之孝、忠，家将不家，国将不国，又何以安身立命？"[1]

1825年，英国修建了世界第一条铁路，打破了传统马车、人力车和帆船的局限，为实现大宗货物和人员运输打开了新纪元。铁路这种全新的运输方式很快在西方世界得到了迅速发展。这个消息也通过种种渠道传播到了中国。英国人1876年建造于上海的吴淞铁路，从闸北

[1] 赵友慈、赵爱新编：《中国革命史轶闻》，中国国际广播出版社，1991年，第25页。

向北通到吴淞口，全长只有14.5公里，父亲颜福庆出生地的江湾一带居民八九百人上路拦车阻行，原因是前一天机车烟囱飞出的火星，落到居民草房上引起了火灾。另一次，愤怒的人群放火烧掉了吴淞铁路公司办事处。而悄悄在线路上堆放沙石的事情也时有发生。最后通车两年以后，在1877年，两江总督沈葆桢以"众怒难犯"为由，"出价28万元巨款，连铁路带机车全部买下，然后，调集数百民夫，撬起铁轨沉之大海，拆毁机车抛入长江，彻底铲平路基，消除了一切痕迹。"[1]

但是舞会结束之后，颜雅清在思考，难道人就是应该生活在这种声色犬马的陶醉之中吗？物质的财富是可以炫耀的，但是人类只是生活在物质财富之中吗？

不！她要做一枝玫瑰，绽放在人类的大花园之中。含苞的玫瑰蓄芳待放了。

但是，颜雅清首先要尽贤妻良母的责任，那是女人天经地义的第一要务啊。

1928年7月18日，上海的气温达到历史最高，高温闷热致使街上的苦工都中暑晕倒，在这样的天气里，颜雅清产下一个男孩，这是这对年轻夫妇的第一个孩子。颜雅清无比敬佩伯父颜惠庆，为儿子取名威廉——Williams，因为她杰出的政治家伯父叫威廉·颜惠庆，中文名字是陈国伟。伯父颜惠庆，在颜氏家族里，一直被奉为楷模，他的英文名字，先是由颜福庆给颜雅清的弟弟继承使用，而后颜雅清的儿子也使用。

就在他们的儿子出生大约四年后，这对夫妇于1932年4月10日迎来了第二个孩子，一个名叫德琳（Doreen，意为神的赠礼）的女儿，中文名字是陈国凤。两个孩子，因为颜雅清全部精力都放在救国事业和外交事务上，就顾不上照顾了。他们把孩子寄托给母亲管教，把儿子国伟交给奶妈黄妈照看，女儿从3个月就交给了奶妈周妈全职照顾，一直到女儿13岁。两个孩子从小都吃奶妈的奶长大。而两个奶妈如同家人一般，和他们家相处非常和谐。日本人占领上海之后，颜福庆一家到香港避难，奶妈也一起去，同甘苦，共患难。

---

[1] 赵友慈、赵爱新编：《中国革命史轶闻》，中国国际广播出版社，1991年，第25—26页。

不久之后，陈炳章被提升为孔祥熙的私人秘书，孔祥熙是民国财政部长，同时也是委员长蒋介石的连襟。他努力写作，在财政部也逐步担当重任。陈炳章还作为一个获过奖的演说家和一个颇有名气的作家，继续实现着他早先的承诺。

当颜雅清的丈夫知名度越来越高的时候，颜雅清也开始加入一些妇女组织，做社会工作，包括国家儿童利益联盟和上海中国妇女会。宋子文的夫人张乐怡，英文名劳拉，也是该会的成员。张乐怡也是大户人家出身，有名的大美人。张乐怡小姐系江西庐山人，1907年生。闻名九江、庐山的建筑企业老板张谋之是她的父亲。张乐怡自幼聪明伶俐，毕业于基督教创办的南京金陵大学。毕业后回到庐山，参与张家企业管理。"张乐怡，1.68米高的身材，加上一头乌黑光泽的秀发和美丽动人的不俗长相，处处散发着青春的活力。她能说一口流利的英语，是张家对外社交活动的得力翻译。人们都称赞她知书达理，是一位聪明能干的知识女性。"[1]后来成为宋子文的夫人。

当时，妇女服务组织由住在上海的外国妇女从西方引进，在中国刚刚兴起。在儒家文化的熏陶下，传统意义上中国的妻子和母亲一直以来每天都只专注于无数的家庭琐事。但是到了20世纪20年代，上海最杰出的一些社会女士打破了这种思想上的枷锁，积极热情地加入俱乐部。许多贵族云集的派对都与资金募集活动相关联。颜雅清参加了这类活动，并且代表女子俱乐部加入为医院赞助病床、为许许多多贫困的孩子们捐助建造学校的工作。

当时，颜雅清是上海基督教女青年会的成员。上海女青年会是上海最早的一个市会，成立于1908年，第一任总干事是北美女青年会派来的顾恩慈（G.Coppock）。女青年会的会训"尔识真理，真理释尔"和宗旨"本基督之精神，促进妇女德、智、体、群四育之发达，俾有高尚健全之人格，团契之精神、服务社会、造福人群"。该组织反对女子缠足、男人纳妾、畜婢，主张女子教育权，倡导妇婴卫生、妇女体育，提倡改善女工、童工处境。到19世纪30年代那时候，该组织被贴上了"激进主义温床"的标签，因为它开设的夜间课程，向来自社会最底层的女劳动者教授文学知识；除此之外，这个组织还被认

---

[1] 王先金：《蒋介石与民国大佬的黄昏岁月（下）》，团结出版社，2010年，第321页。

静安寺路上的沪西乡村俱乐部

定为非法组织,因为它试图唤醒受压迫女青年的自我意识。有些保守派甚至怀疑基督教女青年会是共产党的外围组织。尽管这个组织以传播基督教为基本活动,但却在事实上为一些所谓的左派人士提供了活动的方便,比如李云古就是其中之一,她当时的另外一个名字是李云鹤,而后来在延安则是毛泽东夫人江青。

当时的颜雅清身兼数职,她是一位忙碌的家庭主妇、母亲,也是俱乐部会员和社交界名流,然而似乎每日的这些工作并不能使她充实,她仍然感到焦躁不安。跟这个充满活力的家庭中其他人一样,颜雅清拥有的智慧和天赋,让她感到家庭是拖累,她觉得自己应该去做更多家庭以外的工作,她相信自己能干出一番大事业。

但是大事业是要从小事情干起的。这时候的颜雅清,主要的活动就是在沪西公社参加夜校的教育工作。

沪西涵盖今日上海的静安区、普陀区和长宁区一带,当时这里有乡村俱乐部、工人俱乐部。老上海的静安寺路一带非常优美,原因在其有众多园林。而沪西之所以有众多园林荟萃于此,是因西方侨民不断沿静安寺路修筑花园住宅,致使精美花园层出不穷。著名的有张园、愚园、哈同花园。张园是上海滩最早的游乐场,也是近代上海时尚生活的发源地、潮人聚集地,因富商张叔和购得扩建变成张氏别墅而得名;愚园由徐润[1]仿豫园而建得名,徐润"于湘北寄庐,以愚名斋",山庄取名为"愚园"。但是三园尤以哈同花园为最,占地近三百亩。哈同花园本名"爱俪园",以犹太人欧司爱·哈同和其夫人罗迦陵(字俪蕤)而得名,上海人更愿意叫哈同花园。里面花木葱茏,假山嶙峋,中国式的崇亭高阁,曲槛回廊;西洋式的雕刻水法,

[1] 1831—1991年,字润立,号雨之,别号愚斋。

花样喷水。楼房掩映在绿树中，草坪厚如绒毯一样，园内好几条马路四通八达，马车、汽车进出来往异常方便。上海人戏称"张园空旷愚园雅，不敌犹人爱俪园"。这里更是经常举办豪华的派对，沪西公社的活动也借助这里的花园举办。

沪西公社是上海基督教青年会1930年成立的一个组织，后来经常被上海地下红色工会和中共地下党用来组织和开展活动。

上海基督教青年会创立于1900年，是一个世界性基督教的、推动志愿运动的社会服务团体。1898年，北美协会接到上海7名传教士的联名邀请，派路义思（R.E.Lewis）来开展上海城市青年会的工作。路义思来华后，请在中西书院执教的曹雪赓为助手，并邀请颜惠庆、黄佐庭、宋曜如等十多名社会人士在百老汇路的路义思家中研讨青年修养问题。曹雪赓是曹云祥的兄长，也是颜雅清的表叔。1900年1月6日，借博物院路皇家亚洲学会成立了上海基督教中国青年会，推举黄佐庭和颜惠庆为正、副会长，曹雪赓为首任华人总干事。上海基督教女青年会1908年成立，成立时的第一位中国董事会会长是黄佐庭，中国干事是丁明玉。在初创的10年中较多举办圣经班、祈祷会等宗教事工，但也在社会潮流中提倡"天足"运动和宣传女子教育权利。以后愈益结合妇女特点逐步开展妇女俱乐部、婴儿保健会等活动。1919年"五四"运动时，她们到一些学校组织先锋队、在女学生中宣传民主进步思想。1931年"九·一八"事变爆发，日本侵略军悍然侵占东北三省。次年"一·二八"事变，日军又进攻上海，闸北等地战区难胞纷纷逃入租界，上海青年会立即将四川路会所和刚建成的八仙桥会所同时开放收容难民，并商借在白利南路（今长宁路）国立中央研究院的房屋另设一难民收容所。上海青年会干事和许多会友积极参加难民服务工作。青年会还组织战地救护队到战区救护尚未逃出的难胞，并协助学生组织国难急救会，设学生救济会，筹款补助学费，使受战争影响的学生不至于中途失学。在抗日战争时期，女青年会曾举办救济食堂、助学运动和劳工生产贷金，为救助学生和工人的困难起过作用，长期办有女子寄宿舍、招待所等造福女界的设施。

颜雅清积极参加女青年会的活动，涉及广泛的领域，其中最主要的，是参加青年会办的民众教育机关沪西公社的活动。

早在1930年9月28日，《申报》就预登了一个消息：上海基督教青年会近创立沪西公社。但是实际上，沪西公社在1930年12月20日才正式成立，地点在劳勃生路[1]4200号，是上海基督教青年会劳工部创办的服务中心，其宗旨是为人类谋幸福，尤其为劳工谋解放，本着牺牲的精神，牺牲自己的利益；本着博爱的心理，普爱一切劳苦同胞；本着互助的原则，帮助一切工人脱离痛苦；以平等为依归，以自由为职志，最主要的任务就是：实施工人教育，改善工人生活，提高工业效率，促进合作精神。[2]办有职工子弟小学，学费低廉，每个月不超过3元、职工补习夜校，分英文班和国算班，晚上7点到9点上课、儿童主日学，星期日上午上课，还有苦儿班，由小先生上课，贫民诊所和医药卫生研究班等，有一个能容纳三百观众的社堂。贯彻青年会德、智、体、群，四育并进的思想。德育包括有公民训练，提倡新生活运动、德育演讲会，智育包括中英文、国语传习班，体育包括各种体育训练，有国术团、足球团、乒乓团、旅游团，群育包括各种剧社、国乐团、象棋会、童子军团。老师们大多终年面色和蔼得像圣诞老人，使用着新颖的教学法，孜孜不倦地教育学生。[3]那时候的江青，还是李云鹤，还没有成为"蓝苹"，通过女青年会徐明清的介绍，她以李云古的名字也在这所夜校担任教师，每个月的月薪是10元到14元。颜雅清比李云鹤正好大十岁，她们是该夜教部的同事。

夜教部的设立，是因为"劳动青年之家庭，大，贫苦。所受教育有限，从业之后，感觉学识缺乏，而需求补习，必如久旱望雨。沪西公社洞察其衷，特设补习学校，以填彼侪求智之壑"。这里"设备完善，教务认真，学费低廉"，是全沪任何补习学校所不可比拟的。[4]颜雅清在这里承担的是英语课程，教起来一点也不用费力，她在上海医学院也是承担这门课的。

颜雅清也参加其他在这里举办的活动。1931年春天"沪西公社"举行演出一次，以讲演和演戏为主，由沪西的红色工会主持，为东北义勇军募捐。会场选定劳勃生路小沙渡路口西面的大自鸣钟旁，由工人纠察队拿了棍棒等保护会场。从进门到会场都设有岗哨，观众千余人，都是附近的产业工人及其家眷。大道剧社参加演出，临时编戏，

---

[1]　长寿路在1900年—1943年之间的路名，位于今上海市普陀区境内。东起苏州河广肇渡口，西至曹家渡，与极司菲尔路（今万航渡路）相接。

[2]　《沪西公社的宗旨和任务》，《沪西公社》，上海青年会，1931年，第3页。

[3]　《沪西公社的工作概况》，《上海青年》，1935年，第35期，第38页。

[4]　谷璿：《沪西公社与劳动青年之关系》，《上海青年》，1935年，第35期，第37页。

配合当时形势，表现东北人民在日本铁蹄下的痛苦生活以及义勇军打击日寇的英勇。演出时，打倒日本帝国主义的口号一直不停。

颜雅清在1935年随伯父颜惠庆出使莫斯科之前，一直在沪西公社担任业余教师，到1936年回国以后，也参加了沪西公社夜教部的活动。当时也开展抗日募捐活动，空呼救国，无济于事，号召同胞协力捐款，以经济接济前方。颜雅清自然是带头捐款。据帕蒂·哥莉2012年5月19日发来的电子邮件，号称中国《泰晤士报》的《北华捷报》，1936年7月15日（第131页）还报道了颜雅清7月10日在这里参加的一次活动：有另一大群人包括中国和外国俱乐部的成员和他们的客人。这也是一个室外聚会，舞会在花园中进行，餐桌是零零星星地分散在草坪上。晚上演出了戏剧《龙与凤》……R·R·史密斯先生招待了一群年轻人，琼小姐、李·洛克哈特小姐、查尔

《沪西公社》，上海青年会1931年

《沪西公社》，上海青年会1931年

斯·M·洛克哈特先生、拉塞尔·Engdahl先生、达拉斯·李·富兰林小姐、爱米丽·Hahn小姐、T·J·惠特克先生和太太、C·F·沈先生、沈小姐、Cheang Koon-chi先生、Cheang小姐、罗伊·Chang先生、谢Tso-kai先生、颜雅清小姐、詹妮通小姐、伊恩麦肯齐先生、布鲁斯·麦克唐纳先生、Rened·安茹伯爵先生和阿克·哈特曼先生。

1933年，颜福庆带着家人参加了一次重要活动。1933年12月上旬，上海刮起了一阵无线电旋风，是发明无线电报的意大利科学家、诺贝尔奖得主威廉·马可尼带来的。他12月7日清晨到上海北站的时候，给上海人留下极深的印象，追星族大有人在。"马可尼年届花

甲，又患感冒，但看上去精神矍铄，步履稳健，握着一根象牙柄手杖，夫人穿大衣，面罩黑纱，头戴乌绒帽，胸围红色丝巾，尤显富贵气派。"[1]在短短的几天里，马可尼受到上海各阶层人士的热烈欢迎。12月11日，马可尼偕夫人在晚上刚刚结束了马可尼公司的答谢宴会，便于8点15分匆匆忙忙赶往礼查饭店（今浦江饭店），出席太平洋联会为他举办的饯行晚宴，这也是马可尼在沪期间的最后一次大型活动。宴会主席孔祥熙，到会来宾有意大利公使夫妇、领事夫妇、顾问拉凡那夫妇及拉小姐、意大利驻沪海军司令、华尔西牧师夫妇、王正廷外长、黎照寰、徐佩璜夫妇、方子卫夫妇、赵晋卿、虞洽卿、何德奎、许建屏夫妇、温毓庆、颜福庆、颜任光及英美商会会长等中外来宾，300余人出席。颜雅清和父亲一起，参加了这次重要活动。

颜雅清去苏联之后，1935年，"一二·九"学生运动在北京爆发。12月20日，上海基督教人士以及青年会、女青年会董事及干事刘湛恩、刘王立明、梁小初、颜福庆、李登辉、吴耀宗、杨素兰、刘良模、陈维姜、邓裕志、沈体兰、江文汉、陈铁生、应书贵、丁佐成、徐松石、陆干臣等28人联名发表《上海各界基督徒对时局宣言》，指出我们爱和平，但我们更爱公道；我们不想作无谓的牺牲，但我们也不惜为真理与正义而流血，宣告"我们站在真理的立场"，主张"全国民众一致起来，对于分裂领土的企图，对于欺骗麻醉的手段，对于一切威胁与压迫，坚决尽我们的力量，去作这个伟大的反抗运动的后盾"。[2]表达了对救亡运动的呼应和对"一二·九"学生运动的支持。

颜雅清家族里的男性，此时都正投身于重要的事业。她的父亲由于上海医学院的成立也备受重视，他亲力亲为，煞费苦心，到处筹集资金，终于使得学校顺利竣工。与此同时，颜雅清的伯父颜惠庆也受到政府嘉奖，他在1933年被任命为驻苏大使。民国与苏联的战争曾经一触即发，但是颜惠庆倾尽全力促使两国政府的正式复交，最终，战争得以避免，他的成功也随之而来。民国政府对颜惠庆大为嘉奖，声称只有通过他的不懈周旋才能保障两国的和平。颜惠庆出使苏联，给颜雅清带来逃离家庭羁绊的第一次机会。

---

[1] 邢建榕：《外国文化名人在上海1919—1937》，文汇出版社，2009年，第99页。

[2] 中国三自爱国运动委员会，中国基督教协会编：《基督教爱国主义教程（试用本）》，宗教文化出版社，2006年，第150页。

第四章 外交风采

——在苏联和欧亚

1. 日军进犯上海

1932年1月28日，日军开始进犯上海，"一·二八"事变爆发。驻守上海的十九路军军长蔡廷锴、总指挥蒋光鼐率部3个师奋起抵抗，开始淞沪抗战。淞沪抗战坚持了1个多月，使日本侵略军遭到沉重打击，死伤万余人，多次更换司令。颜雅清看到父亲亲手缝制棉鞋慰问伤员。

十九路军健儿们作战勇敢，生活上十分艰苦。在天寒地冻的日子里，不少人仍旧穿着单衣、单鞋。一次，颜福庆巡查病房，发现一位伤员脚上冻疮溃烂，肿得有馒头那么大，穿的却是一双破单鞋，脚已伸不进去。看到伤员面黄肌瘦，他不禁掉下心酸的

颜雅清的一幅画像，报告了她出行到莫斯科的消息，出自《北华捷报》（North-China Herald）1935年5月22日。《北华捷报》又译名《华北先驱周报》或《先锋报》。上海出版的第一家外文报刊，也是全国最有影响的英文报纸。

眼泪。于是，他上街买了鞋料，棉花，亲自动手为这位伤员缝制棉鞋。夜深了，人们已经熟睡，颜福庆在灯下一针一线缝着，他拿起手术刀能运用自如，针线在手里却不听使唤。颜福庆不为困难征服，他用顽强的毅力，花了几个夜晚，终于缝制了一双棉鞋。尽管针脚长短不一，可是毕竟成功了。第二天，他把棉鞋送到伤员手里，并亲手为

他穿上。战士眼眶湿润了，呜咽说："颜院长，您比我父母还亲，我一定好好养伤，早日重返前线，多杀几个日本鬼子，来报答您的恩情。"[1]

男子在前线抵抗日军，他们的献身精神、牺牲精神感动着颜雅清。作为一个女性，颜雅清也热血沸腾，寻找为祖国服务的机会和最佳途径。最后，她选择了外交途径为祖国服务。颜雅清先后在莫斯科大使馆工作，参与国际联盟的各项工作。

---

[1] 仲彧：《颜福庆救死扶伤》，中国人民政治协商会议上海市宝山区委员会文史资料委员会《宝山史话·纪念"一·二八"淞沪抗战60周年专辑》，1992年，第67页。

2. 和梅兰芳、胡蝶同行

　　1933年，颜雅清的伯父颜惠庆出任苏联大使，1935年回国述职。1935年2月16日，颜惠庆从南京乘火车前往上海，准备告别家人之后返回到俄罗斯。在站台上迎接他的，是弟弟颜福庆和侄女颜雅清。颜惠庆见到两人欣喜万分。颜惠庆再次去莫斯科的时候，颜雅清在父母亲同意、伯母反对的情况下，决定去莫斯科陪伴伯父。出行之前，父亲对雅清说，国内1934年在开始的"新生活运动"，与人生最有关系的不外衣食住行，而衣食住行应该要整齐、整洁、简单、朴素。

衣的方面，清洁和保持体温是首要的，并不是要华丽和讲究时式。食的方面，保持营养、热量和相当的分量三点，并不是要山珍海味。住的方面，要简朴适用，注意公共卫生。行的方面，当然除了交通、线路、工具，还要健康的体魄。父亲的这段话，颜雅清看到后来发表在1939年第22期《新运导报》上，只是内容更为详细一些了。

　　颜雅清出使苏联毕竟是颜家的一件大事，惊动了当

担任驻苏大使的颜惠庆

20世纪30年代的颜雅清（陈国凤提供）

时颇有影响的《北华捷报》，把颜雅清的照片刊登在上边，而且专门报道了颜家大小姐出行的消息。

颜雅清的外交生涯，于是在1935年正式开始。这年的2月，颜雅清随伯父颜惠庆出使苏联，开始是作为侍应生前往莫斯科，不久得到外交部任命，成为正式外交官，经常受命从莫斯科出席日内瓦的国际联盟会议，在苏联和欧洲工作和生活了近一年。

1935年到莫斯科之前，伯父颜惠庆还参加了程慕灏和孙克瑛的婚礼，孙克瑛是程的续弦。那时候国际饭店刚刚落成一年多。此时正值程慕灏事业鼎盛时期，时为中国银行常务董事（相当副总经理），孙克瑛也是大户人家，其父亲留日归国，曾经担任汉口的大清银行分行的行长，时任上海注册法律会计师。他们交际广泛，婚礼自然十分排场，沪上名流都来道贺，证婚人是中国银行总裁宋汉章，女方证婚人是颜惠庆。宋子文、司徒雷登、汇丰银行大班等都来道贺。婚宴包下国际饭店的一个天花板可开合的云厅，以西餐形式宴请。这在当年也属罕见。因中国人总认为喜宴要热闹，而西餐没有敬酒猜拳，太过冷冰冰，但程慕灏的身份，虽然做新郎也不能太忘形，所以特别定了西餐。西餐价格昂贵，氛围高雅，很合银行家的身份。[1]

糟糕的是，1935年的莫斯科之行，颜惠庆的妻子不能，或者说不愿陪他到莫斯科来。少了她的陪伴，对颜惠庆来说非常麻烦。大使夫人可以帮大使分担许多艰巨但不可或缺的任务。比如举办娱乐活动，可以配合外交工作顺利进行。

了解到颜雅清对外交的兴趣，颜惠庆提出了一个重要的建议。使馆需要一个女主人，而颜雅清正好希望去使馆工作。如果她陪他去莫

---

[1]　程乃珊：《上海街情话》，学林出版社，2008年，第105—106页。

斯科，做他的左膀右臂，正好满足双方的愿望。

行前，颜惠庆告诉侄女，和苏联人打交道并不容易。伯父问过一位苏联官员，指导苏联外交政策的总体原则是什么？他声称："搞外交没有原则可言，只有利益。"颜惠庆告诉侄女，外交需要灵活，有时候甚至还需要点狡黠。颜雅清早就知道，伯父在外交方面有很丰富的经验，有智斗记者的美谈。那是1927年7月25日，日本田中首相上呈日本天皇一份奏章，即"田中奏折"，该奏折是日本妄图侵略中国、夺占我东北及蒙古的秘密计划。后来这份绝密奏折被张学良将军搞到，并于1929年底予以正式披露，在国际上引起了轩然大波。1931年10月，国际联盟在日内瓦召开第65届理事会。伯父颜惠庆代表中国政府就"田中奏折"问题，向大会提出了控告。然而出席大会的日本代表矢口否认。在会后的一次记者招待会上，有个外国记者向颜惠庆尖锐地提问道："一个岛国，怎么能有与其国力不相符合的野心呢？所以'田中奏折'是不存在的。"颜惠庆不慌不忙地答道："当你去戏院观赏演出时，有人在入口处交给你一张节目单，上面印的节目是意大利的歌剧、俄罗斯的芭蕾舞和贝多芬的《第九交响曲》。你看了这张节目单，一定疑惑，不相信这张节目单是真的。你或许觉得这样一个小戏院，怎么能演出这样的大节目呢？这是可以理解的。然而，大幕拉开时，演出的正是节目单上的第一个节目，那么你对节目单上以后的节目，还有怀疑的余地吗？"

颜惠庆还告诉侄女，不要把苏联想象得太好，苏联是不像美国的。一般人想象的苏联这个国家，有很大的一个错点，就是以为它是一个新兴的国家，它的都城一定是很富丽堂皇的；它的人民一定是很华美高贵的。其实不然。各国旅行的人们一到莫斯科往往大失所望，它没有欧美城市那样的繁华，也没有欧美男女那样的阔绰，在街上走路的女子们都是蒙着一幅旧头巾，匆匆忙忙去工作，很少有戴着帽子的。原因是俄国这个国家介于欧亚之间，向来是一个经济落后的民族，并没走进工业化的途径。在帝俄时代，虽有不少达官显宦，阔气十足，那不过像我们今天的上海，是少数人的享乐，不足以代表整个的国家。[1]

据加拿大作家帕蒂·哥莉引述颜惠庆的话说：斯大林的一些错误

[1] 参见《新生》周刊第2卷第6期，1935年3月2日。

观念，为这个时代烙下了"大清洗"的印记。半夜响起恐怖的敲门声；亲朋好友忽然失踪，或者关进集中营——也许更惨——还有持续不断的焦虑，害怕不知道什么时候悲剧又会降临。虽然外交圈很少受到社会环境的实际影响，但还是不可避免地沾染了弥漫于整个俄罗斯的萎靡气氛。

他告诫颜雅清，使馆无闲职——举办各种有目的的宴会，伺候各种贵客是大使馆女主人的家常便饭，未来的一两年里，她将被各种杂事呼来唤去——但如果她坚持下来，使馆的工作经验可以为她未来的外交生涯打下坚实的基础。同时，这也给颜雅清带来了一个千载难逢的机遇，可以一睹欧洲顶尖政治家的风范。颜雅清这才知道，上次颜惠庆在莫斯科，伯母陪伴左右，是使馆的女主人，但是这次她执意不再陪伴，颜惠庆也毫无办法说服她。伯母身份很高，从小在北京长大，说一口流利的北京话。伯母大名鼎鼎，是担任过山东巡抚、北京政府国务总理孙宝琦的胞妹孙宝瑔，她曾随乃兄孙宝琦旅居巴黎两年，通晓法语，熟娴外交仪节，陪伴伯父当然是最合适的人选，但是伯母不去，难坏了颜惠庆。正在为难之际，看到堂弟颜福庆和侄女颜雅清，眼睛一亮，有了这个让颜雅清陪伴自己的主意。

颜惠庆给侄女一晚上的时间考虑。

那天晚上，颜雅清非常兴奋，在脑海里甚至浮现出自己到莫斯科的景象。但是想得最多的还是伯父颜惠庆。自己从小就佩服伯父，在她幼小的心灵里，伯父占有很高的位置，形象极为高大。而且很多伯父的部下、朋友也都对伯父的才能和为人非常佩服。伯父颜惠庆在国内外为人所称道。

在他的下属看来，颜惠庆才貌双全。虽然出生在上海，但是典型的山东大汉形象，1.8米的个头，在那时候可是高大极了。他"相貌奇特，丹凤眼，巨蚕眉，鼻如悬胆，面如重枣。令人一见而认为关羽再生，相貌堂堂，威风凛凛。其外交才能异常卓越。渠能说极流利的英语及法语。能写文情并茂，令人钦佩的英文。且渠不要笔起稿，亦不口述讲稿让速记员记录。渠自拟腹稿，自己用打字机打出。渠交际应酬，能因人而异，各适其分。对什么人，说什么话。上至国联秘书长，或英法各国的外交部长，下至代表团的工人杂役，没有一人对他不满意。他最了不起的地方，是他办理重要外交问题，没有偏见；或只听国联秘书长，或一二顾问的意见。"[1]他在外交方面，既尊重洋顾问的意见，也尊重自己同胞的意见。

而且伯父既和蔼可亲，又不失原则，对部下要求很严格。在日内瓦国联任首席代表的时候，颜惠庆对中国代表团人员，领导有方，使"人人奋发，个个努力"。中国驻国联的副代表罗忠诒，是英国剑桥大学硕士，回国后，成法政科进士，授翰林院编修。颜惠庆特意给外交部发电报，把他从丹麦公使任上调来日内瓦做国联副代表，结果他奉颜惠庆之命写一说帖，呈上后，颜惠庆拿笔把他拼错英文的地方一一勾画出来，又交还给他。罗忠诒从此战战兢兢，再也不敢懈怠了。[2]

颜惠庆不仅相貌堂堂，而且人品、学品均属于上乘，有诗为证："葵向堂堂报国颜，嵯峨事业满人间。折冲数典无遗缺，出使申盟几往还。……门墙早就皆时彦，只恐顽庸未易攀。"[3]

老外交家顾维钧评价他也极高："他在政海中显然成功。究其主因，不外具备知人与接人的特殊本领。对于一般有学识并怀抱大志的政客，尤能了解他们所受教育，与所集经验之背景。由于他本人纯洁超然，而其服务国家之精神毅力，贯彻充沛，故所发生之影响至久至大。""先生才华轶群，对于社交、教育、美术、人道、政治、外交，与夫国际问题各方面，无论学问上，兴趣上，均极广博而浓厚。且明于知人，而观察锐敏。天赋如此，用能在政海中，迭膺艰巨，应付裕如。"[4]

抗日名将吉鸿昌对颜惠庆也相当钦佩。1931年1月24日晚上，吉鸿昌在日内瓦国联行政院旁听。吉鸿昌记载：国联行政院开会讨论中日问题，承胡君世泽介往旁听。会场周围全属玻璃窗壁，想系表示外交公开之意。台上有议案，各国理事环之而坐。台下为新闻记者席，到各地访员不下百人。其余两旁，全属旁听席。开会后，由中日代表开始辩论。我国代表颜骏人先生操极流利之英语，对日在满、沪暴

[1] 《宋选铨外交回忆录》，传记文学出版社，1977年，第32页。
[2] 同上，第35—37页。
[3] 吴霭宸：《新疆游》，商务印书馆，1935年，第150页。
[4] 《顾维钧序》，《颜惠庆自传》，姚崧龄译，传记文学出版社，1973年，第3—6页。

行，攻击体无完肤、听众精神顿为百倍。[1]

当然，也有对颜惠庆因误解而持批评意见的。日本早稻田大学和法国巴黎大学留过学的湖北孝感人杨玉清就是一个。

1936年7月，颜惠庆到了巴黎，杨玉清去看了他，还和他作了长谈。那时在座的还有郑彦棻。杨玉清发现，颜惠庆老是说，中国的外交，落到了外行的手里。他又说：在洛阳国难会议时，他曾和蒋介石、汪精卫说过，他的饭碗问题解决了，他不会和旁人争饭碗。杨玉清把这些话向顾维钧转述了。杨玉清说："我和颜大使谈了一次话，我得的印象，是觉得他没有'天下兴亡、匹夫有责'的抱负。以颜大使这样的人，怎么提出争饭碗的问题？真正于国家有利，人家说争饭碗也得争。他还说：中国的外交，落到了外行的手里。为什么落到外行的手里，是不是内行不负责任？"[2]

其实，颜惠庆所说当时的中国外交没有人才，是有根有据的。就是在驻俄使馆里，颜惠庆的部下也是五花八门。

在上次1933年驻莫斯科期间，上海特别市工务局长沈怡之妻子应懿凝游欧洲的时候，颜惠庆的夫人作为使馆秘书曾经陪同她。应懿凝发现了一次使馆人员斗殴的奇观。使馆秘书刘锡章把她接到使馆。颜惠庆夫人和吴南如夫人陪伴去市场买皮货之后回到使馆。1934年10月10日晚上，在大使馆举行舞会庆祝双十节，外宾到者甚众，均为各国外交官或者俄罗斯重要人物，"履舄交错，堪称一时之盛。表演颇为精彩，助兴不少。正在酣歌狂舞之际，忽闻厅角有叫骂之声。原来是冯武官和一个使馆听差吵闹起来了。互相谩骂，语甚粗俚。一言不合，竟揪打于地。"[3]

在莫斯科使馆里，颜惠庆的一等秘书是民国"十大狂人"之一的冒孝鲁。他既是狂生，"翩翩浊世佳公子"，又是外国人眼中"所见华人中不可多得的通品"。与钱钟书相交最深，据说钱钟书《围城》之董斜川这个虚拟人物，即以冒孝鲁为原型。

不管对伯父褒贬如何，反正在颜雅清看来，伯父是不是完人，并不重要，但伯父是可敬可爱的人。可以说，在外交领域，伯父作为颜

---

[1] 吉鸿昌：《环球视察记》，湖南人民出版社，1985年，第256页。

[2] 杨玉清：《我所知道的顾维钧》，《文史资料选集合订本》第5卷，中国文史出版社，1979年，第177页。

[3] 应懿凝：《欧游日记》，中华书局1936年，第135—136页、第144页。

雅清的引路人和导师，是再合适不过了。

颜雅清记得，伯父编辑的《英华翻译捷诀》，100多篇中英文的课文，自己幼年的时候就熟读过，几乎能够中英文背诵一过。有关人生哲理的警句，颜雅清更是铭记在心："吾辈居此国之中，自当尽力以保护其国。一旦有事，则协力同心，执干戈以御敌，庶不愧为忠勇之丈夫矣。"（第5页）"今日能为之事，勿待至明日而为之。"（第6页）"凡见别国人，宜择其善者而从之，其不善者而改之。"（第17页）"明月不常圆，彩云容易散，言世事无常也。"（第18页）"不独男子宜读书，妇女亦宜读书，然后能以所知教其儿女。"（第31页）……伯父自己也是这些警句的践行者。

颜雅清闭眼一想，天赐良机来了，自己现在居然有机会和这样一位博学的伯父一起到苏联，焉有不高兴之理？

第二天，颜雅清宣布，她做出决定，同意陪颜惠庆去苏联。但是颜雅清的父母亲都不同意女儿去莫斯科，父母亲认为她还不够成熟，还太年轻，缺乏外交工作的经验。当然父母亲也知道，凡是女儿决定了的事情，别人谁也阻拦不了。好在就在伯父身边，好歹都会得到照应。父母亲最后还是没有办法，女儿去莫斯科之意已定。这和父亲颜福庆提倡的为人群服务思想倒是很贴合的。

1936年，父亲颜福庆在当时的《中华医学杂志》上，发表了题为《中国医学事业之前途》一文，是早就写好的，该文强调"医学实习组织"，"应大众化，不论贫富、村居或城居，均能平等沾益"，"吾人应就目下有数之师，创办一能为人人作服务之医治组织"。颜福庆倡导的公医制思想，强调的是医学应当为人群服务，医生应当不计个人的观点。他这种思想，最集中地反映在上海医学院1936年校歌的歌词之中："人生意义何在乎？为人群服务。服务价值何在乎？为人群解除病苦。可喜！可喜！病日新兮医亦日进。可悲！可悲！医日新兮病亦日进。噫！其何以完成医家责任？……院之旗兮飘扬，院之宇兮辉煌。勖哉诸君！利何有功何有，其有此亚东几千万人诧命之场。"

"为人群服务"，是父亲提出的一种崇高理想，现在伯父提供了这个机会，那就去实践父亲的思想吧！

就这样，颜雅清居然愿意丢下丈夫和两个年幼的孩子，决定去苏联呆这么久的时间。

1935年访苏成员的合影。前排左三为颜雅清，左四为胡蝶，三排右二戴帽者为梅兰芳。（吴南如存影）

应该说，颜雅清的决定对于很多人来说，都是不理解的。一个女子在上海医科大学做英语教员，是一个多么好的职业！从家庭到学校的"两点一线"生活，非常有规律，收入也相当可以。而且丈夫陈炳章是一个负责任的人，也很有修养，对妻子很体贴。所以虽然是父母亲包办的婚姻，但是颜雅清对家庭的境况也还是满意的。她品尝到家庭生活的幸福味道，儿女绕膝，经常让她其乐融融。

然而，颜雅清志不在此。妇女解放对她影响甚大，她当时已经厌烦了在家庭做主妇的生活，愿意投身到更为广阔的事业之中，所以亟须摆脱当时的状况。俄罗斯广袤的大草原，在她的眼里，象征着她梦想已久的自由。当然，反对意见也层出不穷——甚至连她的伯母，颜惠庆的妻子，都反对颜雅清的决定——但最终，所有反对声都湮灭了，谁也挡不住这个倔强而有独立性的女性。

在这次和伯父颜惠庆赴苏的随员里，还有代办吴南如夫人、驻俄使馆三等秘书兼医生焦湘宗夫妇，驻海参崴副领事田宝齐夫妇，驻伯力总领事许念曾夫人。而且，难得的是，颜雅清的这次莫斯科之行，始终和梅兰芳、胡蝶同道。

对这次莫斯科之行，梅兰芳记录很细致：

我国驻苏联大使颜骏人博士，此时正在国内休假。我们进行这件事的时候，颜大使曾函友人转知我，函云：接莫京电，苏联文化合作社已定明年三月请梅君赴俄，特此转达，并请转告梅君筹备至荷，弟颜惠庆启。

有关赴苏演出的事，我时常向颜大使请示。颜大使深知苏联政府请我去表演，与国家外交也有关系，况这种大事，也不是我个人的力量所能负其全责的。颜大使晓得我筹措经费不易，他就去电政府请求辅助，经由国民政府行政院第一九五次会议决议通过。[1]

出行之前，上海头头脑脑的人物几乎倾巢出动，为梅兰芳送行。颜雅清也参加了这次大型欢送茶会。梅兰芳记载：

2月18日下午四时半，假座静安寺路国际大饭店二楼举行盛大茶会，欢送梅兰芳赴苏。计到中苏男女来宾约共三百余人。席间由吴市长致欢送词，苏联代办司尼尔凡尼克及褚民谊、李石曾、颜惠庆等相继致词，末由梅君致谢词，直至六时中始散，各界计到吴铁城、颜惠庆、梅兰芳、李石曾、褚民谊、顾维钧夫妇、唐友壬、杨虎、余铭、熊希龄夫妇、文朝籍、温宗尧、陈篆、李择一、徐佩璜、俞鸿钧、李大超、王之南、张廷荣、俞佐廷、虞洽卿、颜福庆、王晓籁、杜月笙、张啸林、陈翊庭、钱新之、贝淞荪、徐新六、叶扶霄、陈光甫、许世英、汪仲苇、汪伯奇、林康侯、黄任之、黄涵之、吴蕴斋、郭秉文、张公权、魏道明、劳敬修、关炯之、严独鹤、李馥荪、谭泽闿、褚慧僧、蕢延芳、余上沅、罗明佑、黎民伟、陈燕燕、林楚楚、阮玲玉、王人美、黎灼灼、林语堂、欧阳予倩、郎静山、朱少屏等，及苏俄驻华代办司尼尔凡尼克暨中外来宾约共三百余人，吴市长致欢送词。略谓：梅君系吾国艺术家，此行应苏俄之敦请，实为国人之光荣，希望梅君将我国有悠久历史之艺术带至苏联，促进东西文化之交流，增进中苏两大民族之友谊及两国之邦交。

---

[1] 《梅兰芳游俄记·梅兰芳遗稿》，中国人民政治协商会议北京市委员会文史资料研究委员会《文史资料选编》第27辑，北京出版社，1986年，第108页。

我国驻苏大使颜惠庆博士致词，略谓：中俄自恢复邦交后，今天之盛大茶会，可说是破天荒第一次，各界人士群集一堂，足证我国对苏联之友好。梅博士此次到苏联，系代表我国发扬艺术，并沟通国际文化，希望中苏两国之邦交更臻亲睦。梅兰芳博士答词，略谓：今天承蒙诸位先生在这里替兰芳饯别，实在荣幸，非常感谢。诸位先生刚才对兰芳的诸多勉励，我当奉为圭臬，终身不忘。……我国政府同颜大使鉴于邦交关系，都主张兰芳答应下来，这样我才作出了赴苏演出的决定。承蒙政府当局同颜大使诸公多方援助，又承上海诸位先生组织了戏剧协进社指导赞助，兰芳实在感激。[1]

上海《申报》1935年2月19日也详细报导了这次茶会，并且刊登了梅兰芳在茶会上演讲的照片，题目是《市府及各界领袖欢送梅兰芳茶会》。

到2月21日离开上海的这一天，梅兰芳记录说：

这天登舟送行的友好，人数极多，客厅中几无隙地。花篮等均堆满左右。各报摄影记者尤难一一应付。社会的深切期望和友好的殷勤关爱，使我心中的感愧之情，将与万里长途同其绵远！经过了一年多的时间，耗费了多少人的心思？赴苏的梦想终于成为事实，此时"北方号"启航的汽笛声，送来的不是"离情别绪"，而是国人的谆谆嘱咐，声声珍重。我定将努力于艺术。为国争光，并为沟通中苏两国文化作出贡献。[2]

2月21日的上海，春寒料峭。离别的那天，阴云密布、寒风瑟瑟，颜雅清蜷缩在皮毛大衣里，胡蝶穿了一件貂皮大衣，尽显华贵。尽管天气恶劣，城里的人还是都到码头给他们送行。达官贵人们纷纷来到码头，其中有市长吴铁成的代表唐士暄，市保安处处长杨虎，国府救灾委员许世英，四行储蓄会总经理钱新之，招商局总经理刘鸿生，市参议员杜月笙……胡蝶的未婚夫潘有声和大批的影迷。陈炳

---

[1] 《梅兰芳游俄记·梅兰芳遗稿》，中国人民政治协商会议北京市委员会文史资料研究委员会《文史资料选编》第27辑，北京出版社，1986年，第121—122页。

[2] 同上，第132页。

颜雅清和梅兰芳

章来了，颜福庆夫妇来了，还带着他们的孩子。一大批警察被紧急派出，以便维护随后的交通状况。浩大的送行队伍，也跟随都挤上了虹口招商局北栈码头的"北方号"邮轮，两个孩子对母亲的离去，显然依依不舍，父母亲当然也不愿意她去苏联。可是这个固执的孩子，有谁能够左右她的意志呢？改善中苏关系毕竟对中国有好处啊！

船上的过道拥挤不堪，但每个人都在为改善中苏关系的努力祈福。最后，沉重的锚要出水了，人们从跳板离开"北方号"船，大喊着再见。颜雅清的两个孩子眼泪汪汪，看着船驶离了码头，这是颜雅清新生活的开始。当船慢慢从黄浦江驶入宽阔的海域，颜雅清恍惚了，几日前还穿着漂亮衣裙，和丈夫在中国妇女俱乐部舞会上共舞的记忆，似乎变得新奇而悠远了。

据胡蝶的回忆，动身之前，苏联驻沪大使鲍维洛夫在使馆为他们饯行。2月21日中午把行李搬到船上，下午2点，颜雅清和颜惠庆一行乘坐苏联的"北方号"邮船，从上海启航。

"北方号"是苏联专派来迎接颜惠庆大使返任与梅兰芳先生及其剧团赴苏演出的。"北方号"邮船启航时，下着蒙蒙细雨，邮船不大，只有六千吨的载重量。全船舱内外油饰一新，是专为这次航程，

《电声》3卷36期（1934年9月21日）八大女明星合影：前排左起袁美云、陈燕燕、王人美，后排左起叶秋心、黎明晖、胡蝶、阮玲玉、徐来

重新油漆，并着意修饰的。船共分头、二、三等，头二等可载搭客五十人。但这次的船客，是专门为颜惠庆和梅兰芳一行人，包括胡蝶搭乘的。船上只有三两位苏联乘客，没有别的船客。头一天还没有什么，照样吃喝睡玩。第二天很多人开始严重晕船，一早醒来便觉得天旋地转，头晕目眩，一起床就马上呕吐起来。胡蝶就是整整一天，除掉喝开水之外，一点东西都没有吃过。颜雅清早有骑马的训练，似乎并不在意。船中每日三餐，早餐为牛奶麦片，午晚两餐为烧鸡、猪排、牛排等，味道不错。面包则分黑白两种。没有下午茶点，船中服务人员都是苏联人。"北方号"邮轮吨位很轻，设备简单，供消遣的玩意儿非常少。颜雅清他们每天除了闲谈，就下外国象棋，或是打打牌。

颜雅清早就闻胡蝶大名，也见过几次，但是都没有交谈。在邮轮上，颜雅清和胡蝶算是第一次真正相识。一见面，颜雅清就对胡蝶说：你可是明星啊。胡蝶自然少不了谦虚一下，"哪里啊。"颜雅清说，你的电影我看过，你们八大女明星在《电声》上的风采，上海的大街小巷几乎无人不知了。那可是当时影刊的最高纪录啊。

2月27日，北方号航行到海参崴。码头上有海关人员上船查验，乘客们需将所携带的金银饰物等贵重的东西一一登记清楚，领得凭证，以备日后出境时查核。如果没有此证，海关可以将东西没收，倘所带出的东西超过入境时所登记的数目，也一样的要没收。海关官员平时对于入境的检查极为严格，对他们一行却相当优待，稍微看看便通过。来码头欢迎的有苏联对外文化协会由莫斯科派来的专员，与海参崴地方当局及中国领事馆所派的人员。到领事馆中稍事休息，权领事招待殷殷，厚意可感。然后入住砌留斯金旅馆。旅馆规模宏伟，华丽的吊灯，大理石的圆柱，很具古典美术的风味。可因为年代久远，都染上了陈旧的色彩。房间也很宽敞，但在床褥上居然有臭虫。砌留斯金旅馆的侍应生男女都有，服装也很整洁。晚餐的时候还有音乐师奏乐。这里的房钱是不包括膳费的，吃饭得另外付钱。东西也很不便宜，食物也不可口，一只烧鸡就是两元美金，晚饭后，胡蝶和颜雅清到外面闲逛，刘慧琴整理的《胡蝶回忆录》误写成颜雅清为颜惠庆的女公子，其实胡蝶本人没有误解，不知道是整理者还是排印时出的错。路上白雪泞滑，商店都关上了门，后来问人，才知道商店每日下午六时后便家家休息，不再做生意。这里的商店，美金、卢布都通用，做生意的态度都不滑头，也不见得有多客气。海参崴的交通工具主要是有轨电车和马车、汽车。汽车很少，车身很旧。出租车价钱非常贵，短短一段路程也要两元美金。电车是最大众化的工具，电车上挤满了人，车少人多，常见许多乘客手拉车窗，身子却挂在车外。

这里最使人感到不便的是水。洁净清水得用钱买。自来水管并不是通到外面自来水公司的管子的。要自己把水买回来，盛在槽里，然后龙头才把水放出来。洗浴都非常不便。苏联和欧洲各国用的洗脸池，当中部没有橡皮塞子，他们都习惯用手接着龙头流出来的水，然后浇洗面部，和中国人先盛好一盆水然后用毛巾洗用的习惯有点两样。女士们洗面的时候便只好用手帕来代替龙头了。娱乐的地方是影戏院及跳舞场都有，但因在海参崴只停留三天，大半时间都在应酬中过去，所以也没有去。进入苏联境内的第一程就这样匆匆过去了。[1]

他们有些许失望。颜雅清和同伴们看到的是一个衰败而破落的城镇，让他们兴奋的期待有点扫兴，因为在那时候的中国人眼中，海参崴应该是令人向往的地方。好在他们受到了当地热情的欢迎。这样的热情款待，在他们向苏联的核心行进的剩余路途中，还发生过很多次。

在去莫斯科之前，颜雅清和伯父已经开始了很多外交行动，到哈巴罗夫斯克和赤塔这些西伯利亚的城市与官方领事打交道。两天后，其他人也坐火车赶上了他们。之后他们艰难地坐上了跨西伯利亚快线，开始漫长的穿越冰天雪地的乡间到国家首都的旅行。

3月3日下午六时，颜雅清和其他人乘特别快车启程去莫斯科，车中每日三餐，一般还可以。颜雅清和胡蝶同住一房，沿途经停的车站很多。那时候胡蝶已经在1933年成为电影皇后，上海乃至全国几乎无人不知，无人不晓。

---

[1] 参见胡蝶口述，刘慧琴整理《胡蝶回忆录》，文化艺术出版社，1988年，第85—89页。

在一路的同行中，颜雅清和胡蝶几乎无话不谈。胡蝶告诉颜雅清，自己为这次出行，可是费尽了心思呢。

胡蝶说：这次出来，全是戈公振先生帮忙，又有周剑云先生一起去。但是真到出行以前，担心起来。第一次出国，该注意些什么事情呢？恐怕是礼节最要紧，可不能失礼啊！我们是礼仪之邦，可是我们的礼仪与庶联[1]的不一样啊。

颜雅清说：那当然了。苏联属于西方的礼仪。

胡蝶说：所以我在上海的时候，一边忙着拍《夜来香》的工作，一边又得抽出时间学习西方礼仪。"我请了一位英国太太每天来教我一个小时，讲述西方的各种礼节。诸如使用刀叉的次序是由外到里，调和牛奶和糖的小匙用完要放在杯子旁边。"[2]

颜雅清说：自己在中西女塾课程的学习，包括了西方礼仪，还有刺绣和烹饪的实践课。我们安排很多时间学习并且实践西方的礼仪。使用刀叉，应是右手持刀，左手拿叉，将食品切成小块，然后用刀叉送进口内。欧洲人一般使用刀叉时不换手，一直用左手持叉，将食品送进口内。美国人则是切好后，把刀放下，右手持叉将食品送进口中。但不管何时，刀是毫不能送物进口的。西餐的宴会，主人都会安排男女相邻而坐，讲究"女士优先"的西方名流，会表现出对女士的周到。

胡蝶说，那位英国太太还说：上楼梯时，身体自然向上挺直，胸要微挺，头肩平正，臂部要收，膝要弯曲，整个身体的重心要一起移动；下楼时最好走到楼梯前先停一停，片刻扫视楼梯后，运用感觉来掌握行的快慢高低，沿梯而下。下楼梯不要看脚。上楼时，女士在前，男士在后；长者在前，幼者在后，此以示尊重也。

颜雅清说：太太说得很仔细啊。

胡蝶说：我特别记得的是，她知道我有洁癖，一再嘱咐我，西方男士为表示尊敬与礼貌，会吻你的手，如你手上沾有口水，也要等过后再去抹。幸好有她的教导，要不然我可真要失礼了。到了海参崴，下船以后，当地显要来迎接，经过男士亲吻的手背，免不了还真沾上

---

[1] 戈公振的叫法，就是苏联。

[2] 参见胡蝶口述，刘慧琴整理《胡蝶回忆录》，文化艺术出版社，1988年，第83页。

了口水，海参崴那么冷，我也只好任由它自己结成薄冰片，直到我找机会将它抹去。东西方礼节各不相同，但入乡就当随俗了。

颜雅清说：将来你们如果去意大利，吃意大利面的时候，可更有难度了。要用叉子慢慢地卷起面条，每次卷四五根最方便。也可以用调羹和叉子一起吃，调羹可以帮助叉子控制滑溜溜的面条。不能直接用嘴吸，不然容易把汁溅得到处都是。

吃西餐时，刀叉的摆放也是有含义的，用餐的意愿均可通过刀叉的摆放来传达：

尚未用完餐，盘子没空，如你还想继续用餐，把刀叉分开放，大约呈三角形，那么服务员就不会把你的盘收走。

已经用完餐，可以将刀叉平行，放在餐盘的同一侧。这时，即便你盘里还有东西，服务员也会明白你已经用完餐了，会在适当时候把盘子收走。

如果想让侍者再给添加饭菜，盘子已空，但你还想用餐，就把刀叉分开放，大约呈八字形，那么服务员会再给你添加饭菜。千万留意：只有在准许添加饭菜的宴会上，或在食用有可能添加的那道菜时才合用。假如每道菜只有一盘的话，你没有必要把餐具放成这个样子。

一路上，两个人不断地交谈。车开得不是很快。大小站几乎都停。大站约停十余分钟，小站只停五六分钟，到了重要的有领事馆的站，颜惠庆总下车去看，大多数是颜雅清陪同。在将抵莫斯科时，胡蝶在赤塔下车和领事拍了一个照。那里冷得出奇，站了不一会，手脚都僵痛起来，好像寒刀向身上耳上手上插下来一样。车中无聊，大家有时玩玩桥牌，多数时候也只是闲谈。在胡蝶看来，颜惠庆的外表看来很威严，但其实是一个很和善的长者，有他在时，气氛常会变得轻松愉快起来，因为他时时有说有笑。他作驻外使节多年，见闻广博，也给她们增加了不少知识。

3月12日，火车驶入莫斯科的雅罗斯拉维斯基车站，中国驻莫斯科大使馆参赞吴南如，已经在那儿等待迎接他们了。吴南如是颜惠庆的老部下，是颜惠庆一手把他提拔起来的。吴南如（1898—1975），字炳文，江苏宜兴人。1920年，吴南如北洋大学法科毕业。1921年，与林白水、胡政之等人创办《新社会日报》。当时山东问题成为全世界更是中国关注的热点。吴南如撰写了很多社论，认为中国应该与日本进行直接交涉，要是交涉不成，再提交国际会议也不迟。此论一出，时人侧目，也引起时任外交部长颜惠庆的注意。颜惠庆借胡政之拜访之际打听到吴南如，胡政之就介绍颜惠庆和吴南如会面，颜惠庆和吴南如双方自此结识。1921年底，美国倡导召开华盛顿会议，北京政府针对巴黎和会中国外交失败的前例，决定全力一搏。颜惠庆负责筹备、组织中国代表团，并提出要多用新人的主张，吴南如以咨议的名义出席华府会议，由此进入外交界，后来成为颜惠庆外交工作的有力助手。

吴参赞不是一个人在那儿。中国代表团下火车的时候，他极力往前迎接，因为他被一大群急切的苏联媒体代表们围住。他们激动兴奋的对象既不是颜大使，也不是他年轻的侄女，而是著名演员梅兰芳。梅先生作为京剧艺术杰出人物的名声已经先于他本人到达莫斯科，民众们都急切地想更多地了解他。

胡蝶回忆说：3月12日晨八时，车抵莫斯科。车站上挤满了许多人。来欢迎的有苏联外交人民委员会东方司副司长鲍乐卫、苏联对外文化办会艺术部主任契尔年斯基、东方部主任林迪夫人、苏联作家特尔塔柯夫及中国驻苏大使代办吴南如及苏联驻华大使代表奥山荫，此外就是许多拿着摄影机和照相机的记者。

中国最著名的艺术家梅兰芳在苏联受到了热切的关注，中国代表团对此大为满意，梅兰芳之外，赴苏剧团成员还有张彭春、余上沅、翟关亮、吴邦本、李斐叔、姚玉英（旦角）、杨盛春（小生）、朱桂芳（武旦）、王少亭（老生）、刘连荣（花脸）、吴玉玲（武生）、郭建英、徐兰元（琴师）、霍文元（弦子）、马贵明（吹笛）、罗文田（大锣）、唐锡光（小锣）、何斌奎（打鼓）、孙慧亭（月琴）、崔永魁、韩佩亭（后台管箱）、雷俊、刘德钧。颜雅清和伯父乘坐中国大使的专用车前往公使馆区，出人意料的，这辆车格外普通。一位1935年初到莫斯科旅游的游客，描述了这辆车驶过莫斯科街道的情景：大批死气沉沉的，不苟言笑，穿着不讲究的迎接群众，兴趣乏然地走在街道上。天气、街道，以及人们，都是一副无尽的阴沉，压抑模样。

午饭后，胡蝶她们到旅馆稍事休息，五时赴大使馆茶叙，茶叙吃的是中国点心、炒面、包子、饺子，这些在中国极为寻常的食物，此时入口却觉甘美无比，想是十多天的外国菜吃多了，此时此地，更觉家乡的饭菜可口了。大使馆也为代表团订好了当晚的娱乐节目。晚饭后，即赴国家第一艺术剧院观剧。剧场宏大非常，设备华丽，一派贵族气味，是晚座无虚席，据说每晚如此。剧场共分六层，观众大多数是平民。场内虽有几千观众，但秩序很好，开演时肃静无声，和中国的剧院完全不同，场内不准吸烟。场间休息时，可以到休息室休息或吸烟，等剧开始后再鱼贯入场，后来到欧洲其他国家均如此，同行的代表看后颇多感触，单是在剧场秩序方面，可供借鉴之处也实在不少。当晚上演的剧目叫《巴黎之火》，是一出舞剧。剧情是述法国革命的。伴奏音乐的变化及演员的舞蹈表情表达出全部剧情。

颜雅清对于苏联首都的第一印象可谓糟糕，直到看到了她在苏联的家——中国大使馆之后，她才高兴了起来。中国大使馆的构造令人印象深刻。著名社会学家陈达介绍，中国驻俄使馆原来是向俄国人租来的13间房子，每一房子为一个机关所用。[1]到颜惠庆回国述职的时候，使馆代办夏维崧进行了维修。"大使馆馆址，修理完工，焕然一新。所有红木桌椅、宫式挂灯、字画像片，或系国内运来，西式家具，则购自柏林。布置得法，堂皇富丽，极壮观瞻。"[2]

这座宽敞的建筑原来是俄国一个贵族成员的，苏联十月革命爆发以后，他逃到了西方。大使馆坐落于一个优雅的街道，街道两旁都是树，它近期刚被整修过，恢复了它原来的壮丽景象。为了显示中国的文化，中国的大使馆内部采用了高品质的中国风格的装潢——长毛绒的地毯，瓷器，灯笼和红木的家具——有好几间房间可以作为大批游客参观娱乐的理想场所。尤其是，有一个大厅，厅内除布置戏台和留出乐池以外，可以容纳一百六十人的大厅，看过那个大厅后，颜雅清和伯父认为这个大厅是呈现中国戏剧表演的理想场所，他们在这里搭建了一个舞台以供演出。

1935年3月19日5时，正好是颜雅清到达苏联首都的一周之后，演出的那天终于到来了，颜雅清也开始了做为中国大使馆的女主人的生活。在伯父陪同下，她热情迎接了她尊贵的客人——外交工作团的成员们，俄罗斯著名的作家们、剧作家们、电影导演们、出版界的人士和身着华丽服装的各种各样的国外艺术家。他们都聚集在中国大使

---

[1]　陈达：《浪迹十年》，商务印书馆，1946年，第126页。

[2]　《颜惠庆自传》，姚崧龄译，传记文学出版社，1973年，第202页。

1935年3月24日颜雅清陪同胡蝶参观莫斯科摄影场

馆，来观看梅兰芳的艺术表演。颜雅清招待他们喝下午茶，然后她和伯父带着他们去大厅参观戏剧表演的场所。当那些客人第一眼看到那些雕刻精致的家具和装饰舞台用的刺绣丝绸帷帐时，都赞叹连连。但是，如果和梅兰芳的戏剧表演相比的话，这些东西根本都不值一提。[1]

　　胡蝶记录当晚的演出说：大使馆和我们初次招待外宾大概是在19号晚，地点当然是在大使馆。在莫斯科的许多大使馆中，我觉得最宏丽的还是中国大使馆。大使馆的会堂很大，能容三百多人。那晚招待外宾除苏联艺术界人物外，还有各国的使官，所以到会的人也就不少。在莫斯科的许多酬酢多半大同小异。给我印象最深的，还是波斯大使邀宴的一次。有一天适逢波斯国庆大典，当晚便在波斯大使馆中邀请外宾大开宴会和跳舞。当晚还有波斯大使的两位女公子跳波斯舞，以娱来宾，甚为可观。关于我国京戏的男扮女装，有一次有一位外宾曾问颜大使说："我不明白贵国做戏为什么不像各国的歌剧一样，以男做男，以女做女，而要以男扮女呢？"其实莎士比亚的时

[1]　参见帕蒂·哥莉《飞天名媛》，张朝霞译，花城出版社，2012年，第27—28页。

候，英国也是男扮女装演戏的。颜大使毕竟是外交人才，他立即对问者说："这并不算稀奇的。男子的才能往往比女子优越是我们常见的事。比如说裁缝做衣服本来是女子应该做的事，然而一般巧手的裁缝匠还是男人。烹饪是女子的事，可是有名的厨子还是男人。可见无论女子做什么，总不如男人做得那么好。男扮女装也不过用同样的道理罢了。颜大使说完，随即又回过来对我们说：这话你们听来一定很不高兴了。说完，彼此又笑了一回。[1]

在普通的中国人看来，当时的莫斯科红场真是一个最好的象征。尤令人们起无穷感慨的，是无间晴雨，常有千百人，排列在列宁墓前，像长蛇似的，预备进去参谒。而近在咫尺的圣巴锡耳教堂，却风雨剥蚀，门前冷落车马稀，设若里面没有反宗教展览，将不能知道此建筑的如何雕绘精工。[2]

而在颜雅清和胡蝶看来，参观各个地方，最有趣的要算是反宗教博物院了。苏联自革命以来，以人类应信赖自己、建设自己为口号，否认一切宗教的存在，认为凡带有神道色彩的宗教都是愚妄无稽的，所以他们要打倒一切宗教。就昔日帝俄时代原有的许多教堂，现在都给他们改造成别的场所。反宗教博物院就是把各种有宗教色彩的东西陈列在院内，并指出它的无稽。其中上至儒释道及各原始民族所奉拜的各种偶像，上下中外古今，无不应有尽有，我国的佛像和佛经等，也在其列。其中最有意思的要算有两具木乃伊。据说这两具木乃伊在生前的时候，曾经被神父们指为活神仙，以为愚众敛财的，可是今日这两具木乃伊却默然地躺在这里，这证明所谓活神仙，也不过和常人一样，有生有死，并无神奇之处。[3]

胡蝶是无神论者，而颜雅清有基督教背景。或者她们同样参观了这所博物馆，但是感觉是不可能一样的。

颜雅清伯父颜惠庆的日记和戈公振的著作中，都详细记录了这次莫斯科之行和在莫斯科的信息。其中大多数颜惠庆出席的活动，都有颜雅清的陪同，所以这里摘录如下：

---

[1]　见胡蝶口述，刘慧琴整理：《胡蝶回忆录》，文化艺术出版社，1988年，第85—100页。

[2]　戈公振：《从东北到庶联》，湖南人民出版社，1984年，第69页。

[3]　胡蝶口述，刘慧琴整理：《胡蝶回忆录》，文化艺术出版社，1988年，第107—108页。

颜雅清穿着张倩英设计的服装（来自帕蒂·哥莉《飞天名媛》）

1935年2月16日，颜惠庆从南京述职以后回到上海。火车误点半小时。颜福庆、颜雅清等前来上海车站迎接。在苏联总领事馆参加午宴，遇见梅兰芳、冯以及上海一些通常出头露面的代表。[1]

2月23日，船驶入日本海。晚上和梅兰芳、胡蝶小姐玩牌。2月25日，迷雾使人深感烦恼，讨厌的汽笛声，竟使人无法入睡。2月26日，船主设宴招待，由梅氏剧团奏乐助兴。和张彭春谈了去伦敦参加展览会事。2月27日上午11时到达，前来迎接的有当地政府、外交部代表、总领事和副领事等人。驻海参崴总领事馆权世恩总领事，设午宴招待。

3月3日，在月台上拍照留念。下午3时30分出发。德门托夫夫人和沃格斯基等人与颜惠庆他们同车。颜雅清和胡蝶小姐在一起。车上伙食可口。3月5日，火车误点5小时。3月6日上午9时到达，再次受到当地政府和领事馆人员的欢迎。下午5时回访。晚上出席宴会，和女士们在一起，大家十分愉快。3月7日，参观新建面粉厂、一所中学和孤儿院；在领事馆午餐；下午开始整理行装。[2]3月14日，打开行装。去马利基思洛夫斯基。苏联对外文化协会人员设午宴招待颜惠庆和梅兰芳、胡蝶、鲍格莫洛夫等人。大家高谈阔论后观看电影《夏伯阳》（描写在西伯利亚进行革命斗争的故事）。使馆人员、陈丕士等设宴招待（共30人），胡小姐唱歌，陈丕士夫人表演舞蹈，梅兰芳清唱京剧。颜惠庆亦起立致词，谓："在今天的盛筵上，我仿佛是个配角，所以少说几句话。我很同意，增进两国的友谊，当先以文化为基础，而继以经济和政治上的合作。现在梅博士已到贵国来表演，语云'来

---

[1] 《颜惠庆日记》，上海市档案馆译，中国档案出版社，1996年，第872页。
[2] 同上，第878页。

而不往，非礼也'。"[1]3月16日，准备为梅兰芳举行茶话会。搭建戏台有困难。致电部里、蒋和宋子文，报告与李维诺夫进行的会谈。为音乐厅招待会和晚宴准备来宾名单。3月18日，买了几只青铜花瓶。开始搭建舞台，搭得又快又好。当日，在使馆的大会客厅中，搭了一座戏台，以供梅氏表演之用。雅清第一次以使馆女主人的身份招待，来宾进茶点后，即至会客厅中观剧。杨盛春先表演《盗丹》一剧，梅兰芳则与刘连荣合演《刺虎》一剧，梅兰芳饰演"费宫人"，服装华丽，剧情动人，音乐别致，表演真挚动人，掌声历数分钟不断。剧完后，又有音乐跳舞等为余兴。出席茶话会的人很多，有250人。梅兰芳受到热诚接待。李维诺夫和克雷斯廷斯基代表苏联方面。在座的有很多艺术家。剧团全体[2]人员也参加了。3月20日，晚上设宴招待梅兰芳等人，由韦君雇用的厨师一显身手。3月22日，设午宴招待胡蝶小姐和西尔维亚·陈（Sylvia Chen）等人。报界等人士观看了梅兰芳的排演，人头攒动。外交部仍渴望在国联行政院获得一个永久的席位。3月23日，梅兰芳举行第一场演出，来宾很多，其中有戈隆泰夫人、意大利、立陶宛、捷克和土耳其等国的使节，还有阿罗塞夫等。颜惠庆演说，解释忠孝节义。他说：中国戏剧的特色，就在提倡忠孝节义，所以了解这四种要义，就可以明了中国戏剧所表现的剧情了。第一出是梅氏本人与王少亭合演的《汾河湾》。演前，先由一俄人用俄文将剧情解释一番，以期观众了解。第二出是刘连荣、杨盛春、吴玉玲、郭建英等人合演的《嫁妹》，第三出是梅氏的《剑舞》，第四出是朱桂芳、吴玉玲及王少亭合演的《青石山》，最后一剧，就是梅氏与刘连荣合演的《刺虎》。此剧最受观众的欢迎。[3]

3月24日，梅兰芳举行第二场演出，法国、瑞典和丹麦等国的使节前来观看，还有鲍格莫洛夫、奥查宁、泰洛夫和杜南夫人。[4]3月25日，晚上梅兰芳举行第三场演出，观看的有德国、奥地利和英国的使节以及林德夫妇等人。3月26日，打电报给外交部，报告从各国使节处听到的消息。晚上梅兰芳举行第四场演出，出席的有克雷斯廷斯基、伊果洛夫、比马内斯、塔费尔。3月27日是梅兰芳的第五场演

---

[1] 戈公振《从东北到庶联》，湖南人民出版社1984年，第220页。

[2] 《颜惠庆日记》，上海市档案馆译，中国档案出版社，1996年，第880页。

[3] 戈公振：《从东北到庶联》，湖南人民出版社，1984年，第227页。

[4] 《颜惠庆日记》，上海市档案馆译，中国档案出版社，1996年，第881页。

第105期《良友》画报所刊颜雅清聆听梅兰芳讲演

出，邀请了希腊、保加利亚和波斯等国的使节。斯泰格尔在演出要开始时顺便前来观看。3月28日，梅兰芳的第六场演出，邀请了挪威、日本和乌拉圭等国的使节人员。李维诺夫举行招待会。3月31日，举行了诞辰宴会。梅兰芳剧团一行带来了礼物。他们将动身去列宁格勒。4月1日，给韦、毛等人分派了工作。驱车去跑马场。[1]4月2日，买了一些法文书籍。和胡蝶、周君夫妇聚会，一起玩桥牌。伦敦、巴黎、柏林的报纸均以显著位置刊登有关艾登访问的报道。4月3日，据耿报告，梅兰芳在列宁格勒的演出已获得成功。

4月13日，设午宴招待土耳其大使、瑞典公使等。早晨梅兰芳来访。借800美元给影界人员。晚上玩牌。夜，梅兰芳在莫斯科大剧院举行告别演出，演出的节目是从梅剧团在苏联演出最成功的节目中挑选出来的，有梅兰芳和王少亭合演的《打渔杀家》和朱桂芳合演的《虹霓关》，以及杨盛春的《盗丹》。《打渔杀家》尤其受苏联观众的欢迎，因为剧情蕴含打倒权威的革命意义。这场演出，盛况空前，包括高尔基在内的苏联文艺界知名人士几乎都到场了。梅兰芳后来回忆当时的情景说，他看到二楼有一个包厢灯光较暗，不易让人看出是哪位苏联领导人前来观剧，他揣测可能是斯大林。据美国《纽约先驱论坛报》当年4月21日刊载该报驻莫斯科记者头回的报道，斯大林和苏共中央政治局大多数委员，都出席观看了这场演出。

在莫斯科期间，任职4年的使馆代办吴南如和夫人都精通俄语，

　　[1]　《颜惠庆日记》，上海市档案馆译，中国档案出版社，1996年，第883页。

颜雅清也很快精通了俄语，而且可以熟练地用俄国人的语调和俄国人对谈。有了语言的便利，颜雅清甚至得到斯大林的接见，并且与他交谈。

4月14日，驱车至"银林"（Silver Forest），"所见苍松翠柏、枝叶积雪，可称世间仅有奇观，美丽清绝，入目难忘"。[1]在波兰大使馆参加宴会。梅兰芳设晚宴，颜惠庆和李维诺夫夫人、克雷格先生坐在一起。晚宴[2]一直继续到凌晨3时才散。4月15日，设午宴招待苏联对外文化协会人士和拉迪克。张医生和梅兰芳一行离开莫斯科。胡蝶小姐亦离开莫斯科。晚上玩牌。4月18日，完成了关于梅兰芳苏联之行的报告。很多人外出欢度复活节。颜惠庆和布朗、路德温和克沃尔（Kvoll）夫人驱车前往列宁格勒大街，并参观了博物馆（一座古老的私人宅第）。[3]4月20日，设午宴招待梅兰芳，他于当天晚上离开莫斯科。4月30日，胡蝶小姐来访，她准备离开苏联去美国。5月2日，雅清患消化不良症。5月4日，审阅了4月份的账目。给雅清发了2个月的薪俸。6月17日，打电报给郭，要求他提供有关英国的情报。和乌尼霍乌夫人去参观格勃林圣母院、托尔斯泰纪念馆和公园。出席吴（吴南如）在家里为雅清等人举行的宴会。他将于晚上10时45分离开莫斯科。

在莫斯科期间，由于颜惠庆的关系，颜雅清也参加一些美国使馆的活动。颜惠庆1934年在巴黎与美国新任驻苏大使蒲立德（William Bullite）相遇，晤谈甚欢。罗斯福总统特任其亲信的青年干员蒲立德任首届驻苏大使，殊感得意。1935年返回莫斯科之后，他们互相邀请参加对方的很多活动。颜惠庆愿意看电影，颜雅清也有机会在莫斯科观看一些美国大片，包括好莱坞的一些电影。

[1]　《颜惠庆自传》，姚崧龄译，传记文学出版社，1973年，第207页。
[2]　《颜惠庆日记》，上海市档案馆译，中国档案出版社，1996年，第886页。
[3]　同上，第887页。

3. 参与国际联盟的活动

　　从帕蒂·哥莉的《飞天名媛》和中华民国外交部文件，我们得以知道：1935年6月中旬，伯父颜惠庆给当时的外交部提供了一份名单，从此颜雅清成为中华民国外交部的正式官员，不再是侍应生了。

　　颜雅清出任外交官正式官员的一次重大活动，就是参加国际联盟的会议。

　　1935年6月17日，颜惠庆的好朋友吴南如为颜雅清庆祝，同时也

颜雅清（右二）和伯父颜惠庆（左二）在瑞士日内瓦湖畔（取自钱益民、颜志渊《颜福庆传》）

为她饯行，她即将去日内瓦参加国际联盟的会议。8月份颜惠庆接到南京外交部的指令，命令他参加第十六次国际联盟行政院会议，会期从9月9日延续到10月11日，国际联盟行政院会议是1919年首次在日内瓦召开的，中国始终是参与者。8月24日在伯父到达以前，颜雅清先期到达日内瓦。颜惠庆到日内瓦的时候，颜雅清到车站迎接。颜惠庆看到侄女非常快乐，而且风采照人，心中非常高兴。

据《颜惠庆自传》，颜惠庆认为这次大会十分重要，因列强以往对日本侵华，以为鞭长莫及；这次意阿冲突，虽在非洲，却距欧洲较近，且牵及欧洲利益甚大。由此大会可分析欧洲列强的外交阵线，对于国联的原则，是否热诚拥护，或袖手旁观。过去国联大会举行辩论时，许多会员国代表，都争先发言，中国向例轮到第十。这次出乎意外，英国代表发言之后，即轮到颜惠庆。英国代表发言，态度严肃，辞句坚定。颜惠庆发言的辞旨，指出阿尔巴尼亚所遭遇，无非"满洲事件"的重演，实为国联会员国对于上次中日争执，缺乏能力与意志，不克依盟约膺惩侵略的必然结果，希望大会此次不可再犯错误，应立即采取有效的断然处置。不料法国代表演说，令人不知所云。实以意大利是欧洲强国，较日本尤不可随便开罪。第二日起，意阿争端之解决，已注定将步中日交涉后尘。

1920年1月国际联盟成立以来，中国当时的政府一直支持其工作，而且顾维钧还是其盟约的起草人之一。中国的早期参与，一个最伟大的成功，是中文借此进入国际社会。1929年中国代表蒋作宾破例在会议上使用中文和英文发言，打破了以前国联只使用英语的惯例，为中文进入国联，和后来成为联合国的工作语言打下了基础。中国开始对国联抱有很高的期望，国内还成立了以朱家骅为会长的"中国国联同志会"，发表了宣言。进步人士邹韬奋全力支持"中国国联同志会"所发表的宣言，因为该宣言首先指出"对于国际和平机构及保障国际和平之公约，尽力维护，并充实其权威"，是中国《抗战建国纲领》所定的外交原则之一。[1]但是国联标榜"促进国际合作、维持国际和平与安全"，"缩减军备"和"解决国际争端"等等，却并没有真正起到集体安全，以至于有人说国际联盟是"精神恋爱"的，是

[1] 邹韬奋：《本届国联行政院会议》，汉口《抗战》三日刊第70号，1938年5月9日，署名韬奋。

"太上政府"，不能阻止日本侵略中国。[1]

国联的办公地点在万国宫。万国宫是瑞士日内瓦的著名建筑，位于日内瓦东北郊的日内瓦湖畔，与巍峨的阿尔卑斯山遥遥相望。周围绿树环抱，环境幽美。万国宫又名国联大厦，是联合国的前身"国际联盟"的总部所在地。万国宫由4座宏伟的建筑群组成，中央是大会厅，北侧是图书馆和新楼，南侧是理事会厅，连同花园、庭院，总占地面积为2.5平方公里。日内瓦古斯塔夫家族将阿丽亚娜庄园捐献给国联，1929年在庄园上奠基，1931年开工，中国政府1935年赠送给国联一座景泰蓝花瓶、一套丝绣组画和一套长沙刺绣组画。1936年国际联盟秘书处搬入开始办公，但是1937年才正式完工。

帕蒂·哥莉给我们提供了一份中国代表参加这次大会的名单。出席1935年国际联盟大会的中国代表有：颜惠庆博士阁下，驻莫斯科大使；郭泰祺阁下，驻伦敦大使；V.Hoo Chi-tsai博士阁下，驻伯尔尼总领事；秘书长胡世泽博士阁下；候补：M.T.Y.Lo阁下；M.Wunsz King阁下；Tsien Tai博士阁下；助理代表：M.Liang Lone；M.Hsiao Chi-Yung；M.Wu Nan-Ju；专家：K.S.Weigh 博士；M.Tan Pao-Shen；M.Lieu Chieh；M.Chen Ting；M.Lou Che-Ngan；M.Pao Hua-Kuo；颜雅清女士；M.Fang Paochung；M.Yu Kien-wen；M.H.C.Sung；M.Hsieh Ching-Kien；M.Yen Youngson；M.Woo Kwang-han；M.C.Y.Cheng；M.F.C.Tien；M.Tsao Kou-pin。国际联盟大会，纪录索引（日内瓦，1935年）。[2]

国际联盟第16届大会于1935年9月9日在日内瓦开幕，举行3周。9月9日，颜惠庆以中方首席代表身份出席国联全体大会，各大国在处理意大利出兵侵占埃塞俄比亚问题上的自保与绥靖，令颜惠庆对国联外交彻底失望。但是中国政府只是一个普通会员国，不是常任理事国，连准常任理事国都不是。这让出席会议的中国代表非常为难。11日上午，伯父颜惠庆作为中国政府首席代表发言，指出国际联盟如果不改弦易辙，"未能维持普遍的集体安全，以致世界，尤其欧洲各国，皆互相另筑局部的集体安全，以为替代"。"夫国联之所以为国联，即在此国际性及普遍性，国联过去之失败，不在无法，而在

---

[1] 胡愈之：《国际联盟的性质和组织》，《世界知识》1934年第1期，第28页。

[2] 参见帕蒂·哥莉《飞天名媛》，张朝霞译，花城出版社，2012年，第43页注释。

无勇"。[1]发展下去，维护国际和平的责任无法尽到。那时候也是弱国无外交，而伯父能够义正词严阐述中国立场，着实让颜雅清感到振奋。16日下午选举行政院非常任理事，波兰、罗马尼亚和赤道国都入选，而中国落选。颜雅清感到非常气愤。18日晚间，胡世泽代表中国政府发表广播演说，阐明中国要求在国联获得半常任理事国的理由。[2]《外交评论》1935第4期发表《颜惠庆代表在国联第十六届大会中之演词》，编者按语说：9月11日颜惠庆在国联大会发言，措辞稳重，颇为得体。

1935年国际联盟第十六届常任理事会第一次会议由荷兰的林堡（M.J.Limburg）主持，参加这次会议的中国代表团成员有郭泰祺，梁龙；Liu Chieh；颜雅清。[3]

1935年9月9日，颜雅清作为中国代表第一次出席日内瓦国际联盟妇女会议。[4]她在瑞士日内瓦国际联盟第一委员会讲演，谈中国妇女的情况。很多国家的代表穿着自己民族的服装。当时颜雅清的名字是陈颜夫人，在当时的代表团中为代表们熟知，而她的身份则是专家，还是中国代表团中惟一的女性。她被要求陈述自己的观点。

9月19日，颜雅清参加由荷兰代表林堡担任主席的第一委员会（宪法法律问题）第五次会议，主题是讨论妇女的国民性问题。她作了主体发言。她的目的在于把中国女性的权利问题明确地表达出来。她指出，中国是最古老也是最保守的国家，她在言辞优雅的长篇发言中，尽力指出中国的保守主义并不被完全认识。

她陈述说，男女的平等，包括权利平等、女性合理的财产继承权、在离婚方面享有同等的自由权利，还有同工同酬的原则。而这些在西方也没有相应的法律上的保证，让女性的权利得以完全实现。颜雅清高兴地看到，"男女平等的思想正在全世界范围内真正觉醒"。"妇女终将获得她们作为一个人、作为其子女监护人所应有的权利"。但是她也痛彻地指出，"在许多标榜自由民主的欧美国家，那里的妇女法律地位低下，或根本没有法律地位"。[5]西方的男性享有

[1] 大炎：《国际联盟第十六届大会开幕》，《外交评论》1935年第3期，第196页。
[2] 同上，第203页。
[3] 国际联盟大会，第一次会议会议记录（日内瓦），1935年，第6页。
[4] 上海医科大学档案馆藏历史档案，LS2—600，第57页。
[5] 帕蒂·哥莉：《飞天名媛》，张朝霞译，花城出版社，2012年，第39页。

的权利也是大于女性，希望在西方让女性在法律上享有自己的权利。

她呼吁，给全世界女性一个机会，就会看到一个好前景，而目前是全世界最糟糕的阶段。她非常自豪地指出"世界不乏斗士，而妇女也许就是有效的和平缔造者。有了公平的机会，构成世界一半人口的妇女就有可能帮助改进当前的态势，帮助达成国联确立的和平与集体安全的目标"。[1]

她在中国历史上第一次把妇女作为半边天来看待，"让全世界妇女享有半边天，世界会变得更加美好"，"应该马上行动起来，改变目前糟糕的状况"。[2]可惜，颜雅清有关的言论在日内瓦只有少数几个中国人听到，而她的发言又被尘封在国联的历史档案了，国内很少有人会知道。倒是毛泽东的半边天言论，在大陆家喻户晓。据查，虽然毛泽东很早就主张男女平等，但是最早使用半边天是在1949年6月，他第一次见到女摄影师侯波时说："女同志，半边天，你站中间。"1953年，山西省平顺县西沟村申纪兰因争取男女同工同酬而知名，毛泽东接见时，握着她的手说："很好，你是农村妇女的带头人，妇女是半边天，你这个头带得好。"1968年，毛泽东明确地指出："妇女能顶半边天。"[3]

颜雅清是代表中国政府在大会上发言的。所以她在结束自己发言的时候，代表中国政府说：对抗战提高妇女地位的任何国际行动，"中国将一如既往全力支持。她相信，会议会让更多成员国更多地关注妇女权利问题，敦促与会国尽快达成一项确保妇女法律地位的两性平权公约。"[4]

她的发言在远东新闻界激起很大的反响。1935年9月20日的英文报《香港邮报》，对此进行了报道，题目是《妇女的声音：颜雅清女士日内瓦讲话》。"颜雅清在公开场合就热点难点问题发表演说的出色能力获得一致认可。作为首次出席国联大会并致辞的中国代表，颜雅清那富有见地的发言和独特的个人魅力，给与会代表留下了深刻印象"。[5]

---

[1] 帕蒂·哥莉：《飞天名媛》，张朝霞译，花城出版社，2012年，第390—391页。

[2] 同上，第39页。

[3] http://bbs.tiexue.net/post2_5028580_1.html

[4] 帕蒂·哥莉：《飞天名媛》，张朝霞译，花城出版社，2012年，第391页。

[5] 同上，第39页。

颜雅清在日内瓦国联一炮打响，这也沾了伯父的光。中国有句话：大树底下好乘凉。颜惠庆这棵大树，给颜雅清带来了很大的资源。但是颜雅清绝对不是像现如今的官二代那样的纨绔子弟，无所事事，只是捞好处。颜雅清的实干拼命精神，是令很多男人都汗颜的。

颜雅清在国联发言的消息，很快在国内报纸发表：《颜惠庆侄女发言力争妇女地位》（路透社日内瓦9月19日电）：中国驻俄大使颜惠庆侄女颜女士，今日在此参加女子地位之辩论会时，代表中国发言，谓世界女子，须有发言之机会，庶可使事态改善。因目前事态已恶劣无以复加也。中国新法制，已许男女平等，希望西方男子亦以侠义态度予女子以合法权利，而不逼令女子向男子夺取平等云。[1]没有想到，其中的一句话"中国新法制，已许男女平等"还在当时引起误解，有人嘲讽说："某大使的侄女公子，在日内瓦的'国际妇女协会'的会席上，发表了'中国妇女已和男子完全平等'的妙论！"然后痛加挞伐，说：自然，像某大使的侄女公子那样，有财有势，吃洋饭，住洋房，交的是绅士淑女，见的是上层社会的荣华富贵，由这种的环境，她只能看到眼前的浮泛的一层，看不见它的底下更有一层，它们有的在水上萍飘，有的在火炕里煎熬，有的在机器下做牛做马……[2]

颜雅清在这次会上的发言得到著名法律专家郑毓秀的支持，她们在法律方面充分合作。郑毓秀写过女性平等权利的法律，颜雅清引据的中国政府法律条文，得到郑毓秀的认可，非常高兴。

颜雅清知道，郑毓秀是她的中国名，西名叫苏梅。郑毓秀在天津进入美国教会办的一所中西女塾读书，成为很有名的交际花。15岁就成为廖仲恺发展的同盟会成员。她还是汪精卫刺杀摄政王时候偷运炸药进北京的奇女子。根据廖仲恺的安排，汪精卫的同伴找到郑毓秀，请求她协助炸弹制造专家刘师复的工作，并把造好的炸弹设法运进盘查严格的北京城。1909年2月1日，郑毓秀利用洋人的掩护，将装着炸弹的两个大皮箱，从铁路运往北京，交给汪精卫。汪精卫查勘什刹海旁的一座无名小桥，是摄政王每日进宫的必经要道。他们的行刺计划失败。汪精卫被捕。郑毓秀也被铺。后来郑毓秀被营救出狱，嫁给了辛亥革命后台湾光复时的第一任省长魏道明。后有人曾在飞机上见过她，从上海登上飞

---

[1]　《妇女月报》1935年9月20日，第10期，第31—32页。

[2]　兹九：《从活埋小孤孀说起——1935年11月16日》，《大众生活·创刊号》。

机，郑毓秀就开始梳妆打扮，直到飞机飞到台湾，她还没有打扮完。一个雄赳赳的革命党原来也那么看重脂粉，那么重视容颜，这是女性的特殊之处。1919年1月，战胜国在法国巴黎凡尔赛宫召开"巴黎和会"，中国作为战胜国，派代表出席和会。郑毓秀因精通英、法两语，被任命为巴黎和会中国代表团成员，担任联络和翻译工作。和会期间，郑毓秀一手导演的"玫瑰枝事件"震惊中外。在西方列强操纵的巴黎和会上，相关条约不利于中国，中国外交的失败引发了国内反帝反封建的五四运动。由于国内局势紧张，中国出席巴黎和会的代表团团长、北京政府外交总长陆征祥左右为难，提出辞职又不准，便装病躲进巴黎近郊的圣克卢德医院。就在巴黎和会签字的前一天晚上，6月27日晚上，郑毓秀被推举为代表与陆征祥谈判。而此时，陆征祥已接到北京政府的示意，准备在和约上签字。郑毓秀急中生智，在花园里折了一根玫瑰枝，藏在衣袖里，顶住陆征祥，声色俱厉地说："你要签字，我这支枪可不会放过你。"受到惊吓的陆征祥不敢去凡尔赛宫签字，由此保留了中国政府收回山东的权利。后来，郑毓秀还将这根玫瑰枝带回祖国，在客厅里悬挂多年。1924年，品学兼优的郑毓秀终于取得巴黎大学法学博士学位，郑毓秀创造了好几个第一，民国第一女杀手，协助汪精卫刺杀摄政王载沣；组织刺杀袁世凯；成功刺杀良弼；以《中国宪法趋势》获得法国巴黎大学博士学位，是中国第一个法学女博士，也是后来接替胡适担任驻美大使的魏道明夫人。

通过郑毓秀，颜雅清还得以和李霞卿相识。1929年，郑毓秀安排李霞卿同她的侄子郑白峰结婚，郑白峰当时是国际联盟的秘书。李霞卿随丈夫到日内瓦居住期间，在那里读了飞行课程。郑白峰妹妹郑汉英也学习了飞行。李霞卿以"全优"的成绩毕业于日内瓦科恩梯南（Cointrnan）飞行学校，并取得飞行执照，成为华人女飞行员。1935年她又到美国旧金山宝鹰航空学校进一步深造，以每小时18美元的学费，在教练Jemvers的严格而精深的指导之下，提高了飞行技术。1935年底启程，乘坐"柯立芝总统"号回到中国，1936年3月8日回到上海。[1]到上海之后，李霞卿和颜雅清成为好朋友。

记者这样描述李霞卿："皮肤很细腻，微有几粒雀斑，愈显得秀丽非凡。口像一颗初熟的樱桃，又像一双菱角，瓜子脸儿，弯弯的眉

---

[1] 《中国女飞行家李霞卿抵沪》，《妇女月报》1936年第3期。

毛，身体颀长。"[1]

颜惠庆在莫斯科供职的时候，当时欧洲和国际联盟的很多重要活动，他都要参加。颜雅清往往也随同。1935年9月国际联盟会议之后，颜惠庆在11日大会发言之后，由柏林回莫斯科途中，曾往德国法兰克福参加会议并小游，又特往正在德国曼玄木温泉（Bad Manheim）附近疗养的胡汉民处拜访。第二次往访时，王宠惠适在座。胡汉民病况虽经名医诊治，迄无进步，且神经过弱，不能乘坐任何车辆。在第二次晤聚时，胡汉民且邀颜惠庆与王宠惠一同返国，为国家尽力，在政府共事。当时，日本侵略华北益亟。此时，颜惠庆曾发电报到南京，指责不断迁就让步之不当。但南京认为这不啻打草惊蛇，宁束手就缚。[2]

颜惠庆去德国法兰克福的时候，颜雅清没有陪同。当时她个人的问题已经突出，和陈炳章的婚姻亮起了红灯。主要原因还是因为她固执于社会贡献，为人类服务，认为家庭太牵累。这时候的她，仍然排除个人问题的困扰，参加各项重大的国际活动。10月6日，她和胡世泽一起参加了国际联盟的会议。当时中国在国际联盟的负责人是胡世泽。原任的国际联盟中国代表办事处处长为驻瑞士公使兼任，叫吴凯声。吴凯声因为吃喝嫖赌俱全，把经费折腾完了，欠瑞士银行1万多瑞士法郎，被瑞士追到中国外交部还款，中国外交部才知道，结果吴凯声被免职，胡世泽继任。胡世泽也喜欢娱乐，但是鉴于吴凯声的先例，他不敢多花钱，一次带太太去低级舞厅跳舞，太太被调戏。他和那个人打架，最后不了了之。[3]

胡世泽1894年11月18日出生于美国华盛顿，是当时驻美国公使馆秘书胡惟德十二个孩子中的长子。他出生在美国，有人误以为他是美国公民。其实根据外交规定，即使是生在美国，因他是出生在中国外交使团的领域内，就仍是中国国民，这满足了他的爱国愿望。

胡世泽1931年12月，任驻国际联合会全权代表办事处处长。1932年任国联全权代表办事处处长；同年5月，任驻瑞典代办，加公使衔。1933年5月，任驻瑞士公使。

---

[1] 《女飞行家李霞卿访问记》，《玲珑》1937年第24期。

[2] 吴相湘：《颜惠庆力倡主动外交》，《民国人物列传（下）》，中国大百科全书出版社，2009年，第188页。

[3] 《宋选铨外交回忆录》，传记文学出版社，1977年，第54页。

颜雅清非常了解胡世泽，从伯父那里知道他的不少趣事。胡世泽小时候就到了苏联，精通俄语。胡世泽在法国的时候，有一次颜雅清和伯父颜惠庆去看歌剧，座位后面两位时髦贵妇在用俄语交谈，说我喜欢中国男人，但是前面那位东方人（指胡世泽）可长得真丑。歌剧中间休息时，女士开始拿出卷烟要点，胡世泽彬彬有礼地走到那两位女士前，给她点烟，两脚一并行了个礼，用纯正的俄语说："你们刚才所说的那个东方男人，外表可能不好看，可是他的心是非常纯美的。"两位女士窘得面红耳赤。

颜雅清还经常到欧洲各国参加各种活动和讲演。10月底她陪同颜惠庆到伦敦。在伦敦，颜雅清参加了经济工作会议。在皇家艺术院伯灵顿宫（时称百灵登堂），他们参观了一个展览，叫做"中国艺术世界展览会"，是驻英大使郭泰祺发起的，目的在"睦邻邦交，沟通文化"。中国的艺术品本来分散在世界各国，收集在一起展览，殊属不易。来自中国的展品，包括了铜器、瓷器、书画、木刻、印刷及玉器。其中的很多中国文物，尤其是书画作品，包括北派的赵伯驹、刘松年、马远、南派的董源、巨然、李公麟；米芾的字画，米友仁的泼墨，黄公望的山水，唐寅、董其昌的杰作，清代四王王时敏、王鉴、王翚、王原祁的山水，苏东坡、宋徽宗的书法，还有玉器，其中乾隆庆祝80岁生日的一件碧玉章，约3寸见方，高2寸许，使他们伯侄感叹不止，他们为中国文化而骄傲。[1]

颜惠庆的日记，也多处记录了他和颜雅清在欧洲的活动，但是日记过于简略，无法辨别哪些活动是颜雅清参加的，哪些是颜雅清没有参加的。那是一段鲜为人知的历史。《颜惠庆日记》[2]中就详细记载了从1935年6月27日至1936年4月30日颜惠庆欧洲之行的各种活动，既有国事政事，也有家事琐事。

颜惠庆在日记中提到的这些活动，一般包括颜惠庆和他的随行人员，有时候也包括颜雅清。

---

[1] 参见朱宝贤《中国艺展在伦敦》，《人言周刊》1936年第44期，第878—879页。
[2] 《颜惠庆日记》，上海市档案馆译，中国档案出版社，1996年，第906—988页。

4. "自由之花"展露主持人才华

就在颜雅清在欧洲外交领域展示才能的时候，她的丈夫陈炳章也同样表现出非凡的才能，而且开始在官场飞黄腾达。

1933年孔祥熙接替宋子文任财政部长，此后陈炳章也同样得到重用。1935年9月至次年6月，英国政府派遣的财政顾问李滋罗斯（Frederiek Leith—Ross）在中国进行一系列经济调查，参与国民党政府的重大财政金融事务。1935年9月21日，李滋罗斯及随员罗杰士、巴奇（Patch）抵沪，汪兆铭代表余铭，孔祥熙代表徐堪及全

又一张颜雅清穿着张倩英设计的服装照
（照片来源《巴哈伊世界》）

融界张嘉璈、陈炳章，英驻沪总领事达佛昂等均往欢迎。这一年，商务印书馆在上海出版了《The Chinese Year Book 1935—1936》。这是第一本完全由中国人编写的英文《中国年鉴》。该书内页有孔祥熙题写的"中国年鉴"四字。此外，蔡元培为《中国年鉴》撰写了《前言》。陈炳章以财政部秘书的身份参加撰写其中的《公共财政》部分。1935年12月30日陈炳章出任中央银行经济研究处处长。

颜雅清的儿子陈国伟先生，毕业于美国麻省理工学院，后来成为出色的工程师，担任一家公司的总经理

颜雅清的女儿陈国凤大夫，毕业于北京协和医学院，现在美国促进中西医交流，曾任美国中国针灸协会会长

随伯父颜惠庆在莫斯科工作了近一年之后，颜雅清越来越发现伯父的身体状况不是很好，伯父也提出要在1936年60岁的时候退休。同时颜雅清和陈炳章之间的距离也越来越远，她作为妻子的责任无法完全尽到，所以离婚是不得不进行的事情了。她不断和伯父提出此事。颜惠庆为此非常焦虑。在颜惠庆的思想里，当然有西方的影响，但是也有中国的传统。毕竟，女性主动提出离婚，在当时的中国还不能被舆论所接受。1936年的3月8日，颜惠庆给孔祥熙写了一封信，告诉他，陈炳章和颜雅清的婚姻出现问题，可能要离婚。

1936年3月，颜惠庆因为严重肠胃不适，严重失眠，开始坚辞驻苏大使职，获外交部批准。5月，颜惠庆到德国看病，稍愈，于5月19日在德国乘坐北德轮船公司"香霍斯脱"号启程返国，6月11日晨6点20分（一说7点）[1]，颜惠庆和颜雅清、三等秘书焦湘宗，以及驻莫斯科总领事龚安庆，返抵上海公和祥码头。中国驻挪威瑞典公使王景岐、上海市长吴铁成的代表耿嘉基，父亲颜福庆、叔父颜德庆，表叔曹云祥均到码头迎接，曹云祥其时担任国际问题研究会副会长。路上，颜雅清短不了和表叔聊天，告诉别后一年多的经历。曹云祥则告诉表侄女，大同教出版社出版的几本著作已经发行，其中有英国作家爱斯孟的《大同教对于预言之实践》、《巴海（Bahai）的天启》。当时颜雅清意不在此，好像也没有精力来看这些著作。

[1] 《颜惠庆大使返国》，《苏俄评论》1936年第6期，第6页。

之后，他们乘汽车到叶家花园颜惠庆寓所，颜福庆给兄长检查身体状况，发现主要是劳累过度。《申报》对颜惠庆的这次回沪作了报导，但是不知道为什么颜雅清的名字写成"颜荣生"。[1]到现在我们还不知道颜雅清是否有另外一个名字颜荣生。6月22日，颜惠庆休息之后，身体复原，到南京述职。之后再到青岛疗养。

这样，颜雅清也随之结束了自己在苏联的使命。

颜雅清回到上海，就正式和陈炳章离婚。从此她不再是陈颜夫人了，重新变成了颜小姐，成为自由人了。

颜雅清的离婚在当时是一件牵动了很多人的大事，连父母亲也持反对态度。从中国传统文化的视角看来，一个女人首先提出离婚，而且夫妇两个本来也没有什么不和，更是常人难以理解的。然而颜雅清的子女，却非常支持母亲的决定。

2012年5月4日，颜雅清的女儿陈国凤大夫特意发来邮件，谈她对这件事的看法。她认为，她的父母亲离

2012年3月4日下午，陈国凤大夫在北京欧美同学会总会推介《飞天名媛》

异，并没有造成子女的痛苦，他们子女始终得到父母亲的爱。母亲是为理想和事业在外奔波，并不是和父亲感情不和。父母亲都没有离弃孩子。母亲以自己的行动和作为教育了子女，她有一个博大的胸怀，她不是仅为自己的子女，而是为维护全世界妇女儿童的权益而奋斗终身，因此母亲是一个伟大的女性。孩子们为此而感到骄傲。

颜雅清是一个有勇气、有理想、有独立思想的女性，敢于冲破传统的羁绊，有为祖国、为全世界服务与为和平事业而献身的热心。离婚之后，她把孩子寄养在父母那里，由黄妈和周妈分别照顾。而母亲曹秀英则给孩子灌输"不可对父母不孝、不可杀人、不可奸淫他人之妻，女人不可与他妇之夫通奸、不可偷盗、不可作假见证陷害人、不可贪夺邻人的房屋、奴仆、牛等一切财物"等属于普世伦理的、基本的做人的道理。陈国凤记得，小时候因为偷过一块糖果，外婆打了她十下手心。陈国伟因为更淘气，所以挨外婆的打更多了。

[1]　《颜大使昨晨返国抵沪》，《申报》1936年6月12日。

[手写信件内容，字迹较难辨认]

陈国凤大夫2012年5月21日发过来的函件

颜雅清开始在上海度假，她身着淡黄绿色旗袍，非常新潮，像一朵"自由之花"开放着。上海的各大花园，男女成双成对，十分活跃。黄柳霜其时也在上海。上海的富人和名人，无休止地娱乐。

颜小姐手中好像拿到一根魔杖，和过去的婚姻挥手告别，她得到了重生，成为自由的颜雅清。在炎热的酷暑，她积极参加各项社交活动，参加上海女性俱乐部的活动，协助父亲颜福庆为盲人的利益服务。

此时的陈炳章也成为自由人，拒绝待在家里，也是活跃在各大场所，在南京路上和女友吃饭，跳舞，很活跃。

1936年，上海有一次美国电影热，5月份的一个数据资料中，上海当月放映的45部电影中有40部来自美国。上海这座城市，也吸引了1932年拍过《上海快车》的美国大导演约瑟夫·冯·史登堡[1]，他来到上海，正好赶上颜雅清的一次欢宴会，《电声》1936第37期，刊登了这则消息，欢宴会上胡蝶也参加了。在"颜惠庆侄女公子欢宴会上，冯史登堡紧握胡蝶两手，史登堡善识手相，揣测胡蝶青春生活毫不爽，胡蝶拟特映新片，请冯指教，冯导演连说不敢当。"作为杰出的电影大师，其《蓝天使》把无名的德国女人玛琳·黛德丽，打造成闪亮世界的红女星，在上海人眼里，是"用隐藏在吊袜带与黑色花边下面的大腿的扭动，来突出女主人公的淫荡"，《上海快车》一片引起了中国人注意。没有想到的是，这位曾经一度是声势赫赫的大导

---

[1] 又译约瑟夫·冯·史坦堡，（Josef Von Sternberg 1894—1969）。

演，居然是奥地利维也纳的哲学博士，而后到美国是由工厂工人，而工头，而剪接，而战地摄影师，一路走到1924年，当起了好莱坞的导演。从此便一发不可收拾，成为全球闻名的好莱坞大导演。

颜雅清稍晚一点的一项活动，是主持林语堂告别上海赴美国的派对。

自从在《中国评论周刊》结识颜雅清，林语堂就对她的印象极为深刻。她英语水平是超一流的，几乎完全是美国人的思维语言，不仅谈吐妙语连珠，而且能够引经据典，美国的成语信手拈来，出场时稳健大方，形象清新脱俗，气质典雅，卓尔不凡，成为上海滩"美貌与智慧并重"的才女典范。

陈国凤大夫2012年5月4日通过电子邮件发过来的函件

而颜雅清认识了林语堂之后，对他的作品凡是能够看到的，她都看。什么《论语》半月刊，什么《人间世》半月刊，什么《宇宙风》半月刊，里面的文章，鼓吹幽默，引领风骚；再后来的《吾国与吾民》解剖中国的文化，鞭辟入里，深入精髓，让颜雅清对这位长辈更是极为佩服。她佩服他的超群脱俗，佩服他的思想深刻，佩服他"两脚踏东西文化"，佩服他"饮尽欧风美雨，不忘故乡情"，佩服他从幽默中透出了性灵。林语堂一袭中式长袍马褂，足蹬青色布鞋，具备京派中国士绅"大爷"、"老爷"的样子，而叼着的烟斗，又极像伯父颜惠庆的样子，带有洋绅士的派头。为什么这么一副打扮，林语堂自己语出惊人：中式衣服穿着舒适，四肢百骸自由自在。穿西装像被绑捆了那样，动弹不得，尤其领带一结，扣住喉咙，气都透不过来。他称之曰"狗领"，表示对西服的嫌恶。但是林语堂在圣约翰大学、哈佛大学和莱比锡大学的学习经历，加上在上海的生活，出入上海上层交际场中，又很自然地感染了"海派"的风格。林语堂在交际场中

145

欢送林语堂去美国，左二颜雅清，右一林语堂（陈国凤大夫提供）

逢场作戏，也会吃花酒、叫条子，也懂得上等妓院"长三堂子"的韵味了。他还十分赏识那时的名妓富春楼老六，好像还为她写过捧场、赞美的文字。他穿着长袍马褂，伴陪交际花、名妓到高级跳舞厅婆娑起舞或坐听音乐，也感到兴趣不恶了。这些自然只是偶一为之，并非沉溺于"荷花大乐"（腐化堕落）。这些经验，对于他后来的写小说，也确实大有用处的；纸醉金迷的场面，也要有机会，才能体验到的。[1]

　　林语堂的理想境界，是在巴西的一次集会上表达出来的，居然是这样描述的："世界大同的理想生活，就是住在英国的乡村，屋子里安装着美国的水电煤气等管子，有一个中国厨子，娶个日本太太，再找个法国情人。"林语堂很多话都成为上海家喻户晓的经典："幽默是人类心灵的花朵。""绅士的讲演，应当是像女人的裙子，越短越好。"性感而无色情，给人留下无穷的想象空间。

　　颜雅清欣赏林语堂的文采，他骂上海，不露一个脏字，却深入骨髓！在1933年6月16日发表在《论语》第19期的《上海颂》里，林语堂批评上海是"中西陋俗之总汇"，"你这伟大玄妙的大城，东西浊流的总汇。你是中国最安全的乐土，连你的乞丐都不老实。我歌颂你的浮华、愚陋，凡俗与平庸。"在林语堂的语汇里，上海之将来跟现在一样，无善可陈。中国式园宅、图书馆、博物馆不会加多，咖啡

　　[1]　章克标：《林语堂在上海》，子通主编《林语堂评说70年》，中国华侨出版社，2003年，第34页。

馆、跳舞场、有声电影不会减少。买洋货甚便利，摩登士女皆乐居焉。女子皆洋装，老妈皆烫发，和尚皆热看电影。但野外仍是一片平地，不会有层峦起伏，而上海人仍是上海人。[1]林语堂在这方面与他的朋友萧伯纳很接近。

不要以为林语堂骂上海是不喜欢上海，不喜欢中国。其实，林语堂的爱国之情，是非常浓重的。他到美国以后，一直在为抗日战争奔走呼号。1937年8月29日，他在纽约的《时代周刊》上说："日本征服不了中国，最后的胜利一定是中国的！"同年，《吾国与吾民》将印第13版。林语堂立即补写了《中日战争之我见》一章。他说：可救国家的，并非我们的旧文化，而是机关枪和手榴弹。中国最终会成为一个独立和进步的民主国家。

林语堂在上海从1927年到1936年，住了10年，著作颇丰，稿酬源源不断，经济上的收益十分可观，生活上的不断改善也相当明显，是双丰收。但是，上海不知道为什么是林语堂既喜欢又厌恶的城市，如果有机会，他是想离开这个地方的。

到1936年，一个机会来了，实际上是一生巨大的转折，在等待着林语堂。

这次转折的起因是与美国著名诺贝尔文学奖得主赛珍珠的相识。

赛珍珠，即比尔·布克（Pearl Buck）女士，通称赛珍珠，1892年出生在美国，和身为传教士的父母一直住在中国。她在1930年出版了第一部小说《东风、西风》，1931年出版了以中国农村为题材的长篇小说《大地》，荣获美国普利策奖。她是季羡林年轻时代关注度比较高的美国女作家。1932年10月29日下午3点，季羡林开始摘译其新著的小说《诸子》[2]的消息，此文题目为《勃克夫人新著小说〈诸子〉》，半年后，发表在1933年5月22日《大公报·文学副刊》第281期，第11版。文章说：

在《佳壤》中，勃克夫人所描写之中国人，缺乏明确个性，究非向壁虚造，如此一般外人所想象之中国人。夫人对此等人实有相当了解，于其生活习性尚能明悉。如阿兰，如梨花，如王龙，夫人皆熟悉

---

[1]　陈占彪编：《清末民初万国博览会亲历记》，商务印书馆，2010年，第376页。
[2]　现在统一译为《儿子们》——笔者按

之，以故写来得心应手，栩栩有生气，至《诸子》中所描写之人物，则颇与夫人隔膜。主角王虎，为王龙之子，然行为思想大异乃父。夫人于此乃不得已而借助他山。夫人现在正译《水浒》为英文。《水浒》中所描写之人物，颇有与夫人意想中之王虎相类者。于是其个性描写及背景，多受《水浒》暗示，即文体亦较《佳壤》更中国化矣。吾侪读之，虽仍欣赏其朴素之文体，然描写不能卷舒自如，时现倨瘟之状。人物所与之印象亦甚暗淡，颇疑其所写者非现在有血有肉之中国人矣。

本书开首为一转变点，叙王龙之死。终结时为一转变点，叙王虎之猛醒及其子之重归佳壤。中间叙家族中暗斗明争，王虎及其弟、子贸易纠葛，王虎之重婚及归家，书中不时点出佳壤，为全篇主要线索。王龙沾恋佳壤之精神重现于其妾梨花，重现于王虎之子及其弟，不但使全书有一贯精神，而又与《佳壤》所提及者连接为一，即家庭之盛衰。

家庭之盛衰实即中华民族盛衰之象征。中国以农立国。一般人民出自佳壤，终仍还彼佳壤，此类盛衰兴亡，新陈代谢之悲喜剧，充满中国各地，无日无之。夫人擒住此点，表而出之，实为独具只眼。

赛珍珠非常热爱中国文学，她很希望有一位中国作家用英文写书向西方介绍中国文化，既要能真实地袒露中国文化的优根和劣根，揭示中国文化精神的内核，又要在技巧上具有适合西方读者口味的那种幽默风格和轻松的笔调。她看《中国评论周刊》，对写《小评论》专栏的作者林语堂，对他文字上那种无畏的精神非常欣赏。在一次朋友的聚会上，赛珍珠认识了林语堂，一见如故。1933年的一个晚上，赛珍珠在林语堂家里吃饭。林语堂表示，自己很想写一本书，说一说对中国的实感。赛珍珠说她盼望已久，希望有个中国人写一本关于中国的书。1934年，林语堂在庐山牯岭，利用一个夏天最终完成了《吾国与吾民》，出版以后，该书在欧美作家占据的世袭领地上，居然一举荣登畅销书排行榜，仅1935年发行后短短的4个月内就创造了印刷发行7版的奇迹。它在世界各地供不应求，被译成多种欧洲文字，这使林语堂在国外一举成名，在国内，也变成响当当的人物。赛珍珠对林语堂建议，何不来美一行？在美国他可以继续写文章，应约讲演，并且计划写第二本书。

这样子，林语堂下定决心到美国去闯荡一番。

林语堂在上海文化界有很多朋友，这些友好人士得悉林语堂赴美的行期已近时，在一个多月内多次为他钱别。1936年8月7日，交通大学大礼堂，蔡元培和交通大学校长黎照寰为林语堂举行过一次欢送会。8月9日，星期天，《中国评论周报》的创办人之一桂中枢、发行部主任朱少屏在1934年刚刚开始营业的、坐落在跑马厅附近的、当时是上海最高的饭店国际饭店14层的宴会厅，举行盛大宴会，欢送他赴美。参加欢送会的有中外文化界人士和来宾40余人。《申报》马崇淦，《新闻报》汪仙奇，《时事新报》董显元，《大公报》王文彬，《字林报》胡德海，《大陆报》费休、吴嘉崇、宋德和、唐罗欢，《纽约论坛报》金维都，美国合众通讯社马立司，《密勒氏评论报》鲍威尔等中外新闻界人士。还有美国商务参赞安立德，工部局总办钟思，工部局情报处主任钱伯涵。论语"八仙"中的简又文，论语派骨干全增嘏，林语堂的六弟林幽，温源宁教授偕夫人，钱新之，李之信偕夫人，陈湘涛偕夫人，弗立子偕夫人，邝耀坤偕夫人，伍连德，殷企勤，朱青，林引风，全增秀，李爱莲，姚辛农等四十余人。在欢送会上，他接受欢送者频频祝酒，谈笑风生，气氛颇为热烈。东道主桂中枢、朱少屏殷勤招待，中外新闻界人士和来宾们也向林语堂夫妇频频祝酒，宾主们谈笑风生。[1]而主持人就是林语堂的朋友颜雅清小姐。颜雅清的一袭旗袍，吸引了众多的目光。她的主持人风采和典雅的英语，让在座的40多个出席者极感畅快淋漓。最后，林语堂还跟大家合影留念，其中有一张是与女宾们的合影。

来宾中的伍连德博士还准备了一艘"伍员"号小火轮，停靠在外滩仁记路码头，准备次日下午把林语堂一家送上"胡佛总统号"海轮。[2]

临行告别亲友，有些应酬。林语堂还形之于文，写了篇《临别赠言》，刊登于《宇宙风》第25期上，于1936年9月16日出版发行。只是此时他们早已登船开航而去了。他们一家人，林语堂、廖翠凤夫妻同三个如花似玉的女儿：林如斯、林无双（太乙）及林相如，是在8月10日登上豪华的美国客轮"胡佛总统号"的。许多人送行，挥手扬

[1] 施建伟：《林语堂传（中）》，北京十月文艺出版社，1999年，第380—381页。
[2] 同上。

巾，五彩缤纷，赠送花篮30多个，场面热闹，全不是古代的"黯然销魂者，唯别而已矣！"[1]

颜雅清看着渐行渐远的林语堂一家，心想不知道什么时候还能再见面。没有想到，以后在美国，他们不仅重逢，而且还一起参加在美国的救援中国行动。不过，这已是后话了。

1936年9月30日中秋节的时候，颜雅清宣布自己很快要去南京工作。颜雅清得到外交部的正式任命，外交部下文《外交部命令第498号》：派颜雅清代理本部科员，分驻沪办事处办事，支委任四级极俸。此令。[2]

为此，朋友们为她举办了好几次庆祝活动。母亲曹秀英为颜雅清照顾两个孩子。因为这个工作，颜雅清经常周旋于上海和南京之间，在晚上乘卧铺从南京返回上海是常事。南京到上海当时也有航线，是在1929年开辟的，也是国内最早开辟的民用航线，上海至南京的飞行时间是1个半小时。但颜雅清并不乘飞机往返。

在上海，颜雅清代表外交部参与了一些重要的外事活动，最重要的一次，是欢迎英国大使到上海的活动：英国驻沪总领事馆，特于（1936年9月）14日晨9时45分，特备"镜辉"号轮驶往欢迎许使（许阁森爵士）登岸，前往欢迎者有市府代表唐士煊，外交部驻沪办事处代表颜雅清，英大使馆代办贺武、商务参赞亚诺，驻沪总领事白利南十余人等。

许阁森爵士（Sir H. M. Hugessen），1886年3月26日生，又译作纳奇布尔—休格森、娜逊布尔·许阁森、休伊·纳奇布尔·休格森，著有《一个在和平及战争年代的外交官》。他是1936年8月8日启程，乘坐不列颠"皇后"号轮船经日本来华，在神户换乘大英公司"齐届尔"号轮船，13日中午13时30分抵达上海。因为当天是星期天，未安排迎接，轮船在海上停留一日，14日清晨靠岸，"镜辉"号轮驶往欢迎，在轮船上举行了简短的欢迎仪式，颜雅清等和许阁森在客厅内聚谈到10点15分，让颜雅清感到惊奇的是这位大使也是一位音乐爱好者。聚谈之后，许阁森乘小船登岸，在英国总领事馆短暂休息之后，

---

[1] 章克标：《林语堂在上海》，子通主编《林语堂评说70年》，中国华侨出版社，2003年，第126页。

[2] （1936年）7月28日《外交部公报》第9卷第7号，民国二十五年七月，第4页。

入住华懋饭店。9月15日拜会上海市长吴铁成，16日晚间乘坐夜车到南京，和外交部长张群会见，23日正式到任，向林森递交国书。[1]在呈递国书时，按外交礼节，大使进礼堂门，首先一鞠躬，上前数步，至"主席"面前再一鞠躬，国书递毕，须从原位后退，两次鞠躬后，至礼堂门口转身出门。那次许阁森后退时不在意，步子跨大了一些，退到了门槛边，几乎被绊倒。[2]可惜许阁森上任仅一年，在1937年8月26日下午3时在从南京去上海的途中，在无锡附近被日本飞机轰炸和机枪扫射，车毁人受重伤，12月20日离任。

除了外事活动，颜雅清也参加其他一些活动。上海基督教女青年会，是颜雅清母女都参加过的一个组织。这个组织曾经营救过江青。1935年1月，郑毓秀和江青关在一个牢房里。她说：李云古（当时江青的另外一个名字）和她一起关在小监房（又称优待室）里。特务股的头头看李云古长得漂亮，夜里常常叫李去特务股陪那几个头头喝酒。还说："李虽漂亮，但有一只脚脚趾有缺陷。"[3]

颜雅清是上海基督教女青年会的成员，也参加过上海中华女界联合会的活动。这个联合会是1919年"五四"运动前，由黄兴的夫人徐宗汉等在上海组织的一个求妇女解放的妇女团体。1921年中国共产党成立后，于同年底推动它进行了改组。改组筹备员有徐宗汉、王剑虹、高君曼、王会悟等二十多人，同时发表了由陈独秀、李达审阅过的《上海中华女界联合会改造宣言及章程》（1921年8月通过）。宣言说："近世生物学及胎生学已经证明一切生物及人类底起源，都没有性的区别。近世公平的历史家也曾记录了女子在社会上做的许多功绩，但是世界各民族何以对于女子都怀抱种种恶的观念？这是因为受了古来各派宗教家臆说底遗毒。我们中国人受了孔教阴阳尊卑的毒更广而且深，所以社会进化较欧美更迟。所幸我们人类是有自觉性可以自救，因此世界上近500年的历史，可以说完全是解放要求的历史；我们女子解放，正是这解放历史中底重要部分，最近这解放的福音吹

[1] 庚华：《英大使许阁森呈递国书》，《外交评论》，1936年第4期，第136页。

[2] 汤又新、丁绍兰：《南京国民政府和总统府见闻数则》，中国人民政治协商会议文史资料研究委员会《文史资料选辑》编辑部《文史资料选辑》第7辑（总107辑），1987年，第219页。

[3] 江青左脚趾确有缺陷，实际上是江青左脚是六趾，在青岛大学图书馆工作的时候，当时的学生王昭建先生（山东省文史馆员）亲眼所见。

到东方来，就是被阴阳尊卑的孔教压迫而失了精神上呼吸的中华女子也得着一点新鲜空气，想抬起头来发出一点微声要求解放。这不能不说是我们人类可以乐观的地方。纠合我们中华要求解放的女子，使我们要求的声音一天一天高起来，使我们奋斗的力量一天一天强大起来，这正是我们中华女界联合会底责任。" [1]

1921年12月8日，上海中华女界联合会主办的《妇女声》杂志创刊。其宗旨是"宣传被压迫阶级的解放，促醒女子加入劳动运动"。陈独秀、沈泽民、邵力子、沈雁冰、李达等均为之撰稿。虽然该刊仅办了不到一年，但是其影响非常大。而且后来的很多女性刊物，包括《妇女月报》等都继续了它开创的宣传妇女解放的宗旨。从此女子解放运动的影响越来越大。

颜雅清是妇女解放运动的受益者。

除了参加上海中华女界联合会的有关活动，颜雅清也是全国儿童福利协会（National Children Welfare Association）成员。1936年与意大利朋友Commander Genaro Cioppa的一次午餐，是很重要的事情，在午餐会上，她宣布自己要去日内瓦工作。上海的著名服装设计师张倩英为她设计了服装。

张倩英是被孙中山先生称为"革命圣人"的中国国民党第二任党主席张静江的五女儿。张倩英又写作张蒨英、张菁英，朋友们都叫她英文名字海伦张。她1910年生于法国巴黎，回到上海以后，也在中西女塾读书，和颜雅清、郭婉莹是校友。她1931年在上海开始从事服装设计，后留学美国专攻服装设计。1935年回上海，与中学同学、永安公司老板郭标之千金郭婉莹，在国际饭店405开办"锦霓"新装社，并担任设计师，据说"锦霓"二字就是倩英的沪语谐音。她发表于1936年《快乐家庭》的《时装新讲》，批评当时中国服装设计从业者的两个弊端：普通成衣铺只懂得墨守成规的老式缝纫法，而各新装公司的裁制家虽然有先进的思想，可是也缺乏艺术眼光，所以制成的衣服，不是雷同，就是离奇，两者都不是十分适合现代人士的需要。她的主张是"将中外各种衣服的长处，把它集合起来，制成各种不同式样的完美而且大方的衣服，多多地介绍到社会上去"。她设计新装的来源与依据是各国各民族服饰中可供参考的元素，吸收起来，为我所

[1] 胡振良、李中印：《社会团体》下册，华夏出版社，1994年，第369—370页。

用，在充满美好创意的同时也表明了光明的商业前景。她的爱国主义精神令人钦佩，她主张采用"纯粹的国货"，"中国的料子，并不是不能做新装，我希望大家不要把自己的国产品看轻了"。[1]

这位大资本家的五小姐，也有男性化的一面，很像孔家二小姐。她喜欢开汽车兜风，所耗汽油费常常在月均百元以上。张静江嘱咐账房，要把她的费用限制在200元之内，包括汽油费在内。她胆子也大，和李霞卿、颜雅清谈开飞机的冒险，非常憧憬，就跟她们学开飞机，后来居然把直升飞机开上天了。

1936年，在美国好莱坞发展的华人女影星黄柳霜回到上海，也到张倩英的服装店订做了中国服装旗袍。黄柳霜又名阿媚（Anna May Wong），根据黄柳霜自述，父亲叫黄森星，母亲未婚以前叫李江苔。黄柳霜在美国的艺名是爱娜梅黄，她自己说，之所以叫这个名字是因为音节动听，而且悦目。她体重120磅，身高1米62（五尺四寸半）。[2]1936年黄柳霜初次回国，乘坐"胡佛总统号"到达新关码头，其弟沪江大学教师黄金树和几位在美国和英国认识的女友乘坐大来公司的小船到胡佛号会客厅迎接。下船以后住到上海国际大饭店1201号房间，顾维钧夫人的姐姐举行欢迎宴会[3]。她的爱国情怀非常感人，说：一个人的身体或者是在别一个国家，但是她的心属于她的祖国。她回国以后，发现了"慈母的爱"，从那时起，她确认自己是一个中国女性，而在这之前，只是一个生活在洛杉矶的东方女儿。她在好莱坞，发动同事们拒穿日本丝袜，募捐救济国内的灾民。[4]回到上海之后，颜雅清的好朋友影星胡蝶请黄柳霜吃饭，黄柳霜则去看胡蝶拍戏，互相交流心得[5]。

从此，颜雅清和黄柳霜、张倩英成为好朋友。

张倩英设计的这件服装就是她最喜欢穿的那种，多张照片里出现过。出行之前，上海报纸预测她会实现自己的梦想。智慧和美丽的完美结合是她必要的条件。

在上海，颜雅清还被吸收为中国红十字会的成员。中国红十字会

[1] 参见张竟琼、钟铉《浮世衣潮之评论卷》，中国纺织出版社2007年，第30页。
[2] 张心鹃：《黄柳霜自述》，《紫罗兰》，1943年第3期，第56页。
[3] 《女明星黄柳霜初次回国》，《妇女月报》，1936年第2期，第14—15页。
[4] 《黄柳霜谈祖国》，《妇女文献》1939年第1期附刊，第38页。
[5] 《电声》（上海），1936年第42期。

救护委员会成立于1936年6月1日，据红会档案记载："本会鉴于时局日亟，风云益急，为未雨绸缪计，延揽本市各医药团体及公团代表，组织救护委员会，于二十五年四月开始筹备，至六月一日即告成立，由本会正副会长为当然正副主席，推定常务委员七人，执行委员四十一人，正副总干事各一人，负责进行，并分设'训练'、'供应'、'人事'三委员会，分别办理各项事宜。"救护委员会组成人员：主席：王正廷，副主席：杜月笙、刘鸿生，训练委员会：主席：颜福庆，供应委员会：主席：林康侯。[1]

社会活动参加越多，对家庭的责任心就越小。颜雅清充分享受到干大事业的乐趣，沉浸在施展家、国、天下之抱负的快感之中。

蒋介石让国民政府主席熊式辉于1936年8月25日，正式批准颜惠庆的辞请，准免其驻苏大使的职务，特任原清华大学历史系主任、教授，时任行政院政务处长的蒋廷黻为新任驻苏大使。在蒋廷黻接替颜惠庆出使苏联大使的告别宴会上，颜雅清、王安娜（王炳南的德国籍夫人）和陈炳章都是贵宾。在上任赴苏之前，蒋廷黻先到青岛看望正在疗养的颜惠庆，办理交接工作和有关事宜。之后，蒋廷黻10月21日离开南京到上海。10月22日下午5点，上海青年会在银行俱乐部为蒋廷黻出使举行茶话会欢送，上海青年会的代表陆干臣、杨怀僧、王春涛参加，颜雅清也参加。10月23日上海青年会又在该会总部宴请蒋廷黻，参加者百余人，极一时之盛。其中有蔡元培、颜惠庆、郭秉文、章乃器、黎照寰，陆干臣主持了宴会，蒋廷黻发表演讲。[2]颜雅清也是参加者之一。蒋廷黻10月24日动身，在秘书耿匡、袁道丰十几个人的陪同下，同样乘坐"北方"号轮船，途径海参崴赴苏联。[3]颜雅清到上海码头给蒋廷黻送别。她回想到自己一年多以前，几乎也是在这个地方坐船途径海参崴出使到苏联。正是这一年，自己的生活发生了重大的变化。自己的快乐和波折都是与此相联系的。她周旋于欧洲各国政府之间，涉猎世界政治问题。其中的酸甜苦辣，真是如人饮水，冷暖自知。蒋廷黻11月7日抵达莫斯科。[4]

---

[1] 池子华：《红十字会与近代中国》，安徽人民出版社，2004年，第294页。

[2] 《欢送声中蒋廷黻大使在本会之演讲》，《上海青年》1936年第37期，第3页。

[3] 《我驻俄大使蒋廷黻赴任》，《中心评论》1936年第29期，第82页。

[4] 赵铭忠、陈兴唐主编：《民国史与民国档案论文集》，档案出版社，1991年，第526页。

颜雅清的地位和知名度都随着她外交活动的展开而提高。1936年9月28日，中华妇女节制会[1]在香港举行会议，决议组织女子生产合作社，定期举行展卖会，请曹云祥、周明衡、王瑞琳、陈云卿等夫人，及胡袁凤英、颜雅清、汪筱孟、吴文卿、张德藻等女士为筹备委员。[2]

1936年12月8日，上海女界援绥会筹募组在静安寺女青年会开会，到颜雅清、吴戴仪、谢祖仪、陈诛声、浦曼松、沈兹九、唐冠玉及南洋民立上海道中等代表共20余人，由谢祖仪主席讨论结果：一、通告认捐各界、限即将衣物送至代收机关，二、定期招待女界分头劝募，三、本组各理事分向亲友劝募，该会发通知云：迳启者，迩来匪犯边疆，伪军作伥，国际风云，愈形紧张，前方将士，艰苦备尝，募捐慰劳，本会是倡，如蒙各界同胞，予以金钱或物品者，请迳交下列各机关，均各随时掣给收条，加善本会钤记及常务理事王孝英之名章，以为凭证。事关慰劳义举，尚希各界踊跃输将为荷，此启。[3]

颜雅清和朋友们的交往也很多，到11月的时候，张倩英在上海的一个服装店开业典礼举行的时候，颜雅清作为朋友去捧场，她在那里也看到了郑毓秀和她的侄女郑汉英。

在上海居住的时候，颜雅清有了一个新的外国追求者。这个人可能就是颜惠庆提到的乔治，而颜雅清的女儿陈国凤则不知道他叫什么名字。陈国凤记得大约自己五六岁的时候，这个外国朋友经常到家里去找妈妈。

有一次，这个朋友晚上到家里接颜雅清外出参加宴会，颜雅清在

---

[1]　刘湛恩夫人刘王立明（1896—1970，安徽太湖县人，1920年毕业于美国伊利诺州西北大学）在世界妇女节制会的创办者美国福安斯·卫勒伟德的支持下于1920年在上海创立中华妇女节制会，隶属世界基督教妇女节制会。会址设在吕班路（今重庆南路）第一女子公寓内。梅云英、刘王立明先后担任领导人。中华妇女节制会的联系对象主要是上层知识妇女，在北京、上海、武汉等地有分会。该会是为促进妇女品德和生活习惯的自我完善，从而达到改进家庭和社会的目的而设立的，以"促进家庭幸福"为宗旨，"拒绝烟酒赌邪，提倡慈孝贞俭"为方法，"家齐国治而后天下平"为口号。该会办有《节制月刊》（后改为《女声》半月刊），办妇孺教养院、淑基平民学校、女子公寓、托儿所等。中华妇女节制会，是我国最早反对封建包办婚姻、娼妓制度等，最先倡导节制生育、妇婴卫生和第一个提出妇女禁烟、禁酒的社会团体。"九一八"事变以后，由该会与妇女救济会等妇女团体发起，成立上海妇女救国大同盟。（《刘王立明与中华妇女节制会》，《安庆晚报》，2008年5月16日。）

[2]　《中华妇女节制会开董事会》，《妇女月报》，1936年第9期，第25页。

[3]　原载上海《申报》1936年12月9日。

楼上化妆，外国朋友在客厅等。那时候，颜福庆和曹秀英在客厅的隔壁餐厅里吃晚饭。曹秀英是上海人，喜欢吃田螺，田螺的肉要用嘴把它吸出来，在外边吃饭，作为大家闺秀，曹秀英会非常小心，不会吸出声来，可是在家吃饭，高兴起来的时候，忘乎所以，就不顾这个声音了，所以往往会有"吱溜"声，哪知道外国朋友听见了，而且不知道是什么声音，觉得很奇怪，是从来不曾听见的声音，于是就张大了嘴巴在发呆，就好奇地从客厅和餐厅之间门缝里偷看，正好颜雅清化妆完毕下来，看见了这一幕，赶快给这个外国朋友解释，他们都笑得前仰后合。据陈国凤回忆，这个外国朋友是个美国人，大概是个将军，不是中将就是上将，军衔很高。他非常豪爽，大声笑着说："你们中国人真会吃东西啊！"[1]家里大人和孩子们都以为他们会结合，但不知道为什么他们的婚事没有成。

颜雅清现在作为一个单身母亲，负担其实很重。这种负担包括心理上的。因为在当时，女性主动提出离婚是担很大风险的。虽然妇女解放运动已经开始，却难以被全社会接受。就是颜雅清的家庭，包括父母亲和伯父颜惠庆，都不支持颜雅清的离婚。朋友们也持反对的态度。这可以从胡适和伯父的日记中，看出一点眉目。

陈炳章是个严谨的学者，而颜雅清则是一个外向的活泼女子，热衷于外交活动，于是夫妇的性格越来越表现出一种距离感。两人的距离开始疏远之后，在外人眼中，颜雅清和陈炳章的婚姻似乎不是很匹配，甚至对颜雅清还产生了一些误解。

在颜雅清离婚的因素里，恐怕与她参加一些女性组织的活动而受到妇女解放的影响有关。做一个贤妻良母，已经不是颜雅清的所愿。她要实现的，是报国救世的大业。在当时的中国，具有这种思想的女人如同凤毛麟角。

在胡适的一生中，妻子江冬秀之外，接触的杰出女性中外都有，包括陆小曼、张爱玲、韦莲司、洛维茨（在美国的犹太人）、徐芳、曹诚英（曹珮声）、陈衡哲，美国印第安那州私立德堡（De Pauw）大学历史系教授江勇振先生的《太阳、月亮、星星——胡适的感情世界》，还提到白莎·何桑（Bertha Hosang，加拿大华侨），以及李美步（Mabel Lee，华人，原名李彬华），胡适对她们都没有说过任何

---

　　[1]　据陈国凤大夫2012年5月21日发过来的电子邮件。

坏话。这些女性，胡适都容得下，惟独容不下颜雅清。惟独对颜雅清既表示过敬意，也有非难之词。个中的原因，颇耐人寻味。

颜雅清前夫陈炳章和驻美大使胡适、中国驻纽约总领事于焌吉来往非常多，而且是胡适的智囊之一。1940年1月9日，胡适召集于焌吉、陈炳章和雷格曼等人共商应付贝尔案的对策。[1]胡适在自己的日记里两次提到颜雅清，前几次非常肯定，最后一次则是否定。

1938年1月5日，胡适"到 Chow Mein lnn[2]吃饭，与王大使（王正廷）于（焌吉）总领事同饭。在饭馆中见着Miss Hilda Yen ［希尔达·严（颜之误）小姐］，她现在此学习飞行，每天上（天）飞，精神可佩。"[3]

1938年9月13日胡适出任国民政府驻美大使，10月6日到任。"（1939年7月25日）早十点离Washington ［华盛顿］，二点零五分到纽约，换车到Greenwich, Conn. ［康涅狄格州格林威治］。Dr.George E.Vincent ［乔治·E·文森特博士］来接到他家。颜雅清女士（Hilda Yen）也来了，Dr. WalterJudd ［沃尔特·贾德博士］也来了。Vincent ［文森特］为American Bureau for Medical Aid to China ［简称ABMAC基金会，即美国医药助华会，1938年文森特为负责人］请客，

这个外国朋友抱着颜雅清的女儿陈国凤（陈国凤大夫提供）

我与Dr. Judd ［贾德博士］有演说。到者九十人。"[4]这次活动，颜雅清也有演说，但是胡适没有提到。

"（1940年1月31日）陈炳章和他的新婚夫人从Havana ［哈瓦那］回来，住在馆里。炳章先与颜雅清结婚，生一子一女；颜雅清是一个无知识的女人，只知道虚荣，故与他离婚。他上月24（日）在

[1] 史义银：《胡适与贝尔案》，《文史精华》2002年第12期。
[2] 酬美饭店，笔者查阅，在纽约百老汇街1761号，炒面餐厅。
[3] 胡适：《胡适全集》第33卷，安徽教育出版社，2003年，第4页。
[4] 同上，第252页。

New York［纽约］结婚，新人是梁孟亭[1]的侄女，比Hilda［颜雅清］美，似乎比她更聪明。"[2]

胡适一向主张"小心的求证"，而对颜雅清的这种看法，却没有去"小心的求证"，"颜雅清是一个无知识的女人"，不知道从何而来，主观随意性太强了。向来主张"容忍"比"自由"更重要的胡适，不知道为何对一个比自己弱的女子会不容忍。对颜雅清的态度，和"我的朋友式的胡适"是那么不协调。

陈炳章和颜雅清一家，包括伯父颜惠庆、父亲颜福庆与胡适都有来往，而且颜雅清还参加过胡适组织的一些活动。

颜惠庆是胡适的前辈，胡适一直称其为颜骏人，或者颜骏老。早在北京大学任教时候，胡适因为研究颜李学派，1937年就"托颜骏人代问徐世昌先生有无关于颜李学派的新材料"，到天津的时候，胡适还到颜惠庆家拜访。

颜雅清和孩子（陈国凤大夫2012年4月27日提供）　　　中年的颜雅清（陈国凤大夫提供）

---

[1]　即梁如浩（1863—1941），广东香山（今中山）人，字孟亭。清同治十三年（1874）以幼童派赴美国留学，毕业于斯梯文工业学校。光绪七年（1881）回国。历任山海关道、外务部右参议、外务部右丞。宣统三年（1911）任邮传部副大臣。民国成立后任北洋政府外交总长。1913年免职。1921年任华盛顿会议中国代表高等顾问。1922年后，出任督办接收威海卫事宜、中华民国司法部副部长、外交总长等职。

[2]　胡适：《胡适全集》第33卷，安徽教育出版社，2003年，第340页。

常人难以理解的是，陈炳章和颜雅清离婚之后，依然是好朋友，而且是好战友，两个人之间从来不存在任何芥蒂。孩子们清楚地记得，陈炳章1940年3月在二婚之后，和梁姓妻子从美国回国的时候，颜雅清和他们同船从美国回到香港，颜福庆和曹秀英带着陈国伟和陈国凤两个孩子一起到码头迎接。

驻美大使胡适和美国大礼官

伯父颜惠庆的日记里更是多次提到和他们之间的来往以及他们的这桩婚事。下面是一些涉及到颜雅清、陈炳章和颜福庆一家的节录：

1937年4月11日，福庆与我谈了雅清婚事的新打算。这件事很怪。[1] 11月4日，陈炳章来电说，蒋要求我去南京。我已加以拒绝。[2] 11月14日，下午在福庆家。会见陈炳章，他将在明天去南京。[3]12月4日，瑞清和陈国伟（颜雅清之子）来吃晚饭。[4]12月24日举行圣诞宴会，瑞清和国伟前来参加。[5]1938年2月15日，看望了福庆夫人，她要我就雅清的婚事谈些看法。另外，还谈了瑞清被宠坏了等事。[6]2月20日，谈了雅清的婚姻前途问题。[7]3月1日，去福庆家。和肖柏（Cioppa）及福庆夫人谈到了雅清的事。3月2日，为雅清的事给福庆写了信。[8]3月12日，接到雅清在华盛顿的复信，言词含糊不清，谈了她家去西贡游览等事。[9]3月24日，福庆夫人来访，带来福庆的信，是关于雅清的事。就前途问题给雅清写了信。[10]4月1日，去看望

[1]　《颜惠庆日记》，上海市档案馆译，中国档案出版社，1996年，第19页。
[2]　同上，第62页。
[3]　同上，第64页。
[4]　同上，第69页。
[5]　同上，第74页。
[6]　同上，第87页。
[7]　同上，第88页。
[8]　同上，第90页。
[9]　同上，第92页。
[10]　同上，第95页。

了福庆。雅清有了一个新的追求者，是西贡的一个小伙子。[1]6月15日，看望福庆夫人。[2]9月29日，颜福庆家有聚会。[3]10月23日，在福庆家出席为黄先生（开平？）设的午宴，他回华盛顿途径上海。[4]11月27日，雅清母亲曹秀英住院，我去医院探望。[5]

---

[1]　《颜惠庆日记》，上海市档案馆译，中国档案出版社，1996年，第97页。

[2]　同上，第116页。

[3]　同上，第142页。

[4]　同上，第147页。

[5]　同上，第155页。

5. 为妇女儿童事业服务

1937年1月前后，颜雅清的妹妹和刘鸿生的儿子刘念仁举行了隆重的婚礼，在上海的高层上流社会的主要人物几乎全部出席，包括蒋介石和宋美龄夫妇、孔祥熙和宋霭龄夫妇、宋子文和张乐怡夫妇，3000多位贵宾在新亚大酒店，杯觥交错，舞影婆娑，对这对新人表示庆祝。[1]颜雅清没有参加这场全上海瞩目的婚礼，5岁的女儿陈国风作为伴娘在婚礼上大出风头。

在妹妹湘清和刘念仁的婚礼举行之后，颜雅清宣布自己被指定赴万隆，去参加国际联盟远东禁贩妇孺会议，并且参加国际联盟相关的会议。那是中华慈幼协会举行的执委会议，议决增派颜雅清代表该会出席禁贩妇女会议。[2]

国际联盟远东禁贩妇孺会议，又称"东方各国中央机关禁贩妇孺会议"。由国联秘书厅情报处编，日内瓦中国国际印字局承印，吴秀峰[3]作序，1938年1月在日内瓦出版的《1937年爪哇万隆会议东方各国禁贩妇女问题——国际联盟工作之一》，这个报告里面解释"中央机关"是：在一国内负责集中一切诱惑幼妇少女到外国为娼的情报之机

---

[1]　参见帕蒂·哥莉《飞天名媛》，张朝霞译，花城出版社，2012年，第50页。

[2]　《卫生月刊》1938年第2期，1938年1月23日。

[3]　吴秀峰（1898—1993），乳名缔林，广东省增城市科塘镇官道村人。1919年考取公费赴法国留学，攻读巴黎大学及巴黎政治大学，获法科硕士及政治经济博士双学位。1928年经国际法庭法官王宠惠引荐在国际联盟秘书厅任职，其间著述法文本《孙中山先生之生平及其主义》，由国民党元老汪精卫、胡汉民、王宠惠分别作序于法国出版，把"天下为公，大同为极"之孙文学说传布西方。1945年英美苏中法在美国旧金山召开"联合国宪法章程"会议，吴秀峰参加秘书处工作，成为筹建联合国的首批高层外交人员，和颜雅清是同事。

关。吴秀峰的这个报告把颜雅清说成是熟悉上海情况的一位代表。

关瑞梧的《国联远东禁贩妇孺会议与中国》[1]，只提到四个人，没有具体提到颜雅清和驻爪哇巴特维亚的总领事宋发祥。据《熊希龄传》，1937年1月19日，熊等一行七人（另有两位随员与一位专员）乘华邮船公司的"芝沙露亚号"邮轮从上海放洋。24日到香港，26日抵达爪哇。这里的专员就是颜雅清，但是不知道什么原因，也是略去了名字。[2]

代表团被招待住在万隆一幢西式豪华旅馆。代表团的吴彦文，就是1935年清华大学教授吴宓费尽心机无法追求到的那个毛彦文，她因为与熊希龄在幼儿教育方面志同道合，所以不顾舆论的一致反对，和熊希龄结婚，婚后主持了香山慈幼院的全面工作。此后在近半个世纪里，她全部感情都倾注在千千万万苦难的儿童身上。根据《民国档案》2007年第3期发表的李宁编辑的《中国代表团出席国联远东禁贩妇孺会议经过报告书》披露，各国出席会议之代表名单一览，此次国联在万隆召集"远东禁贩妇孺会议"参加会议之政府代表共有九国，中国代表宋发祥，顾问熊希龄、毛彦文女士、关瑞梧女士、陈鹤琴，随员朱光焯、王剑尘女士，专员颜雅清女士。

1937年2月2日上午10点，会议在爪哇万隆劝业会礼堂开幕，参加者有英国、中国、美国、法国、印度、日本、荷兰、葡萄牙、泰国九个国家的官方与民间团体代表共60余人。所有中国代表全部出席。很多议题都是由宋发祥代表中国政府发言，也有熊希龄、陈鹤琴、颜雅清等人的发言。

会期持续了13天，讨论进行了12次，主要讨论由国联在1936年10月6日提出的下列六项议案：（1）增进各国警厅及主管禁贩妇孺机关彼此间之密切合作及交换消息问题；（2）移民问题，以属于保护移民防止贩运妇孺之范围为限；（3）增进远东警厅及其他机关与私人团体间之合作问题；（4）主管妇女儿童福利机关广用女职员问题；（5）废除官准妓院问题；（6）远东白俄难民已经堕落或将有堕落之危险问题。

会议的形式是每讨论一个问题，先在大会中由各国代表提出报

---

[1] 《大众知识》1937年第11期。

[2] 周秋光：《熊希龄传》，百花文艺出版社，1996年，第660页。

告，再由各代表加以辩论、建议，俟讨论有眉目后，再交小组会议详细审查，然后交大会表决。

《中国代表团建议书》就如何禁止贩卖妇女和儿童等问题提出建议。涉及到中国赎卖妇孺的严重状况，分析产生这种状况的原因是水、旱灾荒的发生与外侵内争的不断。中国妇孺被贩卖的具体情形：被贩卖者年龄多在15—20岁之间，多被售往东三省地区，用为卖淫，为人妻妾、女婢、继女、媳妇等。报告指出上海所存在的一种契约用工制度的不合理性：这种制度即工头以大约30—40元钱从贫苦人家招收少女工作三年之久，每月仅给几元的工资，而工作则每天达12—16小时以上。指出从事贩卖妇孺的有职业与义务两类。所谓职业者以那些未受过教养的下层民人居多，他们有一个严密的网络；所谓义务者则是被贩卖者的家属及邻人，他们的欺骗性更大。阐述中国政府为禁贩妇孺作过努力，但成效不大，其总因在于内忧外患，政府无能。介绍中国民间的慈善、救济团体与善士、传教士为禁贩妇孺以及收容妇孺所作的种种努力。提出具体的关于禁贩妇孺的建议。采取有效措施提出下列建议：

一是实行国际合作，各国都必须做到：（1）建立保甲制度；（2）进行婢女登记；（3）肃清妓女行业；（4）封闭烟窟赌馆；（5）对人口贩加以严惩；（6）对于鸨母子女施以特殊教育。

二是实行政府与各慈善团体之间的合作。可由国联在中国上海设一禁贩妇孺的总会，在一些重要口岸如天津、厦门、香港、澳门设立分会。

总、分各会知照各地方当局之公安局、社会局、警察局、教育局、航业公司与全国各地的慈善团体密切配合，共同组织如下机构：（1）幸福部，收容和安置被诱拐的妇孺；（2）保护部，办理对娼妓及被虐待的婢女合法保护；（3）职业部，为到外地求职的妇女介绍职业；（4）社会服务部，为之调查贫户妇孺并送病者住院，使失业者有工作，失学儿童进义务学校；（5）娼婢特别院，将这些特别妇女特别安置；（6）白俄妇女救济会，专办白俄妇女救济事宜。有的建议，如实行国际合作，与在华租界当局以及各口岸之轮船公司配合共同做好禁贩妇孺工作，又救济妓女，从教育与卫生等方面着手进行等等，均经大会表决通过。国际禁贩妇孺会议于2月13日下午闭幕。（《中国代表团出席国联远东禁贩妇孺会议经过报告书》，《北平香

山慈幼院院刊》1937年5月16日总第39期增刊）[1]

中国是远东地区妇孺贩卖现象最为严重的国家，第六个议题关于远东白俄难民已经堕落或将有堕落之危险问题，由宋发祥和颜雅清代表中国发言。那时候，中国国际地位非常低下，中国人被视为次等公民，毛彦文、颜雅清以她们秀美的风姿，不卑不亢的仪态，以及娴熟的外交辞令，周旋于各国代表团间，给与会者留下深刻的印象。报告书和建议书分发到各代表团，引起了强烈的震动。

颜雅清指出，俄妇在中国东北和上海已经成为严重的社会问题。国际联盟的统计，居中国的难民达11万3千多人，由俄国边境入东北，然后到各地。在上海就有9600人，俄侨中的音乐师、裁缝、语文教师、戏剧和跳舞之导师，生活均不成问题，开小酒店、小饭馆或公寓的，生活也颇不恶。但一些无职业之俄侨，既未受职业训练，又不懂英语和中文，为生活所迫，乃不得不暂操贱业，在租界的俄籍妓院就有50家，从业人员500人。在法租界的职业妓女30人，临时性质者470人。中国区域的俄籍妓女还有270人。这些数字已经证明俄籍妓女问题之严重。对此，颜雅清指出，中国政府已经准许这些俄籍难民取得中国公民资格，并且得以在中国学校就学，上海市政府管辖下的小学，免费就读，国内私人团体也提供赞助，但是此项费用需要的资金

---

[1]　这里是根据国内的材料整理的，而在帕蒂·哥莉的著作里，是这样的：
在1937年2月5日东方国家中心权力会议的第四次会议上，颜雅清提出了以下统计数据：
● 据估计在租界有约50所日本和朝鲜妓院，大部分位于虹口区。
● 根据法国的报道，在法租界没有一家外国妓院。然而有迹象表明存在有大量的街头卖淫现象。
● 在国际租界大约有1000名非中国妓女，其中很可能一半都是斯拉夫人。
● 法国当局估计在法租界有270名妓女从事非法卖淫。这些女子大部分都有父母，但她们的父母或者失业或者工资太低难以维持生计。
● 在国际租界有31家得到许可的舞厅，在法租界有18家注册并受到监管的舞厅，但是根据一些独立调查，在上海有将近100家舞厅。
● 对职业舞女的数量估计从2300到5000名不等。在这2300名职业舞女当中，估计约有96%是中国人，另外的4%当中有俄国人、葡萄牙人、日本人、朝鲜人、欧亚混血人、菲律宾人和犹太人。这个数据很重要，因为之前俄国妇女被认为在这个职业里面占多数。
● 关于这些妇女当中有多大比例从事卖淫活动有两种看法：
根据其中一个看法，外国职业舞女当中从事卖淫活动的占到50%，中国职业舞女当中占到65%到70%。
根据另外一个看法，在这些舞女当中至少有60%或偶尔卖淫或长期卖淫，不分中国或者外国的。
国际联盟，万隆东方国家中心权力会议，关于贩卖妇女与儿童的问题，1937年2月2日至13日，会议记录。Ⅳ.Social，1937年，Ⅳ，10（日内瓦：1937年12月），33—34页。

非常大，她希望国际联盟予以有计划、有组织及经济上之协助。

难以理解的是，陈鹤琴、熊希龄的有关回忆和当时发表的文章中都提到颜雅清出席该次会议，但是不知道是何原因，在会后发表的《国际远东禁贩妇孺会议中国代表团建议书》里，署名者却只有世界红十字会中华总会代表熊希龄、世界红十字会女社代表毛彦文、中华慈幼协会代表陈鹤琴、中国北平香山慈幼院代表关瑞梧[1]，而惟独没有颜雅清的名字。

会后熊希龄和代表团成员在爪哇又进行了为期20来天的参观考察，与当地华侨进行了广泛的接触。直到3月2日方乘荷轮"芝沙丹尼号"返程归国。5日抵港，7日回到上海。[2]

就是在这次会议进行期间，颜雅清的表叔，著名学者、清华之父曹云祥先生于1937年2月8日在上海不幸逝世，享年56岁。颜雅清来不及回上海参加表叔的葬礼。在曹云祥的一生中，一直努力想让表侄女颜雅清对巴哈伊信仰感兴趣，但直到他去世都没能成功。

1937年4月，颜雅清乘坐"艾曼诺·卡洛图"号（Ermanno Carlotto）[3]的意大利军舰，沿着长江逆流而上。她乘船的时候费尽了周折，好不

"江鲲"号浅水炮艇

[1]　《北平香山慈幼院院刊》1937年5月16日第39期增刊。

[2]　周秋光：《熊希龄传》，百花文艺出版社，1996年，第663页。

[3]　"艾曼诺·卡洛图"即"江鲲"舰，原为意大利海军在华之内河浅水炮艇，建于1923年（一说是1921年建造），舰身长160尺，排水量318吨。该舰曾是意大利首艘驶往重庆的军舰。距离颜雅清在其甲板上就餐之时六年后，1943年与Lepanto号由船员将其凿沉，以免落入敌军之手，但日军仍将其从河床中挖出来，并对其进行了整修，改名"鸣海"舰。日本战败后，由中国海军接收，改名"江鲲"舰。1949年起义。20世纪50年代初期服役于新中国。1960年除役。

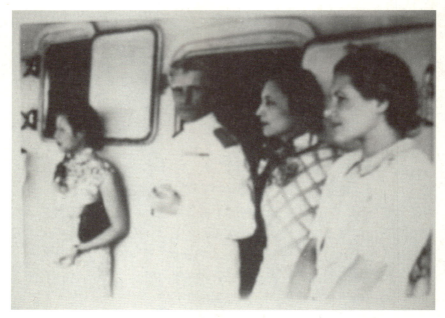

颜雅清（右二）和意大利船长在一起（陈国凤大夫提供）

容易到达重庆，从那里辗转到达日内瓦。颜雅清是中国外交使团成员，也是驻日内瓦的国际联盟来自世界各地的代表之一。

在基督教青年会驻上海的秘书珍妮·贝莉·帕金斯（Jeanne Bayly Perkins）小姐陪同之下，颜雅清到巴厘岛、印度次大陆、孟买、巴勒斯坦、埃及、苏伊士运河、红海、开罗、希腊，最后在意大利分手，秘书回国。

在国际联盟工作的时候，颜雅清利用工作之便调查了意大利的儿童福利项目，但是她的兴趣是学习飞行。认为飞行可以救国，所以在这里她正式学习飞行。

6. 参加英国国王加冕典礼

　　1937年5月12日，颜雅清在英国伦敦的一项重要活动是参加国王乔治六世的加冕典礼。她和前夫陈炳章又在一起共事了几周的时间。

　　乔治六世[1]，原名艾伯特·弗雷德里克·阿瑟·乔治·温莎，英国国王，1936年12月11日至1952年2月6日在位。他还是最后一位印

伊丽莎白王太后和丈夫国王乔治六世在加冕典礼上

　　[1]　King George Ⅵ，1895年12月14日—1952年2月6日。

度皇帝（1936—1947）、最后一位爱尔兰国王（1936—1949），以及惟一一位印度自治领国王（1947—1949）。乔治六世被家人称作"伯蒂"，在登基前则被公众称为"艾伯特王子"。他是乔治五世（原为约克公爵）和玛丽王后的次子。

《上海立报》1937年5月12日发表署名文章，专门谈及乔治六世的加冕，可见当时是一件国际性的大事。

1937年5月12日，是国王乔治六世加冕典礼正式举行的日子。这一天早上3点钟，国王和王后就被宫外的喇叭声唤醒了。军队随之到来，排列在街道两旁，每个人都没法再入睡了。仪式结束后，国王一家乘车绕行一圈回到白金汉宫，一路上站满了欢呼的人群。他们一次又一次地在人们声嘶力竭的欢呼声中走出来站在阳台上。

英国广播公司实况转播了乔治六世的加冕典礼，这是第一次演播室外的电视活动。一些早期的机械扫描器被使用在当时的广播实验上，英国就是使用这种机械扫描器对国王乔治六世的加冕典礼作了电视广播，吸引了5万名观众。

上个世纪三四十年代的英国历史，人们津津乐道的多是爱德华八世"不爱江山爱美人"的浪漫故事。为迎娶曾有婚史的辛普森夫人，爱德华八世不惜退位，仅执政325天。退位后，他成为温莎公爵，与辛普森夫人过起了平常人的生活。他的继任者，正是从小怯懦、口吃的弟弟艾伯特王子，也就是后来的乔治六世。

电影《国王的演讲》就是取材于这段历史，故事主角就是乔治六世。由于拥有一个像爱德华王储这样优秀的哥哥，自小害羞、口吃的"伯蒂"（昵称）看起来并没有继承王位的可能。他和妻子伊丽莎白在远离公众的平静生活中逍遥度日，抚养两个女儿。随着老国王身体衰弱，日益增加的公共责任落到了伯蒂身上，也因此，他开始了与口吃的艰难抗争，并找到了"民间医生"莱纳尔·罗格，两人在治疗的过程中建立了终生的友谊。

爱德华逊位后，伯蒂临危受命，成为乔治六世。两年后，二战爆发。在罗格医生的帮助下，乔治六世克服了口吃，通过广播发表了一篇鼓舞人心的圣诞节演讲，号召英国人反抗法西斯，成为二战中激励英国人斗志的重要因素。

作为中国国民政府特使团团长的孔祥熙，也赴英国参加庆祝英王加冕典礼的活动。孔祥熙为了博得英国皇室的青睐，自称是圣人孔丘的嫡系后代。但是，因为孔祥熙是山西人，英文发音不准，英文也学得不怎么地道，所以陈炳章就不仅要负责给孔祥熙起草演讲稿，而且还要教他如何发音，才不至于让英国人听不懂。出席宴会，孔祥熙也必须由陈炳章陪同。孔祥熙率团赴英参加完英王加冕礼之后，先后访问了法、德、美诸国，寻求欧洲诸强国制止日本侵华，希望国际社会主持公道，斡旋中日两国，和平解决争端。陈炳章一路随行。事后陈炳章被授予中华民国五等彩玉大勋章。

孔祥熙认为此系向英国政府讨好的良机，乘此祝贺机会提出借款，当不致落空。因而组成了一个人数众多、声势浩大的特使团，由他自己担任特使，海军部长陈绍宽和驻英大使郭泰祺担任副特使，行政院秘书长翁文灏担任秘书长，曾任外交、铁道部次长当时任整理内外债委员会秘书长的曾镕甫，和财政部关务署长张福运等担任参赞，海关总税务司英人梅乐和担任顾问。

英王加冕典礼特使团应该是单纯的赴英庆贺代表团，但实际上孔祥熙所要去的国家不限于英国一国，而是周游欧美各国。所负的使命也不是限于单纯的庆贺英王加冕典礼，而是包括借外债、买军火，甚至签订印制钞票合同，真是包罗万象，无所不备。

在这次活动中，颜雅清和前夫陈炳章经常在一起。颜雅清参加了在白金汉宫举行的舞会，是舞会上吸引眼球的女士。她身着张倩英特意设计的旗袍，雍容华贵，展示了中国服装文化的魅力。再加上她本来具有的演讲天才，地地道道的英文演讲，让很多西方人士折服。

据美国《艾伦斯堡报》1944年1月28日报导：《颜雅清1944年1月27日艾伦斯堡谈战争》，在这期间，她参加了丹麦政府在哥本哈根的宫廷舞会，也曾出席了英国王宫白金汉宫的假面舞会。在这次舞会上，颜雅清穿着张倩英为她专门设计的旗袍。

张倩英是享誉国际的，是当时上海第一个也是唯一一个创意时装设计师，曾经为著名好莱坞女星黄柳霜设计晚装，为当时卓具名望的中国外交之家的一员颜雅清设计了出席白金汉宫宫廷舞会的中式晚礼服，还为杰出女飞行员李霞卿设计了为中国飞行事业飞行时所穿的中式飞行服。张倩英被誉为"真正的女人"，是上海时尚界之后。她既现代，又极以本族的文化遗产为傲，并将这两种元素融入了自己的设计风格。

7. 九国公约签字国布鲁塞尔会议

在国外的颜雅清，无时无刻不在关心着国内的抗日战争。她得知1937年8月13日，日本侵略者将战火烧至列强权益最为集中的上海，1937年8月14日，"是血腥的星期六"，中日空军在上海上空激战，外滩和沙逊大厦的周围，是逃自苏州、河北的成千上万的难民。华懋饭店里有钱的洋人和中国人仍在品味着咖啡、冰淇淋、西式点心，透过玻璃看着窗外的人流。5架中国战斗机激战后，其中的一架被日机击伤，掉头回飞时不慎突然掉下两颗炸弹，落在了外滩与南京路的交界处，一颗炸了汇中饭店的屋顶，一颗将华懋饭店前的马路炸了个大坑。死伤很多，共有1700多人被误炸而死伤，其中有20多个外国人，还有个美国教授。这是一桩不该发生的惨剧。颜雅清内心想当空军的决心更大了，从此她更为注重飞行的问题。

上海当时对日本侵略中国已经奋起反抗，包括妇女在内，焕发了高度的爱国热情。何香凝1937年7月18日为响应宋美龄发起组织中国妇女慰劳总会，给张静江夫人的邀请信说："中国民族与国脉苟延到今，已到最后关头矣。天下兴亡，匹夫匹妇有责。凡我国人皆应各尽其力，各尽其责，合全国之力，以与日寇拼命。我们妇女既未能执干戈以卫社稷，救死扶伤、激励前方抗敌健儿士气，此乃我中华妇女应尽之天职，责无旁贷。"[1]从此，颜雅清把"天下兴亡，匹妇有责"作为自己的座右铭。

在日内瓦，1937年9月13日到10月6日召开的国联大会第18次会议

---

[1] 成春到：《抗日情怀》，《中国商报》2002年4月18日。

上，中国代表团心情沉重，尽管中国代表团团长顾维钧一再呼吁立即对日制裁，可是在奉行绥靖政策的英国操纵下，国联大会所通过的决议不仅完全不提制裁日本，甚至连顾维钧坚持最力的"谴责日本是侵略者"和"拒绝援助日本"这两条起码的要求，也未能为大会采纳。期间颜雅清又一次就妇女地位问题发表了声明，又作了"性奴隶"方面的讲话。颜雅清在日内瓦参加了第18届国际联盟会议，投票支持国际联盟提供的反对日本入侵的决议。[1]参加国际联盟第五委员会的中国代表有钱泰博士、胡世泽博士、Lieu Chieh、Chen Ting和颜雅清。

在9月18日的会议上，颜雅清代表女性，重申了以前提出为解决贩卖妇女儿童的行为而应该成立一个国际性的组织，叫"远东中央局"，可以设在中国的上海，以便加强中国当局和租界西方列强的沟通与合作。可惜这个组织并没有成立。根据《第五委员会会议记录》[2]，颜雅清也在9月25日的第八次会议上做了简短发言，希望中央局的事务要在国联的统一调配之下进行，而且必须有中国的参加。[3]

最后，国际联盟大会将解决"中日冲突"的难题，推给了《九国公约》签字国会议。当时南京来的于斌主教特意从意大利赶过来参加会议，但是会议结果却让中国与会者大失所望。

1937年10月，国联远东顾问委员会建议，由国际联盟召集"九国公约"会议解决中日冲突问题，顾维钧与郭泰祺、钱泰被国民政府委派为出席布鲁塞尔"九国公约"会议代表。顾维钧11月与会，并发表沉痛演讲。

该会议于11月3日在比利时的布鲁塞尔开幕，日本拒绝出席大会。布鲁塞尔向有"小巴黎"之称，其市政修明，街道整洁，园林优美，还有那些公共美术建筑物，都饶有邻国法兰西首都巴黎的风味。还有那个离中心广场不远处小便的石雕儿童，和丹麦首都哥本哈根的美人鱼一样吸引游客。颜雅清无暇游览，无心思去享受美景。但她脑海里却老是浮现那个小男孩的爱国故事。那时候，布鲁塞尔遭到外敌的入侵，敌人用炸药要炸毁布鲁塞尔的重要建筑，炸药包的引线

---

[1] 1937年9月12日，中国就日本全面侵华向国际联盟提出申诉，要求世界各国制裁日本。然而，当时把持国联的英国对此百般拖延和阻挠，敷衍了事，企图把中国的申诉推出国联之外。

[2] 日内瓦，1937年，23页。

[3] 帕蒂·哥莉：《飞天名媛》，张朝霞译，花城出版社，2012年，第392页。

1937年11月3日到24日，九国公约签字国布鲁塞尔会议开幕，中国出席会议代表为顾维钧、郭泰祺、钱泰。24日，会议通过《九国公约会议报告书》后，宣布无限期休会。前排（由左至右）颜雅清、梁龙、金问泗、郭泰祺、顾维钧、钱泰、胡世泽、杨光洺和不知名人氏（杨夫人严幼韵？）（陈国凤大夫提供）

吱吱冒着烟燃烧着，眼看就要爆炸！小男孩急中生智，不顾危险撒一泡尿，将引线熄灭了，从而拯救了比利时人的生命财产。颜雅清意识到，爱国不仅是中国人具有的美德，也是中外古今的通例。而眼前的会议，颜雅清感到非常失望，由于美、英、法诸国均取对日姑息态度，互相推诿，所以尽管顾维钧慷慨陈词再三，大会最终以一纸呼吁双方"停止敌对行动，求助于和平程序"的决议敷衍了事。国联大会和"九国公约"会议的结果使南京政府深感失望，王正廷的使命重点，随之转移到努力争取美国对华援助上。

布鲁塞尔《九国公约》会议通过的宣言
1937年11月15日

下列为1937年11月15日在比利时之布鲁塞尔通过之《九国公约》宣言，其间，意大利投反对票，挪威、瑞典及丹麦在对一般原则进行表决时弃权。

1. 各国代表聚集在布鲁塞尔审议了日本政府1937年11月12日答复我们1937年11月7日发给它的公函，遗憾地注意到，日本政府仍然认为中日冲突不属于《九国公约》的范围内，并且又一次拒绝为努力达成和平解决的目的交换意见。

2. 很明显，日本对冲突的争端和利害的观点，与世界大多数国家和政府完全不同。日本政府强调冲突只是中日间事，仅涉及两国。针对这一观点，在布鲁塞尔参加会议各国代表则认为冲突涉及1922年签署华盛顿《九国公约》的所有国家，以及1928年《巴黎公约》的所有国家，实际上也涉及国际大家庭的所有成员。

3. 不容否认，缔约各方在《九国公约》中确认，采取一项为使远东局势稳定而制订的特定政策，这是各方的希望；缔约各方还同意在其对华关系及在华各国的相互关系中，实行某些特定原则，在《巴黎公约》中，各方同意"在它们之间可能发生的一切争议，不论属何种性质或缘何原因引起，均应一律用和平方式而不得以其他方式，加以调停或解决"。

4. 无可否认目前中日的敌对状态，不仅损害几乎所有国家的物质利益，敌对状态已经造成第三国人民的死亡，给许多第三国人民以极大危害，给第三国人民的财产带来巨大损失，使国际交通中断，使国际贸易受到阻挠和损失，给所有国家的人民带来恐怖感和愤慨，使全世界感到惶惶不安和忧虑。

5. 因此，聚集于布鲁塞尔的各国代表认为这些敌对行动及其导致的严重局势同与会各国有极重要的关系，甚至对全世界具有严重的影响。在各国看来，问题不仅是远东两国的关系问题，而是涉及法律、有秩序的进步、世界安全及世界和平各方面的问题。

6. 日本政府在其10月27日照会中认定，在其11月12日之照会中又提及使用武装力量打击中国，是为了"使中国放弃其目前政策"。出席布鲁塞尔会议的代表们不得不指出，在法律上，根本不存在任何国家动用武装力量去干涉其他国家内政的法律的根据；而承认这一公理则可以永久消除冲突的祸根。

7. 日本政府争辩说，此事仅限于日中两国，应由两国单独着手解决。可是无法使人相信，使用这样一种解决办法能公正而持久地解决冲突。

日本在中国土地上已大量增加了武装部队，并占领了大片重要地区。日本当局也已经明确决定，日本的目标是要摧毁中国的抵抗意志和力量，使其屈服于日本人的意志及要求之下。日本政府断言，是中国的行动与态度违反了《九国公约》，然而，正是中国对此问题同该条约的其他国家进行充分和坦诚的讨论，而日本却拒绝同其中任何一国进行商谈。中国当局一再声明，他们将不会实际上他们也不能同日本单独谈判协议。在这样一些情况下，如果由日本和中国单独解决，那么，在使日中两国在不远的将来作出和平的承诺，并确保其他国家的权益，以及对远东的政治和经济稳定等问题的解决方面，是毫无任何可信的基础的。

相反，我们有一切理由相信，如果完全由中日单独解决，则武装冲突——导致生命财产的损失、骚乱不安、动荡不定、苦难、不和、仇恨，使整个世界不得安宁——将无限期延长。

8. 日本政府在其最近的公函中邀请参加布鲁塞尔会议的大国，根据远东局势的实际情况，为稳定东亚做出贡献。

9. 参加布鲁塞尔会议的各国代表的观点是，局势的基本实质就是上述他们提请注意的各项。

10. 参加布鲁塞尔会议的各国代表坚信，根据上述理由，不可能由双方直接谈判取得公正持久的解决办法。正因为这样，会议在致日本政府的公函中，邀请日本政府与他们商议或与为此目的而选出的少数大国代表共同商讨，希望通过交换意见可以接受代表的善意帮助，从而通过谈判达成令人满意的协议。

11. 会议代表们仍然相信，如果双方同意暂时停止敌对行动，使他们有机会试行上述建议，或许可能成功。中国代表团已经通告，准备参加这项行动。参加布鲁塞尔会议的各国代表感到很难理解何以日本坚持拒绝讨论这项办法。

12. 虽然希望日本不会坚持拒绝，但是参加布鲁塞尔会议各国必须考虑在一项国际条约中一个国家坚持反对所有其他国家的观点，认为它所采取的行为不属于该条约规定的范围之内，并把其他各方认为在此情形下必须实施该条约的条款的意见置之于不顾之现实。面对这一局势，与会各国必须考虑一个共同的态度予以应付。[1]

南京教区主教于斌从意大利赶到布鲁塞尔参加会议，他对会议结果非常失望。但是颜雅清在这里见到于斌主教而且成为朋友。于斌从这里到法国，再赶往美国，遍历美国30多个城市演讲达30多场，美国援助中国的第一批美元，就是于斌筹划到的。

---

[1] 美国国务院编：《美国外交文件（日本1931—1941年选译）》，张玮瑛等译，中国社会科学1998年，第134—136页。

几次国联工作和参加会议的经验，颜雅清发现"国联只是一个玩弄大国政治的场所，国联自成立时起，便由英、法等少数大国所控制，并成为大国手中的工具。这几个国家关起门来，就可以决定国联的各项事宜，那些公开的会议不过是做给公众看的"。[1]

颜雅清在国家地位不高、外交常常陷于困境甚至绝境的时候，依然能够恪尽职守，以一位女性所特有的敏感，为自己的国家争取权益。作为一个爱国者，不少与民国外交史上的重大事件、重要的交涉、重要的双边关系，都和这位女性密切相连，这一点，已经是非常难能可贵的了。而民国外交史的研究，并没有注意到她，现在应该把她的外交生涯作为值得开拓的领域，认真对待一下她的外交贡献了。

这个时候的日本和意大利的墨索里尼政府签署了条约，因此意大利也就成为中国的敌对国，颜雅清以前的意大利朋友，现在也成为敌人，不能来往了。

此后在大约2年的时间里，颜雅清访问了除芬兰、西班牙和葡萄牙之外的所有国家，从海参崴横跨西伯利亚到法国，从斯堪的纳维亚各国沿波罗的海沿岸和乌克兰直至里海。而在远东地区，颜雅清在参加了爪哇的国际会议以后，在上海的朋友，上海基督教女青年会秘书珍妮·贝莉·帕金斯小姐的陪同之下，游览了几个国家和地区，从而使她的旅程延伸到了斯里兰卡、菲律宾群岛、巴厘、爪哇、马来西亚及印度、孟买、埃及、巴勒斯坦和希腊、意大利。难得的是她在埃及游览了金字塔，对古埃及文明赞叹不已。在意大利，她单独游览了那不勒斯，而且看了维苏威火山的壮观景象，在那里一个小伙子给他一块岩浆石做成的烟灰缸，是她以后的珍藏。[2]

就在颜雅清和她的同事们在布鲁塞尔争取国家的权益时，国内的抗日火焰也是越烧越旺。报纸上大量报道与抗日有关的事宜。

1937年9月18日上海全市素食一天，节款慰劳将士。正午12时，全市民众就原地起立，宣誓效忠国家。同一天，在瑞士日内瓦，在匈牙利阿庞伊伯爵夫人担任主席主持的，国际联盟大会第18次常委会第五委员会第四次会议上，以《人道主义与一般性问题》为主题的辩论中，颜雅清提出，关于打击贩卖妇女儿童要成立的中央局，希望能够

---

[1] 帕蒂·哥莉：《飞天名媛》，张朝霞译，花城出版社，2012年，第110—112页。

[2] 同上，第49—50页。

设在中国，上海是最佳选择。9月25日，在国际联盟大会第18次常委会第五委员会，阿庞伊伯爵夫人主持的第八次，也是同一主题的会议上，颜雅清重申：中国政府对成立国际联盟远东局的提议一直持主持态度，当然这一机构要置于国际联盟的指导之下，而任何国际问题，必须要有中国的参与。[1]

9月26日，日机冒充我国飞机，违反国际规约，中国外交部照会各国使节严密注意。9月30日，出席国联会议之中国代表团要求认定日本为侵略国，适用国联盟约关于制裁侵略国之各项条文。10月7日，《救亡日报》报道，妇女界人士沈兹九、罗叔章、胡子婴等聚会欢送由胡兰畦带领的上海劳动妇女战地服务团奔赴前线。10月9日，国联发出请柬，邀请十三国在比京举行九国公约会议，以觅取解决中日争端之办法。10月10日，中国外交部照会国联，声明接受九国公约会议的邀请。11月3日，九国公约会议在比京开幕。11月4日，上海市舞女界救亡协会成立。11月5日晨，日海军陆战队在杭州湾金山卫登陆。上海国际红十字会难民委员会主席饶神甫宣布，将南市北部划作难民安全区的建议已得到中日双方同意。教育界人士蔡元培等人联名发表声明，痛斥日军破坏我国教育机关，吁请世界人士实施制裁。美国劳工领袖白劳德发表演说，称援助中国就是保卫美国。11月12日，中国军队撤离南市，上海全部沦陷。从此上海租界成为日军包围中之"孤岛"，上海人民开始了"孤岛"上对日抗争的新的斗争。[2]

抗日战争期间，颜雅清的父亲颜福庆教授担任了上海市救护委员会主任委员，在发动和组织医疗救护队方面做了大量工作。《新闻报》1937年8月14日："血在沸腾，心在亢奋，耳听着隆隆的炮声，眼看到熊熊的火焰。"《新闻报》关于救护委员会成立的报道（1937年7月21日）说：救护委员会昨成立本市救护事业协进会，遵中央规定，改组为本市救护委员会，于昨日下午四时在地方协会举行成立大会。公推陶百川、黄任之、庞京周为主席团。首由主席陶百川报告改组情形暨过去工作，继由党政机关代表各致训词毕，即席遵照中央规定改组成立为上海市救护会委员，并通过各案如下：一、组织章程；二、

[1] 帕蒂·哥莉：《飞天名媛》，张朝霞译，花城出版社，2012年，第391—393页。
[2] 上海社会科学院历史研究所：《上海史资料丛刊·"八一三"抗战史料选编》，上海人民出版社，1986年，第685—697页。

今日出席者皆得为本会会员。三、由会函本市有关各团体，正式推选代表参加；四、推选颜福庆为本会正主任委员，许冠群、徐乃礼为副主任委员。上海市救护委员会职员名单：名誉主任委员：虞洽卿。正主任委员：颜福庆。副主任委员：黄炎培、林康侯、许冠群、俞松筠、翁之龙、郭琦元。秘书长：王揆生。

《大公报》9月15日发表上海市救济委员会征募捐款物品启事：自八一三本市卫国战争开始以来，将士浴血抗战，贫民流离失所。本会等或救护伤员，或救济难民，或慰劳将士，责任甚重，需款甚多。目下战线扩大，本会等绵力有限，势难继续担负，为此不得不呈准政府吁请各界人士慷慨捐助，无论金钱物品，皆所欢迎，俾此神圣战争中应办各事皆得顺利进行，如期完成，国家前途，实利赖之。中日战争的起因，由于日本不断地侵略中国，想灭亡中国，所以我们不得不为生存而自卫。中日战争是和平主义对侵略主义的抗战。亡国奴就是"任人欺侮，任人劫夺，任人宰杀，祖宗的坟墓不能保，田园庄宅不能保，金银财宝都不能保，生活真是连猪狗都不如"。

救护委员会干部会议记录（1937年8月至1938年2月）记载由颜福庆主持经常召开会议：干部会议记录，第一次干部会议时间：廿六年八月五日下午二时。地点：本会会议室。出席者：颜福庆、许冠群、徐乃礼、王揆生、杨怀僧。主席：颜福庆。记录：王揆生。主席报告向抗敌后援会接洽款项经过情形。决议事项：一、由总干事办理领款手续。二、先根据中央规定，购买药品三万元，由许冠群先生负责办理。三、暂定玉佛寺、清凉寺两处为后方医院，容纳一千病床，必要时再移动。清凉寺由医师公会、卫生局负责，人才方面请徐乃礼先生接洽，床位设备方面由红十字会负责。四、本会经常办公费尚付阙如，推请王盅干事及杨总务组主任备函，即日分向各公团募集。第二次干部会议时间：廿六年八月六日下午一时。地点：本会会议室。出席者：颜福庆、朱恒璧、许冠群、徐乃礼、郭琦元、杨怀僧、王揆生、庞京周、徐世纶。主席：颜福庆。记录：王揆生。

《申报》发表关于救护委员会举行会员大会的报道（1937年11月7日）说：市救护委员会工作扩大，劝募经费添聘主任，六届训练班昨毕业。上海市救护委员会昨日下午四时假八仙桥青年会举行委员大会，到颜福庆、林康侯、张秉辉、黄任之、周邦俊、林克聪等五十余人。首由颜福庆报告三月来工作情况，继由林康侯、黄任之等相继演

1937年，瑞士日内瓦，中国驻国联大会首席代表顾维钧（正中）与中国代表施肇基、胡世泽（左一）、谢奉发在国联行政院主席办公室

说，声述该会因工作扩大，经费势必增加，希望各团体会员多多劝募经费，使此项事业能顺利进行，以加惠受伤将士云云。并悉，该会因事实需要，为增加力量起见，特敦聘黄任之、林康侯两君担任主任。

　　1937年是颜福庆有生以来最为忙碌的一年。抗日战争的大事情，朋友托付的事情都要他付出很多精力。比如陶行知《请给予吴树琴等实习机会——致颜福庆》就托付他给学生安排工作：

　　颜院长大鉴：现有同乡沈德华、吴树琴、黄彤麟三女士在中法药科肄业，不久结业，照例须实习。想在贵院指导之下，得一实习机会。如蒙允许，不胜感激。专此介绍，敬祝康健！

　　弟陶行知二六，三，一二（1937年3月12日）纽约

　　弟现在美国考察，演讲，冬天回欧，明春回国，知念并闻。[1]

　　救护工作的大任是颜福庆一直关注的最重要工作，为此发表《救护工作概论》（1937年10月29日）：惟是国家全面抗战之局已成，战

---

[1] 陶行知：《陶行知全集》（第八卷），四川教育出版社，1991年，第427页。

事决非一时所能结束，故切盼各界对救护工作，除精神上之声援外，更能不断与以物质上之捐助，俾救护工作得以充实。抗战前途，实利赖之。

　　在上海被占领之后，颜雅清上海的家人，也包括伯父颜惠庆，移居香港。

第五章 异国鲲鹏

——在美国展翅的抗日募捐之旅

1.取得飞行资格

　　中国大陆各种文章和图书中提到的女飞行家有卢佐治夫人、欧阳英、爱士德胜、王桂芬（秋瑾的女儿）、张瑞芬、权基玉、李霞卿、李玉英、朱慕飞、官露丽、杨瑾殉等，很少有人提到颜雅清，甚至有的航空史著作否认颜雅清的存在，认为颜雅清干脆就是李霞卿之误。

　　颜雅清的存在是客观事实。她的飞行有别于李霞卿。颜雅清在美国也写作Ya-tsing Yen，Hilda Yen，Hilda Ya-Tsing Yen Male。

　　颜雅清被美国媒体称为中国的"阿梅莉亚·埃尔哈特"[1]。在美国人看来，飞行史上最著名的女性，无疑就是阿梅莉亚·埃尔哈特，她也被人们称为"林白女士"，意为女性中的林白[2]。1928年，埃尔哈特和另外2个人乘飞机飞越大西洋。4年后，她成为继林白之后又一个孤身飞行的飞行员。1934年，埃尔哈特驾机从夏威夷飞往加利福尼亚州，此前已经有10位飞行员在这段旅程上丧命。1937年，埃尔哈特驾机从佛罗里达州起飞，打算进行一次环球飞行最终抵达加利福尼亚州。但不幸的是，埃尔哈特和她的飞机一起失踪，失踪地点据信是在距豪兰岛海岸56.14—160.4公里的区域内。

---

[1] 美国女飞行员阿梅莉亚·埃尔哈特（Amelia Earhart，1897—1937），1932年成为首位完成横渡大西洋飞行的女性。

[2] 林白，美国第一个不间断飞越大西洋的飞行员，1902年2月4日生于密歇根州底特律。1925年为少校飞行员，从事航空邮政。1927年5月20日，他单人驾驶一架仅有一般飞行仪表的"圣路易斯精神"号单翼飞机，从纽约罗斯福机场起飞，21日在巴黎布尔歇机场降落，不着陆飞越大西洋成功，飞行时间33小时30分，航程5810公里，实际飞行大西洋水面时间为28小时，林白因此闻名于世。后来还进行了多次长距离飞行。"二战"后任美国航空公司和美国空军技术顾问。1974年8月26日逝世。

阿梅莉亚·埃尔哈特

但是颜雅清这位"中国的阿梅莉亚·埃尔哈特",实在是更为不易,而且其飞行实践居然被航空史所忽视,甚至一笔勾销。

1937年12月,颜雅清离开欧洲,去美国纽约,她要做一只异国鲲鹏,扶摇直上,在美国展翅飞翔。她告诉家人,自己已经申请了美国的飞行驾驶执照,并且最后要驾机回中国服役。美国媒体报道了此事。

到达美国之后,1938年1月29日,美国航空飞行署给颜雅清颁发了40165号的学员飞行资格证书。证书上有她的体检数据:体重59公斤,身高1.7018米。这个身高和体重,就是今天的当红模特,也会艳羡不已。何况那时候的女孩子,身高1米65以上的非常罕见呢。为了实现飞行,颜雅清这次虚报了岁数,把自己的年龄改为1910年出生。

在纽约长滩米尼奥拉的罗斯福机场,一个专供飞行训练的教练赫伯特(O. P. Hebert),在莎菲尔飞行学校(Safair Flying Service)设在机场一个特意划出的飞行棚区,认真地给颜雅清上课。[1]

当时颜雅清本来住在华盛顿双橡园的中国大使馆,但是为了飞行训练的方便,颜雅清搬到离机场只有1.5英里距离的艾德菲大学花园市校区14街109号住,罗斯福机场的飞机起降噪音,陪伴她,远离市内的灯红酒绿,飞机从头顶飞过的那种感觉真是好极了。[2]

在飞行学校,颜雅清受到教练教授的不仅是技术,更是意志、毅力和勇气。在这所学校,她得知很多航空趣话。首创单人飞越大西洋的林白,就是在这里起飞的。1919年,美国人奥特格设立奖金,规定将款赠给第一位驾驶重于空气的航空器,由纽约至巴黎或法国海岸,或由巴黎或法国海岸至纽约,而不在中途着陆的飞行员。1927年,查尔斯·林白驾驶一架"圣路易斯精神"号的单发动机、单翼飞机完

---

[1] 帕蒂·哥莉:《飞天名媛》,张朝霞译,花城出版社,2012年,第60页。

[2] 同上。

成。这架飞机由圣地亚哥瑞安飞机公司花60天时间，专门为林白可以飞越大西洋赶制出。座舱外，机身、机翼凡有空隙的地方，都装上了油箱。1927年5月20日晨，纽约长滩米尼奥拉的罗斯福机场，因前夜的大雨，草地上湿漉漉的，人们担心恐怕飞不成了，再加上那天飞机上竟装载了950加仑（约3410升）汽油，飞机几乎成了一个会飞的大油箱。而且8个月前，美国的雷尼·冯克驾驶满载汽油的一架"西科斯基"三发动机的飞机，在这里起飞时机毁人亡。林白决心已下，坚决起飞。6时52分，飞机开始滑跑，地面人们提心吊胆，由于载油多，飞机显得笨重，第五次才拉起起飞成功。此后，他独自飞行。为了保持清醒，他把一只手伸到座舱外，直到手指冰得麻木，再换另一只手。他的双脚不停地踏动，直到累得酸痛。他用心地进行领航计算，以驱赶睡意。这样轮番苦斗，他终于看见红日在地平线上冉冉升起。在艰苦飞行27小时后，他看见海面上有一队捕鱼船，他高兴地猛冲下去，在离船20米的高度上大声叫喊："往哪边是爱尔兰？"到法国海岸德鲁维尔上空后，他取出一片三明治，就着一口水吃了下去，这是他起飞后的第一顿饭。终于，飞到巴黎了。全部航程整整飞了33小时30分29秒，人机安全地降落在巴黎的布尔歇机场。欢迎的人群狂欢着，不断地呼喊他的名字："林白！查尔斯·林白！"事后，他拿到了25000美元的奖金，那时候可是天文数字。[1]

这位飞行学校的教练收取700美元学费，教授的项目一点也不含糊：总共40小时授课时间，包括20小时的单飞训练或者教练同机飞行训练，课程包括：翻筋斗、俯冲、水平八字、上下横八字，陌生野地着陆跃升转弯、半滚倒转等，而颜雅清在意大利的训练使她没有感到多大的压力。颜雅清接受了很多飞行训练，也请求接受军事飞行的训练。她说：女性也可以和男性一样进行军事飞行，操控飞机。我不富有，但是我们曾经有个家，这个家现在被日本毁了。连我们家的树木也难以幸免，被完全烧焦。感谢上帝，中国人民在抗日。[2]

1938年11月10日，颜雅清拿到了私人飞行员执照，成绩优秀。帕蒂·哥莉告诉我们："《民航条例》和《导航及气象》这两门课的

---

[1] 王冈、曹振国主编：《中小学生航空航天知识·航空趣话》，北京科学技术出版社，1998年，第29—31、57页。

[2] 帕蒂·哥莉：《飞天名媛》，张朝霞译，花城出版社，2012年，参见第61页。

颜雅清和她的私人飞机（陈国凤大夫提供）

成绩分别为80分和90分。到课程结束时候，颜雅清至少乘坐或驾驶两架不同型号的飞机，一是教练机，二是柯蒂斯—莱特公司的色当机，完成了25小时的教练同机飞行训练，以及21小时的单飞驾机训练。"[1]"万事俱备，只欠东风"，飞机一到，颜雅清就可以飞了！

1938年1月，她到达华盛顿。《华盛顿邮报》说，颜小姐已经成为所到之处的中心，是大家关注的焦点。她以飞行员之身报效祖国的雄心壮志，尤为人们佩。除了为祖国的事业奔走，她依然对妇女儿童问题感兴趣，对调查儿童如何接受身体和心智方面最佳的关爱付出很多的努力，为妇女儿童的事业而奔走，她对该项事业的兴趣，她的深厚的学识和努力，为华盛顿社交界所瞩目。为此，她利用一些学习飞行的间隙，到美国劳工部取经，学习美国先进的社会福利管理办法，在劳工部儿童福利部门凯瑟琳·兰鲁特小姐的指导下，开展了调研工作。调研的重点，是了解儿童在性格形成时期，如何接受最好的生活照料和情感关怀，有一些什么好的办法，而她会把这些办法提交给中国政府的有关部门。颜雅清说："我已经开始研究美国儿童福利部

[1] 帕蒂·哥莉：《飞天名媛》，张朝霞译，花城出版社，2012年，第67页。

门的情况，然后再转到妇女福利保障部门，我发现在这两个部门开展调研都很有意思。"[1]她的这种经历和兴趣，似乎有意无意地在某种程度上，对自己作为母亲身份的欠缺作了补充。她在莫斯科和上海成功组织聚会的经验，为她在大使馆的服务提供了很多精彩的篇章。在许多场合，她都有过"排患释难解纷乱"的经历。

于斌主教

在接下来的几个月，她在美国纽约和华盛顿度过。逐渐和驻美大使王正廷[2]熟悉起来，参加了大使馆的很多社交活动。

在1月20日中国大使馆组织的一次聚会上，颜雅清第一次得以进入华盛顿社会。在那里她遇到了美国驻南京大使馆的二秘帕克斯顿[3]（John Hall Paxton），他当时因在美国炮舰潘莱（*USS Panay*）号上受的伤还拄着拐杖。那是1937年12月14日日本轰炸机袭击并击沉了在长江上航行的潘莱号，但日本外交官很快就平息了这次事件，并称这次袭击不是故意的。在圣诞节前夕，日本向罗斯福总统正式致歉并被

[1] 同上，第63页。

[2] 王正廷1937年5月26日到任，致力求助美国援华抗日和团结旅美华侨支援祖国抗战的活动。1938年9月17日，被免去驻美大使职，离任后取道香港回国。

[3] 1937年11月20日，中国政府宣布撤离南京前往汉口和重庆，1937年11月22日美国大使离开南京前往汉口。由于南京尚有18名美国公民拒绝撤离，大使馆二等秘书艾奇逊、帕克斯顿和武官助理罗伯茨上尉留在南京大使馆，负责处理日常事务及与国务院保持通讯联系。12月7日艾奇逊认为他们已为留在南京的美国人做了能做的一切，并将自己的住所留给美国人在危急时刻使用。12月9日，光华门等地爆发战斗，艾奇逊等一行于下午3时离开南京市区，登上停泊在下关江面的潘莱号撤离南京。根据《约翰·拉贝日记》，欧内斯特·H·福斯特秘书发送的电报：我从日本海军处听说，负责安全接运美国大使馆馆员的美国潘莱号炮艇被日本人误炸沉没，死亡两人。一人是桑德利，意大利一家报社的记者；另一人是查尔森，"梅平"号的船长。美国大使馆的帕克斯顿先生肩部和膝部受伤，斯夸尔的肩部也受了伤，加西的一条腿断了，安德鲁斯少尉受了重伤，休斯艇长也断了一条腿。（http://bbs.cqupt.edu.cn/bbsanc.）

接受。[1]1938年2月，其时王正廷大使一家，包括女儿王毓霭，正在大使馆招待来自南京的于斌主教[2]，于斌博士当时的身份是南京名誉主教、中国国民政府救济委员会特派大使、上海慈善协会代表以及中国天主教战争救济协会的创始人之一和理事。招待这样重量级的人物，颜雅清也参与帮忙。

一场突如其来的大雪，导致华盛顿大面积停电。忽然间的停电使大使馆霎时间一片黑暗，大家不知所措。颜雅清非常及时地弄来了大蜡烛。在烛光之中，客人们重新回到温馨的交谈之中，解决了大使馆的窘境。[3]

从此颜雅清也和在欧洲认识的于斌主教进一步熟悉，为此后进行的"一碗饭运动"准备了条件。

因为颜雅清在日内瓦、伦敦、巴黎、罗马、哥本哈根和国际联盟服务的经历，有高效而出色的表现，很快被请求在华盛顿讲演。她带有预见性地指出：无论准备充分与否，日本在远东的冲突，很快会影响到美国自身的和平与安全。

颜雅清应邀在华盛顿切维·蔡斯女性俱乐部（Woman's Club of Chevy Chase）讲演，该俱乐部是一个无党派、妇女志愿服务组织。成立于1913年，有长期和杰出的历史，鼓励妇女提高自身素质，解决社会和国家的需要，扩大自己的权利。俱乐部还涉及妇女、儿童和家庭关注的问题。在其漫长的历史中，俱乐部的成员，从事社会慈善项目和文

---

[1] 帕蒂·哥莉：《飞天名媛》，张朝霞译，花城出版社，2012年，第69页。

[2] 于斌（Paul Yü Pin，1901年4月13日—1978年8月16日），字野声，罗马天主教枢机，祖籍山东省昌邑县，出生于清黑龙江将军辖区兰西县，洗名保禄，字野声，为第二位华人枢机主教。曾任天主教南京总教区总主教、天主教辅仁大学在台复校首任校长等。1937年，抗战爆发，于斌随政府西迁重庆，主持难民救济工作，又发起百辆救护车运动。抗战期间，他曾前后八次前往欧美国家，到处发表演说，争取国际上的同情和援助。中国得到的第一批美援就是于斌的功劳。蒋百里将军钦佩其为外交奇才，向蒋中正推荐。从此于斌与蒋家父子的关系一直非常密切。1938年被国民政府聘为国民参政会参政员。由于于斌经常忙于各种政治活动，也被媒体称为"政治主教"。

1937年10月到1938年5月，遍历意大利、法国、比利时、瑞士、英国、爱尔兰、荷兰、美国、加拿大等欧美国家，揭露暴日真相。《大公报》载："于主教到大学演讲，到无线电台广播，在报纸上发表谈话，果敢地抨击强权，他不但坚决地反对日本的横蛮，且对于意德的行动敢加以声斥。"1939年2月，于斌主教再度赴美，吁请美国继续救济我国难民。他前后活动达8个月之久，遍游了美国40个州129个城市，除了与有关赈灾募款机关接洽外，还访问了美国朝野"有力之领袖"美国总统罗斯福、美国红十字会会长大卫氏、哥伦比亚大学校长巴特拉博士等。

[3] 帕蒂·哥莉：《飞天名媛》，张朝霞译，花城出版社，2012年，第63页。

化活动。其中一些项目，有助于支持美国红十字会、无家可归者、工作中的穷人和低收入家庭，帮助陷入困境的儿童和青少年成为独立的、富有成效的成年人，为严重受伤的士兵和他们的家庭提供支持和宣传指南。

颜雅清演讲的对象是该俱乐部的成员和美国国立法学院的女生，她愤怒地引述臭名昭著的《田中奏折》，那份奏折是伯父颜惠庆1931年10月在国联理事会上，彻底揭露日本侵华早有预谋的真相的重要证据。颜惠庆举《田中奏折》为例，来说明日本对东北早就抱有领土野心。《田中奏折》杀气腾腾的话是："将来欲制支那，必以打倒美国势力为先决问题。与日俄战争之意大同小异。惟欲征服支那，必先征服满蒙。如欲征服世界，必先征服支那。倘支那完全可被我国征服。其他如小中亚细亚及印度南洋等，异服之民族必畏我敬我而降于我，使世界知东亚为我国之东亚。"很清楚，日本的野心就是征服亚洲称霸世界，"要征服世界必先征服中国"。当颜雅清说到这里的时候，会场上鸦雀无声。颜雅清让美国人知道，日本不仅要征服中国，也要征服美国。中国和美国的利益是一致的，"日本对墨西哥的觊觎表明，看似发生在遥远的远东的战火很快会危及美国的和平与安全"。[1]几年以后，日本偷袭珍珠港的事实，印证了颜雅清的预见，颜雅清的战略性眼光获得美国人的喝彩。

1938年5月16日，在华盛顿里亚尔托大剧院的一次会上，颜雅清面对1500多名沉醉于和平与安全之中的美国听众，阐述自己的思想。《华盛顿邮报》1938年5月17日报道了她的演讲，题目是《1500人共同寻求和平》，她说：中国必须自我防卫，不然就会亡国，民族就可能不复存在。日本反战人士石垣绫子（Ayako Ishigaki）和颜雅清一起站在台上，督促人们抵制她的国家，谴责自己的国家。美国政府非常担心她的安全，他们专门为她安排了私人保护以防有任何暗杀她的企图。在美国进行反战活动的石垣绫子小姐在1940年出了本畅销书，题为 *Restless Wave: An Autobiography*。

颜雅清在美国各地的演讲大受欢迎。甚至美国副总统约翰·南斯·加纳（John Nance Garner）的夫人在场的时候，她也是媒体追随的焦点人物。因为她的穿着实在是太美了：头顶芥末黄的女帽，肩上

---

[1] 帕蒂·哥莉：《飞天名媛》，张朝霞译，花城出版社，2012年，第64页。

罗斯科·特恩（Roscoe Turner）上校向中国籍女飞行员颜雅清赠送飞机"新中国精神"号（照片来自帕蒂·哥莉《飞天名媛》）

披一件银狐飞皮毛披肩，那是世界级贵妇人的打扮。以前的表演，颜雅清也披过雪白的貂皮披肩，搭配一袭白缎子的旗袍。颜雅清的讲演和表演安排得满满的。在如此繁忙、紧张的事务之中，人们简直不知道她利用什么时间来学习飞行。

她的邀请函接踵而至，1938年5月底，她准备在五月花宾馆举行大型招待会，以答谢那些追随者。五月花酒店位于华盛顿哥伦比亚特区的观光和商业中心位置，在这个4星级的饭店内，参众两院的代表，还有美国军方的代表，200多人出席，尤其是对美国外交有深刻影响力的政治家、参议院多数党领袖亨利·卡伯特·洛奇（Henry Cabot Lodge，1850—1924）遗孀的参加，更为会议增色不少。还有颜雅清的赞助者中国救援协会的成员也参加了。自1937年9月，中国妇女救援学会发起一系列活动。1938年2月，中国艺术珍品展举办，4月份，颜雅清被选为中国救援协会副主席，著名华侨许肇堆夫人是主席。她的活动更为方便。[1]

在国内，颜惠庆和颜福庆在为颜雅清的命运担心，他们不知道颜

---

[1] 参见帕蒂·哥莉《飞天名媛》，张朝霞译，花城出版社，2012年，第66页。

雅清的飞行技术是否合格。

　　1939年新年，李霞卿从旧金山飞到纽约与颜雅清会面。3月23日，她们要同机飞行，在弗洛伊德·班尼特空军基地准备，伟大的美国之旅即将开始。

　　颜雅清一边准备飞行，一边准备演讲的稿子，休息成为奢侈的事情。李霞卿是有经验的飞行家了，这次为了提高颜雅清的驾驶技能，李霞卿自己坐在副驾驶位置上。颜雅清穿着飞行服，而李霞卿则是上身便装，下身裤装。第一站是飞到费城卡姆登机场，几乎没有费什么劲，就完成了飞行。第二天，她们继续飞行，目的地则是美国首都华盛顿，当时也是难民救济会的所在地。快降落的时候，颜雅清看到了自己的老朋友于斌主教的身影，原来于斌是特意赶过来迎接她们，为她们接风洗尘的。当晚，于斌主教在华盛顿联合火车站的一个酒店举行庆祝会，庆祝她们试飞成功。那么多的美国知名人物都来参加这次庆祝会，奥图尔神父、中国大使馆官员、新闻记者都把颜雅清看成英雄。

　　李霞卿就是著名电影演员李旦旦，她18岁毅然离开电影圈出国，留学瑞士日内瓦科恩梯南飞行学校，成为第一个拿到瑞士飞行执照的中国人。由于该学校没有高级教练课程，她又考入了美国奥

颜雅清身着张倩英设计的服装

国内的一家烟草公司——慈顿公司
抓住商机大作广告

191

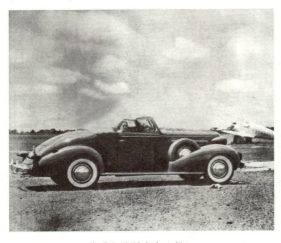

李霞卿的轿车和飞机。

克兰市波音航空学校深造。改用英文名字 Ya Chingke，译音是广东话"霞卿"，与普通话"雅清"相似，这也是后来的研究者容易把她们俩混为一谈的原因之一。

1935年李霞卿在美国芝加哥接受飞行训练，12月李霞卿从美国回到了上海，她回来的主要目的，是准备在上海定居，并与友人发起创办上海中国飞行社，这是一个民间航空组织，李霞卿亲自担任飞行教练。

上海中国飞行社于1936年3月1日正式成立，在龙华机场举行了盛大成立仪式，有两百多人参加了盛会。这一天，李霞卿驾驶单翼轻型飞机在上海翱翔成功，成为中国第一个飞上中国天空的女飞行员。为了唤起更多的中国女性对航空的关注，李霞卿决定在飞行社成立这天举行航空表演。李霞卿驾驶的是一架橙红色的单翼轻型飞机，该飞机命名为"新中国精神号"。她的飞机在上海龙华机场起飞，绕上海市飞了三圈，引起了巨大的轰动。又从上海飞到湛江，从北平飞到成都，创当时中国女子国内长途飞行的最高纪录。

在1936年10月21日这一天的下午，浙江派人找到颜雅清，提出希望颜雅清参加庆祝蒋介石的50虚岁的生日，是1936年10月31日。全国都在提前庆祝。但是自1931年开始，中日之间的战争不断，这时候的战争更为一触即发。中国的防御系统，没有空军，全国开始募捐集资，加强空中防御。借庆祝蒋介石生日之机，上海为募捐抗日，捐献了10架飞机。在这之前一周，李霞卿在上海龙华机场举行了第二次飞行花式表演，又一次引起轰动。社会名流都出席了表演，颜雅清和母亲也都参观了这次表演。完美的表演引起现场的巨大轰动，青年们也希望像李霞卿那样做飞行员。李霞卿一个漂亮的俯冲，在观礼台上空掠过，引起满堂喝彩。

正是这次难得的机遇，颜雅清和李霞卿见了一次面。表演结束之后的下午，颜雅清和李霞卿交谈了很长时间，两位女强人凑在一起，碰撞出很多思想的火花。她们有太多的相似之处，都在日内瓦生活过，都有两个孩子，一男一女，更为令人惊讶的是几周之前和丈夫离婚。另外她们非常勇敢、坚强，意志坚定，为国家愿意牺牲自己。颜雅清从此喜欢上了飞行。在一系列交谈之后，她们打算共同组织一个飞行俱乐部，鼓励年轻女性步入飞行行列。接下来，她们为实现计划而努力。她们也很现实，没有经费，就很难实现。颜雅清也想努力学习飞行。

《中华》杂志1936年第46期封面人物李霞卿

当时在国内的报纸上，颜雅清和李霞卿已经是知名的飞行家了。据记载：1933—1934年在瑞士日内瓦学习飞行毕业的李霞卿女士，1935年初再到美国波音航空学校深造，在旧金山湾上空飞行，造成大新闻。李霞卿还表示要以学得的飞行技能回国效力。同期还有一位在莫斯科使馆工作的颜雅清女士，1935年在国联的妇女委员会首次发表演说为中国女性地位呼吁，稍后亦回国效力政界。黎民伟曾在1936年的元旦贺卡上写下"国防实力之前卫是空军，国防文化之主力是电影"之句。同年在上海，李霞卿、颜雅清发起学习飞行、航空救国，华南的伍锦霞则全身投入拍制国防电影，可以说是遥相呼应吧。[1]

颜雅清已经详细了解到李霞卿的这段精彩的飞行：

"啊——！"她惊叫一声。座椅的皮带断裂，她猛地被甩出机舱。眼前一阵黑云，金星飞溅……巨大的气流有如万把锋利的尖刀，刺着李霞卿的皮肤、五官、四肢，她的意识苏醒了。听见耳边呼啸的风声，那么响，像老磨房十八盘大磨同时转动。巨大的风力使她无法

[1] 罗卡：《追寻电影先驱伍锦霞——跨界创作的先行者》，《影视文化》（吕效平，丁亚平主编）2009年第1期，第141—142页。

睁眼，她感到自己像块瓦片，正飞速下坠、下坠，身下是2000米的高空……就这样向人生告别了？23年春与秋，作为人生的旅程，太短太短了。她还没有把人生的酸甜苦辣全部品尽，她还没有来得及报效祖国，怎么就此了结呢！强烈的求生欲望使她一下子镇静了。良好的心理在关键时刻发生了作用。她的思路越来越清晰，越来越有条理。她的手向背后抓去。救生伞！克服着强大气流的冲击，拼尽了最后的力气，猛地拉动伞锁。只听"嘭"地一声，伞终于张开了。似乎只有30秒，降落伞带着她坠入旧金山的海湾里。她挣脱了降落伞的绳索，镇定自若地在海上浮游，对着大海，对着陆地高喊着："我爱你，爱你！爱你！"获生了！生命对一个人是如此的宝贵，亢奋的她，想拥抱世上每一个人。美国海军派出的水陆两用飞机和快艇在大海上发现了李霞卿。一随艇记者被这湿淋淋的鱼美人震惊了。她那梦一样美丽的眼睛欢笑着，没有一丝惊慌，仿佛她刚刚遨游了龙宫。[1]

一个明媚的春日，旧金山美洛斯机场聚集着成千上万的华侨、西方人，他们的眼睛一齐望向800英尺上空。蓝天上，一架橙红色飞机表演了各种飞行特技之后，一个小蓝点从机舱爬向机翼。"噢！上帝。那是一个女人！"人群中一个妇女尖尖地叫了声。蓝点儿在机翼上一个直立，舒袖轻舞。人群还在惊诧、恐惧、喊叫中，突然那个蓝点儿一个翻滚，顺机翼落下，悬在一条闪光的白带子上。她荡在高高的空中，风把她的蓝衣、蓝裤吹得鼓起来，阳光把那蓝衣、蓝裤照得熠熠生辉，她成了一面闪光的、迎风招展的蓝色旗帜。她一手攀着白色缎带，凌空做着各种令人目眩心悸的惊险动作，另一只手时而向地面的人群挥舞，时而向驾驶者指示着什么。飞机回旋一周，在机场徐徐落地。震耳欲聋的欢呼声如雷动、如海啸，万头攒动，望着从机舱里走出来的一位秀丽女子。她蓝缎宽袖圆边大襟衫，蓝缎宽脚如意裤，一双大红闪光缎子底鞋，束起的发髻上斜插着一朵黄菊。一刹那，人们仿佛置身另一个国度——中国。东方式的服饰更触动了人群中的华侨，一刹那，多少往事，多少酸楚，多少思乡怀土之情啊！一位老妇人竟掩面失声……人群随着蓝衣的闪烁骚动着、拥挤着，掌

---

[1] 王玉彬、王苏红：《血色天空——中国空军空战实录》，四川人民出版社，1996年，第117页。

声、呼喊声久久不息，直到她站在一个高高的舷梯上，微笑着向人群致意，开始演讲：

我亲爱的骨肉同胞，亲爱的美国朋友们，多蒙你们隆情厚义，感佩难忘。现在中国正受蹂躏，中国人民正在战火血泊中挣扎，国难当头，应急图拯救，小妹环飞美洲宣传抗日，征求募捐，效力疆场，以尽匹妇救国之责，庶不负我怀抱……

演讲被激奋的掌声一次次打断。机场上无论中国人、西方人，均为这个东方女子的牺牲精神感动。捐款的签名单密密麻麻，有中文、有英文，中国总领事馆、中华总会馆、华商总会、各种中文报馆，分别举行茶会、宴会、欢迎会，以壮行色。李霞卿接着又飞访了美国巴梳、圣地亚哥、贝市、洛杉矶等许多城市，被外国记者誉为"飞行使者"、"中国一位亲善特使"。她所到之处，都受到华侨及美国航空界人士的热烈欢迎和热情款待。盐湖城并派出15架飞机到离该市20分钟航程的上空迎接，十分隆重，俨如国宾。这位充满爱国血性的李霞卿，以她绰约的风姿，惊人的美貌，非凡的勇敢，潇洒的举止宣传抗日，募集捐款，曾在州长大厦起涟漪，在市长大楼显魅力，一时传为美谈。报纸也追踪采访，争相报道，一度出现了全美的"李霞卿热"，这使她的募捐活动取得了极大的成功。[1]

颜雅清从朋友李霞卿的飞行得到启示，大敌当前，在日本的强势之下，中国要得救，必须发展空军。

颜雅清同时也清醒地认识到，中国的空中很薄弱，南京政府几乎没有任何制空权，对敌机毫无还手之力，政府退入中国腹地重庆，但日军飞机仍然可以长驱直入进行轰炸。在进入三维立体战争的时代，中国军队实际上仍然只有陆军，空军弱小到可以忽略不计。中国正式进入对日全面抗战后，政府更迫切希望拥有一支空军，哪怕能够保持局部制空权。在宋美龄就任航空委员会主席的时候，中国各种飞机总数只有500架，大多数是孙中山时期留下的，而能够升空作战的只有91架。新组装的意大利菲亚特飞机，质量极不可靠，甚至有的试飞的时候就一头栽下来，被飞行员们称为"飞行棺材"。为此宋美龄在

---

[1] 王玉彬、王苏红：《血色天空——中国空军空战实录》，四川人民出版社，1996年，第120—121页。

上海英文《大美晚报》1937年3月12日的副刊《中国之航空》，发表《航空与统一》一文，阐述了空军对中国的重要性，她说："一切促进中国统一的新发明，或许要推飞机的功绩最为伟大。飞机清除距离的能力和促进边省与各省间，或边省与中央间的密接而消除其误会猜疑，恰好成为正比例，中国不久以前，既没有飞机场，又没有飞机，如今于航空总站以外，凡是全国各城市，虽短距离间，也都筑有临时机场，必要时可随处降落，以策飞行的安全，日后将临时增辟，原有的机场也将改良扩大……将来各大城市必定有精良的机场和航空交通的设备，到那时，中国在世界航空发达的诸国之间，也将获得相当的地位了。"[1]

颜雅清曾经利用在意大利的机会，在罗马机场学习了飞机驾驶，获得了意大利政府颁发的单飞证书，获得独立飞行执照。难怪乎伯父颜惠庆在日记中惊呼雅清不知道怎么在意大利花了那么多的钱。学习飞行的费用自然是很高的。颜雅清短暂回国以后，在上海帮助李霞卿组织中国女性飞行俱乐部，而后在欧洲学习妇女儿童福利方面的课程。

---

[1] 白海军：《宋美龄：用玫瑰平衡战争》，团结出版社，2008年，第94—95页。

2. 在美国飞行

国内的报道说：1939年3月24日，日陆海空军全力进犯江西武宁。修水北岸之望人脑、棺材山、加白老，南岸之洞口、罗坪等重要据点，经反复争夺后相继失陷。而在大洋彼岸，中国女青年飞行员颜雅清、李霞卿在美为祖国难胞募捐举行环美飞行，是日由纽约起飞。为了支持这一壮举。

中国女青年飞行员颜雅清、李霞卿在美为祖国难胞募捐举行环美飞行，是日（1939年3月24日）由纽约起飞。4月3日，美著名飞行家窦尼尔以其亲自监制之新式单翼游览机赠颜雅清，并亲自驾驶至华盛顿举行赠机典礼。[1]

1939年4月，李霞卿与另一位中国女飞行员颜雅清驾机巡游美洲各地，进行抗日宣传和筹集款项。受到华盛顿等地华侨和各界人士的欢迎和捐助。美国著名飞行家罗斯科·特纳（一译窦尼尔）将研制的新式飞机赠予颜雅清。[2]美京侨胞和美众议院议员等约100余人参加了隆重的献机仪式，美国一家影片公司还将其盛况拍摄成影片。[3]

颜雅清告诉记者，罗斯科·特纳赠送的这架飞机是一架"Porterfield-Turner"。帕蒂·哥莉说，对这个型号飞机的详细描述

[1] 《中华民国史资料丛稿大事记》第25辑，中国社会科学院近代史研究所，中华民国史研究室，中华书局1981年，第35页。

[2] 《中华民国大事记》第4册（第27卷—第33卷）》，总编李新，主编韩信夫、姜克夫，1997年，第399页。

[3] 《我国两女飞行家环飞全美》，《新华日报》1939年4月。

1939年4月3日，在华盛顿哥伦比亚特区，罗斯科·特纳将"新中国精神号"飞机赠予颜雅清，机身上写着颜雅清的英文名字（陈国凤大夫提供）

见"Porterfield–Turner2–place 50hp Model 50"。[1]

这是一张摄于1939年4月3日的照片，在一架红色单翼飞机上标出颜雅清的英文名字，Miss Hilda Yen，机身上写着"新中国精神"号，颜雅清烫发披在身后，身穿白色旗袍，左肩上斜披着一件貂皮大衣，右手扶着机翼的撑杆上，脚上穿着鱼嘴高跟鞋，还是带防水台的，俨然是个摩登女郎的形象，就是在今天也是相当新潮的打扮。颜雅清身旁的这个美国军人是罗斯科·特纳上校（Col. Roscoe Turner，当时国内报道称为窦尼尔），是他赠送了这架飞机给颜雅清，该飞机由波特菲尔德工厂制造。

罗斯科·特纳上校在美国是家喻户晓的人物。他不仅是一位飞行英雄，而且还是一位传奇人物，他走到哪里，就把自己的宠物——一头雄狮带到哪里。他赠送飞机给颜雅清，本身造成的轰动效应，比任

　　[1]　《航空文摘》1939年7月，第117页。

何广告都来得快。

1938年12月15日，美国《斯波肯每日纪事报》据"美联社传真"刊登了一幅颜雅清穿着飞行服在驾驶舱准备起飞的照片，说明她是在美国接受的飞行教育，已经在星期二即12月13日，南京大屠杀纪念日，在纽约拿到了飞行执照。颜雅清准备在美国

美国报纸刊登的照片，颜雅清1938年11月于美国罗斯福基地

飞行一个月，筹集资金救援自己的祖国。斯波肯是胡适讲演最多的城市之一。1938年2月胡适在这里与底层民众接触，一共演讲7次，向美国普通民众宣传中国的抗日。

颜雅清在纽约和华盛顿特区居住，继续学习妇女儿童福利课程，多次发表公共讲演，在救济和社会福利等各种机构中任职，计划和李霞卿多次横穿美国的飞行，为抗日战争募捐。

罗斯科·特纳和他的宠物狮子

Injured in Crash

MISS HILDA YEN.

美国报纸上的照片

1939年3月中国援助之行的第一天，颜雅清与李霞卿（右）于费城卡梅登机场接受献花（照片来自帕蒂·哥莉《飞天名媛》）

《中国大百科全书·航空航天》卷《中国近代航空史》条目称："在海外较有成就的女飞行员有颜雅清和李霞卿，抗日战争期间，她们都曾在美洲飞行，为中国抗战宣传和募捐。"[1]

为了宣传抗日，李霞卿驾驶橙红色单翼轻型飞机"新中国精神号"前往美洲各国为难民筹款。在美国，她和颜雅清女士曾共同举行环飞全美各大城市的活动。两人曾立志愿书一份，上书："雅清、霞卿自愿献身国家，为难民请命，此次出发向全美募捐。所有捐款统由捐款人用支票寄交赞助委员会会计奥图尔博士经收，并交由于斌主教转寄重庆国民政府赈济委员会，以为救济费用，本人决不接纳分文。至于飞行期间，倘遇任何危险及其他一切损害愿自行负责，与他人无关。"[2]

O.K.Kohan说，问到单独一个人飞到一个地方或整个半球，是不是冒险的事时，颜雅清说，"所有中国人，不论在国内或在世界各

---

[1] 中国大百科全书出版社1985年，第599页。

[2] 雨时：《中国女飞行家李霞卿涉足好莱坞》，《电影世界》1990年第10期，第33页。

颜雅清"善心飞行"公告明信片，这张照片是父亲颜福庆最喜欢的照片

地，为了祖国，是很少想到危险的"。[1]

　　这张英姿飒爽的照片，颜福庆非常喜欢。"文革"前一直放在办公桌玻璃板下。抗战爆发后，颜福庆写信叫正在美国留学的长子颜我清马上回国，参加抗战。妻子曹秀英是妇女界抗日救国领袖之一，在江湾办起"伯达尼孤儿院"，收容战时无家可归的孤儿；发动妇女缝制军衣、军鞋等军用物品，在后方支持抗战。次子颜士清患有严重的

　　[1] *Flying Emmisary*, *Far East Vol* .3, No.3, 1940.3, p220。

颜雅清1938年12月14日在纽约

骨痨，手上、脚上烂成一个个凹陷的黑洞。士清不顾病痛，听从母亲的安排，不管刮风下雨，定时挨家挨户上门去收军衣军鞋，然后送到红十字会指定的地方。[1]

[1] 颜志渊、钱益民：《颜福庆传》，复旦大学出版社，第163—164页。

3. 铁翼折翅

　　1939年3月21日《华盛顿邮报》报道：中国姑娘在这里飞行，寻求战争救济基金。中国的"阿梅莉亚·埃尔哈特"颜雅清和李霞卿小姐——香港邮政商的女儿，将在星期五下午3时，在华盛顿机场考察，在美国为抗日战争中无家可归的同胞集资的飞行。颜雅清在美国的活动引起很多媒体的注意，报道说，下午4时许颜雅清在哈罗德沃克夫人的家宴请王玉霭，王玉霭是中国大使王正廷的女儿。明年秋季，她计划在美国巡回飞行演讲。以后她会回到中国，担任飞行教官一职。

颜雅清于费城卡梅登机场接受献花
（照片来自帕蒂·哥莉《飞天名媛》）

　　实际上，1939年3月24日，李霞卿和颜雅清开始驾机巡游美洲各地，进行抗日宣传和筹集款项。

　　1939年颜雅清3月之后的飞行计划是：

　　4月15日：加利福尼亚州里士满；[1]

　　18日：北卡罗来纳州罗利；

　　20日：宾夕法尼亚州哥伦比亚

---

[1]　英文：Richmond，一座位于美国加利福尼亚州旧金山湾区东部的城市。

兰开斯特；

　　22日：佐治亚州萨凡纳；

　　23日：佛罗里达州杰克逊维尔；

　　24日：路易斯安那州新奥尔良。

　　上述计划已经完成，但是5月1日飞往阿拉巴马州伯明翰的途中，飞机坠毁。此外还有5月份的11次，6月份的9次，7月份的10次，包括波士顿、纽约、圣刘易斯等等地方的飞行就无法实现了。

　　1939年5月1日，颜雅清在飞往伯明翰的途中，由于疏忽忘记给飞机加油。飞行途中，颜雅清发现汽油告急，不得不迫降，而在迫降的时候，误认为一片苹果树林是跑道，结果降落在一片庄稼地里。在试图再次起飞的时候，高高的庄稼缠住了飞机轮子，飞机艰难起飞，机身失去平衡，结果一侧机翼被卡在苹果丛林之中。颜雅清的飞机翅膀折断了。两个年轻人救出颜雅清，送到当地的医院。她在医院里住了十天，坚决要求出院。

　　她接受采访，表示如果日本没有侵略中国，就不会发生这次事件。飞机事故反而造成超乎寻常的效应。颜惠庆和颜福庆对颜雅清的事故非常关心。颜雅清的事迹激发起美国人救援中国的热情。

　　颜雅清在阿拉巴马州坠毁的飞机的照片，1939年5月1日。世界各大新闻社都对这次事故做了报道（照片来自帕蒂·哥莉《飞天名媛》）

出院之后她去了位于华盛顿第19街2001号的中国大使馆，那时候胡适已经接替王正廷成为新大使。胡适是颜雅清尊敬的长者，1938年10月5日到华盛顿赴任驻美大使，引起日本朝野强烈震动。胡适年轻的时候，就对日本有很强的防范意识，1915年就预见："中国之大患在于日本"，"吾国学生往往藐视日本，不屑深求其国之文明，尤不屑讲求两国诚意之道，皆大误也。"他识破日本人的狡猾，指出"日本以自保为词，乃遁词耳"。[1]1938年12月4日在纽约哈摩尼俱乐部演讲《北美独立与中国战争》，"以充分的信心预料美国之参战和中国的最后胜利"。[2]而且胡适在日本大名鼎鼎，所以出使美国，日本朝野均担心，东京《日本评论》曾称："胡适使美，日本大使非其匹敌。日本需派三人同时使美才能抵抗得住胡适大使。所谓三人即：鹤见佑辅（文学的），石井菊次郎（经济的），松冈洋右（雄辩的）。"[3]

颜雅清对胡适大使表示，自己会继续飞行。当时在场的很多人都表示支持她。其中名人海伦·凯勒[4]是颜雅清当时的朋友和支持者。海伦·凯勒诞生在美国阿拉巴马州的塔斯比亚城，这个州正是颜雅清飞机坠毁的地方。海伦·凯勒，美国盲聋女作家、教育家、慈善家、社会活动家。她以自强不息的顽强毅力，在安妮·莎莉文老师的帮助下，掌握了英、法、德等五国语言。完成了她的一系列著作，并致力于为残疾人造福，建立慈善

关于颜雅清受伤的报道

[1]　胡颂平：《胡适先生年谱简编》，载何索《寂寞的狮子》，香草山出版公司，1979年，第149—150页。

[2]　同上，第181页。

[3]　胡不归：《胡适传记三种》，安徽教育出版社，2002年，第109页。

[4]　Helen Keller，1880年6月27日—1968年6月1日。

机构，被美国《时代周刊》评为美国十大英雄偶像，荣获"总统自由勋章"等奖项。主要著作有《假如给我三天光明》、《我的生活》、《我的老师》等。她追求健康，崇尚自由，极具人文关怀的精神，有她的支持，颜雅清更加感到充满力量。

1939年5月2日《华盛顿邮报》报道：颜雅清驾驶的飞机坠落，颜雅清受伤。这位著名的中国"阿梅莉亚·埃尔哈特"抱着良好意愿，为饱受战争蹂躏的中国筹集资金，昨天驾驶她的"新中国精神"号飞机，不幸失事。她是在飞往伯明翰的募捐宴会途中在亨茨维尔附近坠落的。颜雅清受伤很痛苦。

1939年5月2日的《芝加哥论坛报》也有报道：（蒙哥马利，亨茨维尔5月1日）颜雅清驾驶"新中国精神"号飞机今天坠毁，她本人严重受伤。颜雅清今晚在这里的一家医院苏醒后说："我会很乐意为事业而死。"25岁的颜雅清是颜惠庆的侄女，她从蒙哥马利起飞，准备降落到伯明翰。在美国她代表中国战争难民募捐，被称为中国的"阿梅莉亚·埃尔哈特"，她为蒋介石夫人所赞赏。宋美龄是极力推崇飞行器之重要性的人之一。作为女权运动的鼓吹者，宋美龄自然十分欣慰地得知颜雅清、李霞卿和郑汉英这三位女性的惊世飞天之举。她与这三位女飞鹰相识，给她们以鼓励，并对她们在海外进行的抗战募捐飞行予以大力支持，从而为募捐飞行取得成功奠定了基础。5月3日，Dixon州长探访受伤的女飞行员颜雅清。[1]

另外一家报纸5月1日亚特兰大蒙哥马利讯：今日在距此处12英里处，中国籍女飞行员颜雅清驾驶的飞机在一处草坪降落询问方向，重新起飞时由于冲入树丛而严重受伤。颜女士被送入阿拉巴马州普拉特维尔的医院时，处于半昏迷状态，她目前的状态还不得而知。迷路前她正在前往伯明翰的途中。她在钱伯里斯太太的草坪上安全降落后询问到伯明翰的路线。钱伯里斯太太府邸距普拉特维尔两英里。问询完方向后的颜女士尝试重新起飞，但是因无法安全避开树顶而出事。当时她正在美国一些城市进行巡回演讲，作为中国难民的代表发表讲话，本应于今晚在伯明翰发表演讲。欧内斯特·诺斯沃绥先生将其送入医院后，没有留下任何与事故相关的详细信息就立即离开了。颜女士的飞机就是在欧斯沃绥先生的农场出事的。据报道，她脸上、身上

---

[1] 《漂亮的中国姑娘恢复迅速》，《伯明翰时代先驱报》，1939年5月3日。

多处严重破损，并且受到惊吓。普拉特维郡长的执行官及其他官员接到通知后立即到达了事故现场。

1939年5月1日，颜雅清在美国东部飞行时飞机坠毁，受伤后昏迷了18个小时[1]，不得不住院，本来预计的3个月飞行没有完成。出院后，颜雅清继续在美国乘汽车巡回公开讲演，为抗日战争募捐。颜雅清参加美国援华医疗促进会组织的献血活动，这是一个民间的医药援华团体，抗日战争爆发初期由三名美籍华人提出动议，1938年1月24日在美国纽约注册成立，曾在北京协和医学院担任过教职的一些美国医生构成了助华会的中坚力量。受到华盛顿等地华侨和各界人士的欢迎和捐助，为祖国抗战将士输血。当时参加输血的有华侨医界前辈刘瑞恒、朱章庚大夫，女侨胞有伍宝春女士、颜雅清女士。

颜雅清并参加了由于斌主教发起的"一碗饭运动"的募捐活动，还在弗吉尼亚参加公共关系机构的一些会议。

上面的这些报道不一定准确，而且语焉不详。只有帕蒂·哥莉为我们描绘了颜雅清坠机以后的所有细节。

原来是这样的：她从莫比尔的贝茨机场飞往伯明翰，但是飞行过程中偏离了预定的航线。当她发现燃油不足时，就临时决定在蒙哥马利迫降，以便加油。为了节省油料，她决定低空飞行。但是经验不足，加上当时的导航设备也不是那么先进，她把一片农田误认为是一片空场，就降落到这片农田里。农田是政客乔·钱伯里斯家族在阿拉巴马州普拉特维镇的产业。农场女主人钱伯里斯夫人告诉了颜雅清蒙哥马利的具体位置。颜雅清决定重新起飞。"与钱伯里斯夫人交谈时，飞机并没有熄火，由于燃料已不足，颜雅清一得知蒙哥马利的方

---

[1] 根据帕蒂·哥莉《飞天名媛》，张朝霞译，花城出版社2012年，第93页注释：颜雅清在从莫比尔起飞前没有给飞机补给燃油。排除机械故障或者对机上实际载有燃油量误算，机上油箱装满的话足以支撑约340英里。从莫比尔到伯明翰的飞行距离仅有216英里。
《为国巡回飞行使中国女飞行员受伤住院》，《蒙哥马利广告报》，1939年5月2日。
同上。她身上有多处伤口需要缝合。一份早期的报告称她的鼻子受伤严重，两颗牙齿破碎。"中国女飞行员在坠机事故中受伤"，Dunkirk〔NY〕Evening Observer，1939年5月2日。颜雅清的孙子记得她至少有一颗假牙，应该就是那次事故造成的结果。
《中国女飞行员坠机》，《旧金山纪事报》，1939年5月2日；"颜雅清飞机事故受伤"，《华盛顿邮报》，1939年5月2日；"友好巡回结束"，《维多利亚日报》，1939年5月21日。坠机事故的消息传到中国时出现一些曲解。在上海出版的《中国周报》在1939年5月6日报道她在飞机坠毁中严重受伤，而香港版的《大公报》更是完全弄错，报道出事故者是李霞卿，而且说飞行员已经死亡。

位便马上跳进机舱，准备滑行起飞。她开始在跑道上加速。田边的燕麦只有1英尺高，但是当颜雅清继续向前加速滑行的时候，她吃惊地发现田中间长的谷物足足有3英尺高。这些过高的谷物缠绕着飞机的轮子，拖曳着飞机的腹部。当颜雅清清醒地意识到在飞机滑行到田头时无法将速度提高到一定的水平，她放弃了起飞，将飞机慢慢地驶回了出发点。"[1]

当她意识到，前边灌木丛有10—15英尺空隙，这可能是自己新的起飞最佳角度时候，她尝试第二次起飞。"一开始，她就铆足了劲，以最高的速度向田头驰去。当她感到升力足够时，她拉杆一跃而起。""然而，这只维持了不到一秒的时间"。"由于无法快速爬升或者说飞行速度依然不够，一侧机翼刚好扫着开着花的山梅花丛篱笆，旋即，'新中国精神号'一头向地面栽落下来。只听'呼'的一声巨响，飞机垂直坠落在一片林地附近，螺旋桨深深地扎进了地里。飞机坠地时所产生的强大冲击力驱使颜雅清猛地向前撞到了仪表盘上，顿时，飞机后部的重量和载荷全压在她背上。随后，是一阵令人窒息的沉默，惟一能够听见的声音就是燃油泄漏的咝咝声。燃油释放出的难闻气味让颜雅清从昏迷中清醒了过来，她慢慢恢复了知觉，意识到自己还活着，但是被困在了机舱里。"[2]

附近的两个农民，乔·安德鲁斯和泰克西·诺斯沃西，正好开着小货车从此路过，看到此情景，担心飞机会发生爆炸，立即奔向飞机，看到颜雅清正在奋力用左手打舱门，因为右手已经被一个装着降落伞的大箱子压住了，不能动弹。他们急着把颜雅清从机舱里抬出来，颜雅清暗示他们，把皮夹子和其他一些证件拿出来。他们把她抬出机舱，抬到他们的小货车驾驶舱，发现这位爱美的女子一直在看后视镜，看自己是不是破相了。位于美国阿拉巴马州中部的奥陶加县，县治普拉特维尔，这里有一所总医院。很快颜雅清被他们送到当地的普拉特维总医院，颜雅清已经处在昏迷状态，医生乔治·泰勒诊断之后，初步结论是脑震荡和面部擦伤，鼻子是否骨折也有问题，不过得通过X光检查之后才能知悉。[3]

---

[1]　帕蒂·哥莉：《飞天名媛》，张朝霞译，花城出版社，2012年，第83页。

[2]　同上，第84页。

[3]　同上，第85页。

事发之后，蒙哥马利普拉特维尔成为国际媒体关注的焦点，50多个电报和电话都让泰勒医生招架不住。但是他还是非常负责任地设法告知了中国大使馆和颜雅清的好友李霞卿。中国大使馆和李霞卿设法电报告知陈炳章和国内的外交部，颜惠庆和颜福庆才知道原来听到的危险信息不是很确切的，总算让他们虚惊一场的心境缓和下来了。

泰勒医生告知李霞卿，颜雅清面部严重擦伤，"已经恢复知觉，事发已经18个小时，但仍未能确定伤势。"[1]父亲颜福庆还是不放心，终于打通了当时非常难打的越洋电话。泰勒医生告诉心急如焚的父亲，他保证女儿不会有生命危险。[2]

弗兰克·莫里·迪克逊

虽然这所医院设备本身很好，但第二天，颜雅清还是被转到条件更好的蒙哥马利市郊的圣玛格丽特医院。一转到这所医院，阿拉巴马州新任州长弗兰克·莫里·迪克逊[3]就在第一时间到医院看望。在第一次世界大战的爆发时，他从公司辞职，并志愿加入加拿大皇家空军，被委任了少尉军衔，在飞机上做空中观察员和机枪手。1918年7月，迪克逊的飞机被击落，他被打成重伤，要求医生截掉右腿，被授予法国荣誉军团骑士。1939年刚刚当选为民主党阿拉巴马州州长，接替保守的原州长。正是"惺惺惜惺惺，好汉识好汉"，有飞行经历的州长赶到医院去见这位东方的女英雄，对她的英勇行为表示了最高的敬意。随后该州的社会名流纷至沓来，赶往医院看望。中国大使馆也派人前来探望。驻美使馆少将武官郭德权，本来也是空军出身，在广州大沙头机场学习过航空，也代表使馆看望。好朋友于斌主教闻听消

[1] 帕蒂·哥莉：《飞天名媛》，张朝霞译，花城出版社，2012年，第86页。
[2] 同上。
[3] Frank Murray Dixon（1892—1965），又译弗兰克·M·狄克逊，弗兰克·M·迪克森。1939年至1943年担任州长。

息，也立即派李秘书前去安慰和探望。李秘书很细心，按照颜雅清说的地方，去查勘了出事地点的地形，同意当时颜雅清做出的决定，因为那个空隙确实是惟一可以选择起飞的方向。李秘书还转达了孔祥熙对颜雅清的问候，并且对颜雅清的爱国之举表示赞美和欣赏。[1]

当时美国各大报纸，对颜雅清连声赞美。有的说她伤势仍然很严重，鼻子严重受伤、两颗牙齿断裂，但是还要接受采访和拍照，是"因为她意识到这可能对她的使命有所帮助"；"如果日本没有侵略中国，这起事故就不可能发生"[2]；颜雅清的"不幸坠机事故应该激发美国人以一种更坚决的态度支持她所为之奋斗的中国的抗战事业"，"一位中国女子为了和平而在阿拉巴马州上空飞翔并坠落在那个地方"背后的寓意不可小觑，"为了和平而浴血奋战的军队，为了和平而不惜一己之身的孤身女飞行员，这本身就说明了一种令人忧虑的世界局势"，"恐怖和牺牲将席卷全球，无处不在"[3]。"颜雅清的'新中国精神号'坠机，她也受了重伤，这位美丽的中国女飞行员今晚恢复了意识，她躺在医院的病床上，说：'为了中国人民的解放事业我愿意慷慨赴死。'"[4]连远在加拿大的《维多利亚日报》也发表了惋惜她坠机的文章，抱怨飞行不能继续，说"慈善飞行宣告结束"。[5]

置生死于度外的颜雅清，早就厌烦了锦衣玉食，对于在国内那种曾经的消闲生活不屑一顾。现在她在干一种与民族解放事业攸关的大事，是甘愿牺牲自己的。

1939年5月11日，在住院10天之后，颜雅清终于说服了医生，可以出院了。安排她出院并且接受她入住华盛顿中国使馆的正是胡适大使。那时候他已经接替颜雅清的另外一个好朋友王正廷出任驻美大使。

就这样，颜雅清住到了中国驻美国大使馆。胡适把自己的最

---

[1] 帕蒂·哥莉：《飞天名媛》，张朝霞译，花城出版社，2012年，第87—88页。

[2] 《蒙哥马利广告报》，帕蒂·哥莉《飞天名媛》，张朝霞译，花城出版社，2012年，第87页。

[3] 《伯明翰时代先驱报》，帕蒂·哥莉《飞天名媛》，张朝霞译，花城出版社，2012年，第89页。

[4] 《旧金山纪事报》，帕蒂·哥莉《飞天名媛》，张朝霞译，花城出版社，2012年，第87页。

[5] 帕蒂·哥莉：《飞天名媛》，张朝霞译，花城出版社，2012年，第87页。

爱，图书馆也开放给颜雅清使用。离开蒙哥马利的这段时间，蒙哥马利的后续事宜，由奥图尔神父负责。乔治·贝瑞·奥图尔（George Barry O'Toole，1886—1944），生于美国俄亥俄州，是一名天主教本笃会神父，天主教激进派联盟（Catholic Radical Alliance）创始者，天主教辅仁大学首任校长。他是"基于宗教主张拒服兵役"的重要阐释者，其神职生涯始自于路易斯安那州的教区，亦曾于第一次世界大战时任美军神父。

在使馆住到5月中旬刚过，颜雅清得悉自己的座驾——就是那架坠机被机械师修复，便急不可耐地告别胡适，返回蒙哥马利。蒙哥马利的"颜雅清热"持续这么多天，仍然没有退去。很多市民听说女英雄回来了，上次没有见到面的人争睹其芳容。海伦·凯勒也不忘记颜雅清的使命，安排她做抗日讲座，扶轮社、蒙哥马利市政厅、蒙哥马利基督教青年会，都是颜雅清演讲的地方。5月23日，颜雅清在市政厅放映中国的抗日影片，5月24日在扶轮社发表《远东正在发生的事情》的讲演，当晚在市大礼堂做讲座，之后是蒙哥马利市的基督教女青年会茶话会……在这些活动中，颜雅清着重强调，中日的这场战争，罪魁祸首是日本政府的军国主义者，而不是日本的普通人民。中国抵抗的是日本的军国主义及其狼子野心，而不是日本整个的民族。她预言中日两国的关系总有一天会恢复正常。[1]

颜雅清没有想到宣传效果是如此之好，非常兴奋。连朋友们也感到出乎意料之外。大量的捐款通过奥图尔神父源源不断涌进中国的抗日账号。颜雅清一时间成为英雄，美国人是崇拜英雄的。颜雅清在空闲的时间，许多人向她索要照片。颜雅清当然不放过她的名人效应：当有人索要签名照片的时候，她毫不含糊地要求缴费，英文签名照片每枚1美元，中文签名照片每枚2美元。那时候，颜雅清会告诉她的支持者，1美元可以买到治愈一名疟疾患者的奎宁，那时候处在战争之中，药品是非常珍贵和稀缺的，国内程亚兰在《中国妇女慰劳总会专刊》[2]发表《一粒药强于一粒子弹》的文章，强调了这一点。2美元可以让一个生命延续两个月的时间。不过她收费不是如俗人那样子装进自己的荷包，她把它们打进了中国的抗日账号。颜雅清的这种高尚的

<hr />

[1] 帕蒂·哥莉：《飞天名媛》，张朝霞译，花城出版社，2012年，第91页。
[2] 中国妇女慰劳自卫抗战将士总会编辑，1943年。

人道主义考量，受到大批热爱她的人的支持。捐款者十分踊跃。

飞机虽然修复，但是没有飞行执照，无法实现重返蓝天的美梦。为了继续募捐，颜雅清乘车南下继续演讲。到6月中旬，颜雅清到达纽约。15日，她的好朋友李霞卿刚刚完成环美万里飞行，飞到纽约。颜雅清和于斌主教前往机场迎接这位女英雄。

国内的抗日形势日益严峻，颜雅清更为感到重任在肩，必须尽可能多募捐，来支持这个贫弱的祖国。

帕蒂·哥莉的《飞天名媛》告诉我们，1939年的7月，颜雅清在纽约广播电台接受了"明日之女性"栏目的专访，月底在美国医药援华会为胡适举行的晚宴上致辞，声称中国人民抗击日本侵略的决心永远是坚定不移的。10月，在纽约基督教电台演播《少年中国之精神》，11月，颜雅清以演讲嘉宾的身份出席世界妇女档案中心的年会，并且发表演讲。[1]

颜雅清的朋友胡适，早在1919年曾经在少年中国学会上做了题目为《少年中国之精神》的演讲，接着发表在1919年《少年中国》第1期。胡适的那篇文章认为，少年中国应该：第一须有批评的精神，一切习惯、风俗、制度的改良，都起于一点批评的眼光。第二须有冒险进取的精神。我们须要认定这个世界是很多危险的，定不太平的，是需要冒险的；世界的缺点很多，是要我们来补救的；世界的痛苦很多，是要我们来减少的；世界的危险很多，是要我们来冒险进取的。俗话说得好："成人不自在，自在不成人。"我们要做一个人，岂可贪图自在；我们要想造一个"少年的中国"，岂可不冒险；这个世界是给我们活动的大舞台，我们既上了台，便应该老着面皮，拼着头皮，大着胆子，干将起来；那些缩进后台去静坐的人都是懦夫，那些袖着双手只会看戏的人，也都是懦夫；这个世界岂是给我们静坐旁观的吗？那些厌恶这个世界梦想超生别的世界的人，更是懦夫，不用说了。第三须要有社会协进的观念。上条所说的冒险进取，并不是野心的，自私自利的；我们既认定这个世界是给我们活动的，又须认定人类的生活全是社会的生活，社会是有机的组织，全体影响个人，个人影响全体，社会的活动是互助的，你靠他帮忙，他靠你帮忙，我又靠你同他帮忙，你同他又靠我帮忙；你少说了一句话，我或者不是

---

[1] 帕蒂·哥莉：《飞天名媛》，张朝霞译，花城出版社，2012年，第97页。

我现在的样子，我多尽了一分力，你或者也不是你现在这个样子，我和你多尽了一分力，或少做了一点事，社会的全体也许不是现在这个样子，这便是社会协进的观念。有这个观念，我们自然把人人都看作同力合作的伴侣，自然会尊重人人的人格了；有这个观念，我们自然觉得我们的一举一动都和社会有关，自然不肯为社会造恶因，自然要努力为社会种善果，自然不致变成自私自利的野心投机家了。少年的中国，中国的少年，不可不

刘易斯·巴罗

时时刻刻保存这种批评的、冒险进取的、社会的人生观。

1939年5月26日，胡适对合众社记者说，中国抗战已经过危险时期，必能获得最后胜利。11月9日晚，在纽约"一碗饭运动"聚餐会上发表演说。11日，又在纽约作"休战纪念日"广播讲演。23日晚，在新港"美国医药援华协会"发表关于中日战事之谈话。胡适早年的这篇文章，以及在美国的讲演和发表的言论，给颜雅清的启发很多。

一直忙于讲演的颜雅清得到一次难得的休息机会，到缅因州度假。缅因州州长刘易斯·巴罗[1]在东北港举行一次著名的缅因州航空会议，缅因州是一个避暑圣地，最早是被会享受的法国人占领和发现的地方，所以往往被形容为一个害羞的法国乡村少女，躲在美国东北的犄角旮旯。夏天天气清爽宜人而成为美国人夏天的天堂。而颜雅清到这里并不是完全为了享受，她还另有任务，就是这次航空会议，州长觉得缺席一个当代最风光的女飞行员，航空会议就不完满，所以无论如何要让颜雅清参会。

颜雅清正好利用这样的天赐良机再次为祖国的抗日募捐摇旗呐

[1]　Lewis Orin. Barrows，1893—1967，1937年至1941年任州长。

喊。8月26、27日两天，颜雅清在航空会上度过。会议的地点在缅因州首府奥古斯塔。

颜雅清已经是中国的"阿梅莉亚"，是在全美国引起轰动的大名人。会上，颜雅清又一次成为媒体追逐的目标，尤其是美国航空女杰劳拉·英格斯（Laura Houghtaling Ingalls）和她握手的时候，闪光灯更是不停地闪烁。作为一名女性飞行员，劳拉在20世纪30年代创造了女子的很多奇迹，最长的单独飞行17000英里纪录，第一个单独由北向南在美国飞行的女性，创造了空中翻转344圈的奇迹。两位女英雄走在一起，本来就是不可不看的风景线，何况颜雅清又是为抗日而做出的奉献呢。

在演讲中，颜雅清深情地说到，她"不受雇于任何人"，"但是我的祖国正遭受的苦难深深地触动着我，如果在海外奔走呼号能为国家和同胞做点什么。那么我当竭尽所能"。[1]

会议结束之后，颜雅清和李霞卿，还有那位武官郭德权，一起到俄亥俄州的克利夫兰，代表中国出席在那里举行的美国全国飞行竞赛。郭德权名声不是很好，他经常以宴请客人为由，多报销经费，以中饱私囊。"郭德权曾担任过驻美武官，挥霍成性，经常设宴请客。多请一次外宾，他可以多报销一次，也就可以多贪污一些外汇。因此他常以民族节日——端午节、中秋节，特别是双十节为借口，单独由武官处出面，宴请各国武官，甚至有时他私人交往，也用公费而不用自己的交际费（军令部规定每人每月有一定的交际费，不用可作私下的收入）"。为此在他稍后担任驻苏使馆武官的时候，遭到邵力子大使的严厉批评。[2]在这次飞行竞赛上，飞行员哈罗德·约翰逊用4-AT作出了一连串令人瞠目的特技动作，获得一片叫好声。后来哈罗德·约翰逊成为蒋介石乘坐的波音飞机的一名驾驶员，在一次飞行后不幸没能回来，和机组人员撞在一个山头时殒命。

看着飞行竞赛的表演，颜雅清百感交集。她在想，什么时候自己可以重返蓝天呢？

颜雅清伯父颜惠庆日记里涉及到飞行有关的事情。1939年1月1

---

[1]　帕蒂·哥莉：《飞天名媛》，张朝霞译，花城出版社，2012年，第93页。

[2]　李修业：《驻苏大使邵力子》，全国政协文史资料研究委员会办公室编《和平老人邵力子》，文史资料出版社，1985年，第152页。

日，颜惠庆在家里宴请施氏夫妇、福庆夫人和徐小姐。[1]1月19日，设宴招待施、福庆夫人、德庆和张景芬等人。[2]1939年2月5日，和福庆夫人谈我清的事。看了关于雅清在意大利的花费的信，是件奇怪的事情。[3]3月26日，颜惠庆出席福庆家为我清洗尘举行的宴会。颜家的人都到了，还有一些年轻人。[4]4月5日，刘念仁和湘清举行招待会。[5]

5月2日，雅清在阿拉巴马出了事故。第二封信上说只是有些割破并裂口。第一封信说伤势严重。5月3日打电报去华盛顿，打听雅清的消息。陈炳章代表刘打电报给颜惠庆，要他率代表团参加太平洋会议。[6]5月7日，收到重庆转来的华盛顿的复信，是关于雅清所驾飞机被迫降落的事。伤口愈合很快。5月8日，从陈炳章处取了有关雅清的电报带到福庆家。[7]5月28日，福庆夫人借颜惠庆家请客。[8]10月15日拟写"一碗饭"宴会上的演讲稿。[9]10月28日，一早到达（纽约）。医务检查仅是形式主义。来接的有雅清、卡特小姐和利连索尔等，还有总领事、张彭春、陆领事、一等秘书鲁先生、中国协会会长黄先生、大使馆的崔君、太平洋学会的齐先生以及太平洋学会中国分会的孟君等。移民局和海关给予优先办理手续。[10]10月29日星期日为丽安就学事打电话给休姆。女孩子们和雅清去逛纽约世界博览会。史贵荣（Suez Kui—youg）为雅清事来访，说她仍不听从劝告。10月30日，颜惠庆和雅清谈话，敦促她回国[11]。休姆打来电话，是为了丽安和雅清的事。10月31日，丽安去雅清处，她（丽安）明天去埃尔迈拉。为此，颜惠庆打电报去埃尔迈拉和香港。[12]11月16日，刘和余来访：谈协调宣传工作的问题。和陈炳章共进早餐。去怀特，普莱思斯参加宴会，离纽约1小时的路程。汽车路修得不错。致辞人有张彭春、颜惠

---

[1]　《颜惠庆日记》，上海市档案馆译，中国档案出版社，1996年，第163页。

[2]　同上，第167页。

[3]　同上，第171页，笔者按：颜雅清在意大利罗马机场学习飞机驾驶，花费自然很大。而颜雅清并没有告诉家人。

[4]　同上，第185页。

[5]　同上，第187页。

[6]　同上，第196页。

[7]　同上，第197页。

[8]　同上，第204页。

[9]　同上，第237页。

[10]　同上，第240页。

[11]　同上，第240页。

[12]　同上，第241页。

庆、雅清和休姆。遇见了奥尔的女儿和托马斯夫妇等人。文森特博士是主持人。效果不错。11月17日，和炳章去旅馆。在大使馆参加宴会，有墨西哥和苏联大使、葡萄牙公使、德拉诺、韦罗璧、容揆等人。11月18日，去麦卡锡博士处。和雅清谈他们之间的龃龉事。支付了福庆的保险费。和炳章共进午餐，看时装表演。12月6日，和炳章及雅清乘汽车去里士满。在里士满百老汇大街的丽都饭店吃午饭。炳章和雅清看上去很友好，但无希望和解。她将和乔治结婚吗？ 12月7日，炳章和雅清去纽约。[1]12月14日，下午3时抵达佩纳旅馆。打电报给楠生和丽安。和余、陈炳章、陆、周和钱等人吃中菜。饭后打桥牌。[2]12月22日，去帝国大厦，共102层，高1025英尺。从各个方向看，都能一览无余。然后去大都会艺术博物馆，馆内收藏的瓷器和玉器很多。午餐很便宜（自助餐馆）。赴姚的宴请，遇见了林语堂夫妇和海伦·张。林谈到了颜惠庆将要写的回忆录。[3]12月26日，女孩子们和莱森（Laisson）小姐外出。莱看来对世界教育工作很感兴趣。[4]12月28日，陈炳章设午宴招待，共两桌。[5]

[1]　《颜惠庆日记》，上海市档案馆译，中国档案出版社，1996年，第251页。
[2]　同上，第253页。
[3]　同上，第255页。
[4]　同上，第256页。
[5]　同上，第257页。

4. 逃亡之路

颜雅清的飞行梦没有实现，在参加了克利夫兰飞行竞赛之后，她和李霞卿分别，回到缅因州稍事休整。

1939年8月11日，颜惠庆从上海出发，搭乘美国"哈里森"总统号轮船，于10月28日到达纽约。颜惠庆作为蒋介石的特使，率领代表团，成员包括外交部前次长甘介侯，中央银行经济调查处处长就是颜雅清前夫陈炳章，武汉大学教授周鲠生，北京大学教授钱端升，英文《天下月刊》总编辑温源宁，国际问题研究会总干事戴方，中国太平洋学会总干事刘驭万，参政员张君劢同船随行，女儿颜楠生随船同行到美国留学。在美国的驻美大使胡适、张彭春、李阆钦、冀朝鼎，也参加代表团的活动。[1]其时在美国的颜雅清后来也属于这个代表团。

11月18日至12月2日，太平洋学会第6次年会在美国弗吉尼亚海滩（Virginia Beach）举行。颜惠庆率中国代表团赴美参加太平洋学会会议，并携带中国领导人蒋介石致罗斯福总统的函件。罗斯福约见了颜惠庆。颜惠庆是总代表，甘介侯、陈炳章等人均参加。颜惠庆表示，苏联的任何行动都不会妨碍中国之抗日反侵略战争，中国人民已决心继续进行自卫战争，直至日本军阀意识到其对华企图绝无实现之可能为止。同时中国希望美国能采取有效行动，制止侵略者由美购得军火。中国对于各民主国家，尤以美国对华之同情深表感谢，更望此种同情能早日转变为对华之具体援助。

参加会议之前，颜惠庆到华盛顿和胡适等朋友会面。胡适日

---

[1]　《新华日报》1939年10月5日。

记里记载了他和颜惠庆、颜福庆以及陈炳章在美国的交往。1939年11月3日，胡适偕颜惠庆谒见罗斯福。会议之后，颜惠庆回到华盛顿，和胡适多次会见。1940年1月1日，胡适在美国李国钦家聚会。来客很多，有颜骏人、陈光甫、夏筱芳（鹏）、姚叔来、余静芝女士、赵继振女士等。[1]同年1月3日，为王正廷欠Carl Byoir［卡尔·伯耶］宣传费事，去看律师 Harold Riegelman［哈诺德·雷格曼］，与他同饭，久谈。今天为此事与陈炳章及Riegelman通电话。[2]1月9日早九点，召集于焌吉、陈炳章、Harold Riegelman［哈罗德·雷格曼］到旅馆早饭，谈Carl Byoir［卡尔·伯耶］欠款事。于焌吉真没有脑筋！十一点半，夏屏方带中国银行的律师来谈S.E.C.（Exchange Colnm.）［证券交易委员会］与中国公债的事。一点与Dr.Maurice William&Dr. Cotui［莫里斯·威廉博士和科休博士，就是许肇堆博士］同在Town Hall Club［市政厅俱乐部］吃饭，谈American Bureau for Medical Aid［美国医药援助署］的事。[3]1月19日，与颜骏人先生谈。他还是不懂得这国家的形势。[4]1月26日早七点到京。陪颜骏人到白宫谒见总统。十二点半见着总统。[5]2月7日早车去纽约。十二点五十五分到。颜骏人先生来同吃午饭。谈了两点钟。他还是不懂。他说，他昨天发电报给外交部，推荐陈炳章为驻美大使馆额外参事或商务参事。我说：先生为什么不先问问我的意见？他今晚西去了。[6]8月21日颜福庆先生与元任夫妇同来。[7]8月22日与 Dr.L.L.Williams［L·L·威廉斯博士］，Dr.Dyer［迪尔博士］，颜福庆兄三人吃饭。[8]

当时国内报纸《新华日报》上，报道了大量有关颜惠庆和其他爱国人士组织的一系列爱国活动，如：《出席太平洋学会，颜惠庆抵那不勒斯》、《我出席太平洋学会代表陈炳章，由港乘机飞菲转美》、《颜惠庆（中国出席太平洋学会代表团团长）谒美总统罗斯福》、

---

[1]　《胡适全集》第33卷，安徽教育出版社2003年，第323页。

[2]　同上，第325页。

[3]　同上，第328页。

[4]　同上，第333页。

[5]　同上，第336页。

[6]　同上，第343页。

[7]　同上，第394页。

　[8]　同上，第395页。

《美远东司令宴中国出席太平洋学会代表》、《第七次太平洋学会今日正式开幕》、《太平洋会议昨在美开会》、《太平洋学会会议内容大要》、《于斌主教抵纽约》、《于斌在纽约演讲》、《美国工人援华运动之游行示威》、《美人援华，发起一碗饭运动周，将在全美举行筹款》、《于斌博士在美作援华演讲》、《廿二日举行一碗饭运动周，世界博览会定双十节为中国日》、《美"一碗饭运动"定期举行》、《纽约举行一碗饭援华》、《美一碗饭运动，遍二百八十城》、《中国出席太平洋学会代表团团长颜惠庆访美国务卿赫尔》。

此次会议期间，陈炳章"专程访问合众社总社，对该社经常采用日方谣言显露袒日色彩表示不满，要求该社转变态度，多发有利于中国的消息"。[1]

蒋介石为联美抗日，急电命颜惠庆回国出任外交部长，被颜惠庆婉拒。颜惠庆在美国遍访朝野人士，积极宣传我国抗击日本暴行的意志和决心，介绍抗战情况，呼吁美国各界和华侨支援中国。不久由美赴香港，旅居九龙。1941年太平洋战争爆发后，香港沦陷。颜惠庆被日军软禁在香港饭店，处境危险。日军官两次劝其出山为日本服务，均被颜拒绝。

得知伯父到美国的信息之后，颜雅清很快见到她思念的亲人，他们在国内日夜为自己的坠机担心。他们在纽约见面，见到了侄女，颜惠庆也算是放心了，看到颜雅清虽然嘴角有些异样的变化，但是整体来看，这次事故还是非常幸运的，起码，一个女孩子最担心的破相没有发生。颜惠庆告诉侄女，这次出访之所以耗时这么长，是因为原来的轮船被军方征用，代表团被滞留在孟买。当时的孟买还属于印度，他便利用那段时间，去会见了尼赫鲁。在孟买呆了3个星期，才乘船前往美国。见到了家人担心的颜雅清，颜惠庆虽然放心，但是还是乘出使美国期间，劝说侄女颜雅清回国，而且，这个意见也不只是伯父的，也有父母亲的。既然飞行梦不能实现，颜雅清开始回国实现梦想了。

在陪伴伯父颜惠庆的日子里，颜雅清还单独陪同堂妹颜楠生在纽约出席一次时装秀表演。表演是激情好莱坞明星塔卢拉赫·班克海

---

[1] 王晓岚：《论抗战时期国民党的对外新闻宣传策略》，张海鹏主编《抗日战争研究》，1998年第3期，第119页。

塔卢拉赫·班克海德

德（Tallulah Bankhead）发起的，她当时组织了中国平民救济联合会，自己担任会长。她1902年出生于阿拉巴马州亨茨维尔，年轻时候多年在欧洲发展，1936年回到美国，回国一开始就有些名气，而1939年她主演的名剧《小狐狸》，在美国大红大紫，她也因此名声大振。借此大好机遇，联合会为"一碗饭运动"的捐款，趁势筹备了这次时装秀，组织者为使时装秀抢眼，获得更佳的效果，邀请两位中国名人颜雅清和李霞卿客串，担任时装模特。两位客串长相、身段，均是一流的，加上宋美龄提供自己的服装做表演服，更是让观众叫好连连。宋美龄提供的服装既有明清宫廷服装，也有京剧戏服，珍藏的都提供了。当然也有宋美龄的最爱旗袍。颜雅清的老朋友，张静江先生的五女张倩英其时也在美国。她为颜雅清赶制了瘦身的家庭主妇装，软天鹅绒布料，配置上缎子斜纹装饰，别具一格，清秀可爱。颜雅清穿着这套合体的服装，尽显东方女性的妩媚和苗条，让现场高潮迭起，掌声不断，镁光灯闪烁不停。为这次时装秀提供方便的美国大腕，慷慨解囊，纽约萨克斯第五大道精品百货店是名冠遐迩的名贵珠宝首饰商店，提供表演的鞋子；著名女飞行家杰奎琳·柯克兰捐赠了用以抽采的珠宝盒。著名影星凯瑟琳·赫本1932年出道，以《离婚清单》中的出色表演开始步入电影圈。1933年便以《清晨的荣誉》获得奥斯卡金像奖。1934年的《小妇人》又获得提名，崛起之快令人称奇。1934年虽仍有《育婴奇谭》这样的佳作出现，但大部分片子都不卖座，一度成为票房毒药。所以，为表示对中国人民抗日战争支持的诚意，她准备拿出看家本领主演百老汇舞台剧《费城故事》，该剧卖座率很高，她捐赠了价格不菲的门票两张……

时装表演取得了预期的最佳效果，连国际社会力量也参与到中国的抗日战争募捐活动，其中奥地利大公利奥波德（Leopold）夫妇、伊朗公主多丽丝·法理黛（Farides Sultaneh），赞助了"一碗饭运动"。[1]

杰奎琳·柯克兰

在纽约，颜雅清陪同伯父参加了很多活动，然后，他们赶往弗吉尼亚州的海滨市，参加太平洋学会的会议。这里是该州蒂德沃特海岸的平原地区，一般海拔只有6米，只是在亨利角一带，才有海拔26米以上的沙丘。亨利角是美国弗吉尼亚州东南部海岬，因1607年4月26日第一批英国移民在此登陆，并溯詹姆斯河而上，成为最早的英国殖民地，也因此而闻名于世。和缅因州的那块法国殖民地不同，不像那里那样保持着法国人的浪漫，而是显示出英国人的保守。1935年树立亨利角纪念碑；纪念碑现为科洛尼尔（Colonial）国家历史公园的一部分。当地旧灯塔（1791—1792）是美国最早的灯塔，发出的亮光从岸外32公里处可见，为世界最亮灯塔之一。

《费城故事》剧照

颜雅清和伯父住到骑士酒店，陈炳章也住在这所酒店了。自他们分手之后，陈炳章一直和颜雅清的父母、伯父颜惠庆保持着密切的联系，这次见到颜雅清，也绝对不是如同陌路人，虽然是多少有些隔阂，但是在颜惠庆看来，他们之间的关系还算融洽，伯父甚至希望他们可以破镜重圆。因

[1] 帕蒂·哥莉：《飞天名媛》，张朝霞译，花城出版社，2012年，第99—101页。

第五章　异国鲲鹏——在美国展翅的抗日募捐之旅

为颜惠庆一直不知道颜雅清的新朋友乔治是什么人。而在外人眼里，甚至看不出他们已经离婚。这种和谐的气氛非常少见。会议主题中包括社会问题，颜雅清是可以提出一些看法的。颜雅清所谈的问题，涉及到麻醉品危害的问题，这个问题从祖父颜永京开始就是极力反对的问题。

几个月之后的1940年3月15日，颜雅清在伯父的劝说之下，乘旧金山到马尼拉的飞机，然后和陈炳章夫妇同船到达香港。陈炳章夫妇很快从香港到了重庆。颜雅清一家和昔日在去莫斯科时结识的老朋友梅兰芳、胡蝶，此时也都从内地上海逃难，来到香港。两个孩子陈国伟和陈国凤也随同颜福庆到香港避难了。

颜雅清到达香港之后，和父母亲、两个孩子大团圆了。她的住处在山顶，离父母亲的住处很近，经常去看望父母亲。为了照顾孩子，颜雅清在香港海关学校找到了一份教书工作。

那时候的香港，还是一片歌舞升平的景象。但是好景不长，日本人很快就把战争阴云带到了香港。

英国人格温·普瑞斯伍德（Gwen Priestwood）著的《穿越日本铁丝网》[1]提到当时颜雅清活动的一个细节：1941年12月7日，在香港半岛酒店，宋家两姐妹宋庆龄和宋霭龄——民国财政部部长孔祥熙的夫人，正在观看舞蹈，一群年轻的中国上流社会的女子，背后飘着丝一样瀑布般的长发，穿着五颜六色的旗袍翩翩起舞。伴随着舞蹈，一个美丽非凡的女孩颜雅清，用高亢而甜美的声音唱着优美的民歌。唱着唱着，音乐骤然而止，美国总统号轮船公司的T·B·威尔逊出现在舞厅上方的阳台上，手里拿着一个传声器示意大家安静。"在船上工作的所有相关人员到港口报到上船！"他说，然后又颇具深意地补充道，"马上就去！"一时间大厅里死一般的寂静，然后人群开始骚乱起来。中国舞蹈被人们遗忘了。男人们匆匆忙忙向自己的舞伴告别，拿起帽子和大衣，迅速离去。然后就是人们的低声交谈声。这是怎么了？为什么他们那么匆忙登船呢？战争要来了吗？

12月8日日军空袭香港之后，颜福庆和曹秀英带领颜雅清的妹妹和两个弟弟回到上海，而颜雅清则负责照顾两个孩子，这时候，陈国伟发高烧，陈国凤患痢疾。

---

[1] The Argus（Melbourne，Vic.:1848—1956），Saturday 20 January 1945, page 1.

颜雅清带两个孩子到一个外国朋友办的学校去避难。这所学校靠山坡，在山坡的上侧有个三层楼，楼下是游泳池。游泳池是当时最安全的地方，避难的人围着游泳池的四周躲避日军的空袭。爆炸声不断，避难的人拿被子蒙住身体。不时会发生爆炸。孩子们吓得直哭。一次一声巨响，一颗炮弹落在附近爆炸，把游泳池的玻璃都震碎了，楼上的玻璃几乎全部震碎。那时候饭也很难吃得上，好在颜雅清保存了两瓶黄油，偶尔学校做一点米饭，黄油拌米饭成为他们一家人的最爱。

为了去救治伤病员，她毫不犹豫地参加了救护队，不分昼夜去救治孤儿寡母和伤病员。颜雅清只得把两个孩子寄居到自己的朋友香港总督的家里。好不容易过了圣诞节。不幸，香港总督被日军抓走，颜雅清因为当时正好在他家里，也被日军拘留到集中营里，一关就是八个月。

美国埃伦斯堡的一家报纸1944年2月4日发表《颜雅清的演讲将透露中国方面在世界和平方面的计划》一文，透露出颜雅清后来回忆香港这段生活的不寒而栗：

在周四上午华盛顿大学举办的一次大受褒赞的集会中，中国籍女士颜雅清分享了一些她的惊险体验，并大致描述了一个世界和平计划。颜雅清女士生于外交人员世家，曾经出游过众多国家、出席过众多国际性会议。大概一年多前，颜女士从香港逃亡到自由中国，之前，她曾被困于战争，在香港投降后的八个月里，她的惟一希望就是逃出去。那里战争近在咫尺，她几乎可以说是生活在战场上。飞机就像摩天轮一般俯冲而下，她和其他手无寸铁的平民惟一能做的就是观望。人们撤退到香港要塞时，颜女士志愿做了一名护士。

1941年圣诞节，香港被占领。尽管所有的人都用心地参加了被占前的空袭训练，到了战争那一天，人们还是无比恐慌。

日本当时声称他们在同时与A（美国）、B（英国）、C（中国）、D（丹麦）四个国家战斗。日本征服者用同样残酷的手段对付所有人，其中也包括美国人，战争中人们不得不忍受饥饿、营养不良、生病死去和残酷的杀害。

当时没有电，人们只能从山上砍伐木材，做饭使用；战火连绵不绝、窗户常常破裂、水管被炸坏、水库几乎干涸，父母们不得不为了

1941年颜福庆全家在香港合影，左起颜福庆、颜湘清、颜雅清、陈国伟、颜我清、曹秀英、颜瑞清，曹秀英前边女孩陈国凤（照片来自钱益民、颜志渊《颜福庆传》）

颜雅清、陈炳章和父母亲在香港合影（陈国凤大夫提供）

给孩子们抢一点水而争得头破血流，很多人患上痢疾死去。

但是，正是处于这样的冲突和战争的时代，人们才得以发现谁是自己真正的朋友。颜女士说英国警监是她最好的朋友之一。国籍变得不再重要。英国人和美国人常常会发现自己最好的朋友中就有中国人。人们常常互相帮助，不是因为国籍，而是因为他们都会感到饥饿和恐惧。来自不同国家的人行为和谐一致。颜女士强调说，我们骨子里都是兄弟姐妹，除非我们学会和平相处，不然这个世界上总会有动乱。

如何才能消灭战争？在日本收容所的八个月期间，颜女士总是问自己一个问题，"我们怎样才能消灭战争？"颜女士引用了美国革命后成立的第十三个州的故事作为例证。邦联条例失败后，一些有远见的人们聚到一起组成了一个立有宪法的联合政府。她指出，联盟失败了，原因是所有的代表州都是主权州，一旦作出的决议对其中一个州不利，这个州就会退出联盟。

关于世界联盟，颜雅清认为国际联盟一旦无法实施其决定，各个主权国就会擅自处理。各国都曾尝试保持中立或孤立，以此来避免卷入战争，但是没有任何国家成功地做到。

颜惠庆日记里也涉及到颜惠庆、颜福庆和颜雅清在香港有关的一些活动。

1940年3月19日，颜惠庆与福庆长谈，是关于重庆情况与雅清的事。[1]3月23日，福庆来颜惠庆处，他谈到孔夫人对雅清的看法，以及她过去的经历。[2]3月28日，雅清日前暂留原处。《大公报》刊登了颜惠庆在外交讨论会上发表的演说词。3月29日，托福庆夫人带一封信给妻子。他们在大雨中启程。4月1日，雅清搬往新居，是（香港九龙尖沙咀山林道）山林道42号3楼。全总领事住在44号；2楼，颜惠庆头次看望了他。[3]和舒氏夫妇共进晚餐，谈论了雅清的过去，说福庆对此甚为不快。4月2日，徐淑希前来共进午餐。妻子和朴生来信，他们对颜惠庆的礼物甚为满意。与刘一起散步并共进晚餐。回忆起陆征祥在俄国时还是个小伙子和学生，以及刘受洗礼时的情景。雅清也在餐馆就餐。[4]4月6日，和雅清商谈。[5]4月9日，施肇基到达，他带来了魏的信件，其他一些信都是给雅清的。[6]5月16日，福庆昨晚到达香港。在大华俱乐部和福庆等人共进晚餐。他一早到我处就叙述了有人阴谋反对他（争夺制造补给品之权）。他将前往美国办工厂；他说重庆对颜惠庆寄予希望。胡将回国。5月17日，福庆和雅清来颜惠庆处讨论各自的问题。[7]6月1日，晚上在旅馆安排宴会事宜。朴生搬到告士打酒店去住。在旅馆吃午饭。弗雷德·施、张兴之等发来贺电。下午4时朴生举行婚礼。天气甚好。大厅装饰得十分漂亮。参加婚礼的人很多，婚礼进行得很顺利。来宾有500位，包括所有著名人士。参加茶会的人很多。花篮数以百计。向家里发了电报。晚上在旅馆宴请了舒氏夫妇、刘氏夫妇、梁氏夫妇、徐氏夫妇和阿罗等人。[8]6月17日，王正廷来访，他要颜惠庆参加兄弟会（fraternity）。[9]6月26日，写信给陈炳章，并寄去凭单。[10]

1941年1月7日，颜福庆来颜惠庆处，谈论了雅清今后该怎么办的

[1] 《颜惠庆日记》，上海市档案馆译，中国档案出版社，1996年，第276页。
[2] 同上，第278页。
[3] 同上，第280页。
[4] 同上，第281页。
[5] 同上，第282页。
[6] 同上，第283页。
[7] 同上，第293页。
[8] 同上，第297页。
[9] 同上，第302页。
[10] 同上，第305页。

问题。[1]1月9日，颜雅清和孩子们来玩。参加了茶会。话题是财政部和经济部之间的矛盾和王的辞职。

1941年1月10日，去兰心酒店看望福庆。和温君、卡尔森、斯蒂尔等人共进午餐。和伍朝枢夫人和她的几个儿子共进茶点。和福庆等人在桂园共进晚餐。把小提箱交给欧内斯特·董，托他带给朴生。1月14日，往访罗文博和张仲仁。福庆和雅清来我处并共进午餐。晚上在福庆处打桥牌。他们已找到了房子，是在嘉道理道24号（26）。[2]1月16日，阅读《生活的艺术》（Art de Vivre）。给陈炳章预订了几张票子（扶轮社的）。在俱乐部用茶点。法币跌价。贝君设宴招待陈和雅清。[3]1月20日，读完了小说《让·巴纳蕾姑娘》。收到了为陈炳章预订的票子（扶轮社），并付了票款。[4]1月24日，去福庆处，他的脚部感染。[5]1月25日再次去全医生处治牙病。继续阅读《让·巴纳蕾姑娘》（关于宝林部分）。在吴家参加茶会并欣赏了几幅绘画。出席陈炳章在兴吉园（Hsin chi yuan）举行的晚宴。[6]1月26日，在福庆处参加为舒氏夫妇、史君、陈炳章、华莱士和他的孩子们举行的晚宴。[7]1月29日，颜福庆患香港脚。1月30日，颜福庆举行宴会，脚好些了。[8]2月4日，出席王正廷为福庆和红十字会同仁举行的宴会。[9]2月6日，据炳章说，蒋夫人希望接见他。他将于9日离港。2月7日，在大华俱乐部和舒吃了晚饭后，听福庆讲中国在医疗方面的重建工作，他描绘得非常美好。2月8日，上午下雨作长距离散步。读完了《忏悔》和《美丽的季节》。出席福庆为陈举行的宴会，陈将于明晚搭乘"门罗总统"号离港。2月9日，教堂里拥挤不堪。布道内容为节育问题，随后是电影等。A. C. 袁（罗的女婿）来访，并共进午餐。他将去仰光。在刘瑞恒家参加宴会，在颜惠庆的打老道（Waterloo）。[10]2月10日，开始阅读《协商（Consultation）》，系迪

[1]　《颜惠庆日记》，上海市档案馆译，中国档案出版社，1996年，第308页。
[2]　同上，第310页。
[3]　同上，第311页。
[4]　同上，第312页。
[5]　同上，第313页。
[6]　同上，第313页。
[7]　同上，第314页。
[8]　同上，第314页。
[9]　同上，第315页。
[10]　同上，第317页。

加尔的著作。在布雷格协会吃午饭。K.夫人急于进行宣传。雅清将去海关学院（Customs College）执教。[1]3月15日，偕福庆和孩子们去看电影《甜蜜的心》。[2]3月19日，晚上在福庆家见到吉生和他的夫人、文森特和刘等人。[3]4月4日，张歆海来访，谈了他的伦敦之行，以及和郑学熙（Cheng Hsueh—hsi）的联合，还有和各教授的合作。[4]4月16日，福庆来颜惠庆处谈了他的计划及宴请事。[5]4月25日，有消息说，英国内阁改组。艾登遭受抨击。看电影，是关于爱迪生的，片子很好。被邀会见詹姆斯·罗斯福。董事们动身去内地。霖生和雅清交谈。[6]5月13日，晚上在福庆家。据曹说雅清请了一位精神科医生。[7]5月16日，撰写自传中关于上海的各个组织。在晚宴上向约翰逊谈了周等为何未来的原因。和曹共进午餐。他说雅清的纠纷解决无望。福庆在增加压力。[8]7月6日，倾盆大雨，太平山顶和岛屿之游作罢，也不去火柴厂参观了。整天居家未出。福庆、雅清和沃德来喝茶。看电影《左手第三指》，片子并不特别好。[9]7月19日，福庆夫人明天将到达此间。[10]7月21日，去看望福庆夫人，她说上海亲友都好。在上海有抢劫食品的，也有抢劫新车子的。[11]8月5日，通过曹君进一步得悉雅清的行踪。[12]8月11日，据曹说，牛津校友会曾举行会议并解决了问题。福庆感到懊恼。偕曹在福庆家参加宴会，有华莱士等人。[13]8月29日，在雅清家用茶点，遇见了何明华主教等人。我们谈论了各学校开设中文课的问题。[14]经常灯火管制，体重减了10磅。9月8日，出席温为全举行的午宴，见到陈策海军上将和黄炎培等人。晚上在福庆家为他祝寿。打电报给周，请他来参加执行委员会会议。9月9日，写了一封

[1] 《颜惠庆日记》，上海市档案馆译，中国档案出版社，1996年，第317页。
[2] 同上，第326页。
[3] 同上，第327页。
[4] 同上，第330页。
[5] 同上，第333页。
[6] 同上，第335页。
[7] 同上，第339页。
[8] 同上，第340页。
[9] 同上，第351页。
[10] 同上，第354页。
[11] 同上，第355页。
[12] 同上，第359页。
[13] 同上，第360页。
[14] 同上，第364页。

信，内容是关于罗斯福论述他的祖先与中国的关系。继续修改自传手稿。参加福庆的寿宴。[1]9月23日，晚上在雅清家。葛（一虹）来访，他谈了协会举办音乐会的进展情况，以及演讲会等事。[2]10月3日，葛来访，谈了办公室及基金事。孙科将于12日发表演说。郭上校及若干美国军官在下午用茶点时刻来访。晚上在福庆家吃饭。湘清将于星期日离开香港。[3]10月26日，去教堂做礼拜，由一位女士布道。亚伯来访，颜惠庆借给他三本书。雅清举行舞会。[4]11月13日，福庆建议将地产捐赠给国立医科学院。[5]11月27日，请雅清参加音乐会。[6]10月29日，出席艾琳为孙夫人、廖夫人、廖小姐、李汉魂夫人和福庆一家等举行的晚宴。[7]11月9日，与郭君夫妇共进早餐。福庆收到一只小提箱，是湘清寄来的几本书。[8]11月28日，雅清来颜惠庆处，谈了离港之事。美国人甚为紧张。在华莱士·张家吃便饭，在座的有福庆等人。11月30日上午11时去教堂做礼拜。对布道者所说的难以理解。颜惠庆向福庆谈了雅清的打算。12月1日，葛母去世。去协会办公室，存放好书籍。雅清等人去山上看了一下防空洞。[9]

　　颜雅清在香港的时候，因为在中国的抗日战争爆发后，港英当局对日本持妥协方针，采取所谓中立政策，没有积极备战，所以香港的兵力不足。1941年12月7日，是一个安闲的星期天。白天很多人到九龙游玩、野餐。夜晚，很多人在跳舞场狂欢，陶醉在爵士乐里。到晚上最后一场电影，是11点的，银幕上打出英军士兵赶快归队的消息，细心的观众在猜想：战争要爆发了？12月8日晨3时40分，日军大本营开始进攻马来亚之后，分别对中国派遣军总司令官畑俊六、第二十三军司令官酒井隆发出特殊紧急密电"花开"，通报日军已在马来亚打响进攻战。酒井隆下达了进攻香港的命令，12月8日晨4时，对香港的进攻作战开始。日机12架对香港启德机场狂轰滥炸，很快就摧毁了英军仅有的5架飞机。紧跟着，大批日机又对香港的军事要塞，和重要

---

[1]　《颜惠庆日记》，上海市档案馆译，中国档案出版社，1996年，第366页。
[2]　同上，第369页。
[3]　同上，第371页。
[4]　同上，第377页。
[5]　同上，第381页。
[6]　同上，第384页。
[7]　同上，第378页。
[8]　同上，第380页。
[9]　同上，第385页。

交通设施，还有水库，进行猛烈轰炸。日海军从海上封锁香港，陆军则从深圳以东的小路进入九龙半岛。英军兵力不足，疏于防范，腹背受敌，日军进展非常顺利。12月12日，香港当局宣布放弃九龙半岛，准备决守香港。当天，日军就占领了九龙半岛。英军退守香港岛，重新布防，与日军隔海展开炮战。日本海、空军全面出动，香港岛处于日军的全面封锁包围之中。18日晚，日军派出第三十八师团的三个步兵团，分三路同时渡海，奇袭成功，占领了香港岛东北部。黄泥涌水库被日军占领，切断了香港的水源，加上日军猛烈进攻，12月25日，港督杨慕琦看到英军继续抵抗已无意义，且英国政府已事先指示他，如迫不得已可权宜行事。于是，杨慕琦便渡海到九龙半岛酒店日军指挥部，向日军司令官酒井隆投降。至此，历时18天的香港保卫战以英军失败而告结束。

号称"日不落"的大英帝国，在抵抗了短短的18天之后，举起了白旗，败给了"日出之地"的小日本。日本原来称为倭国，北宋欧阳修、宋祁所编纂的《新唐书·日本传》中有记载：咸亨元年[1]，倭国遣使入唐，此时倭国已"稍习夏言，恶倭名，更号日本。使者自言，因近日出，以为名"。南宋赵汝适《诸蕃志·倭国》也说"以其国近日出故名"。由此可见，日本得名与日出有关系，至少在公元670年已改用现在的国名。

1942年2月20日，日本政府宣布香港为日本占领地，正式设立占领地总督部，任命矶谷廉介为香港总督，平野茂为副总督。香港人民自此在日军刺刀下度过了3年零8个月的苦难岁月。

香港沦陷后，几百名爱国民主人士和文化人为了安全，都已在港岛各处隐蔽起来，许多人被迫多次搬家，梅兰芳在香港沦陷后，蓄须拒敌，留起卓别林式的胡子来。胡蝶也绝不和日本人合作，坚持民族气节，不与日军合作。她逃出日本人的监视，辗转逃出日本人之手，最后却落入戴笠的魔掌。

颜惠庆日记提到，12月9日，一早就有空袭，警报连续不断。地下室很舒服，此间很多朋友成了难民。我清和葛来访。张叔淳也来了。有些人已离开香港去韶关。往访亚伯。提早休息，夜间听到枪

---

[1] 公元670年。

声。美国和英国业已对日宣战。[1]12月17日，和平解决的要求遭英军拒绝，说只能在日军登陆香港以后才有可能。12月22日，颜惠庆平静收拾行李。此间新出版了一份报纸，得悉昆明等地被炸。汪精卫在南京大肆庆祝。1942年1月9日，日军公布了在香港缴获的战利品：步枪998支、飞机5架、机枪1020挺、大炮122门、炮弹18000发、装甲车10辆、摩托车1470辆、火车车厢309节、鱼雷艇2艘，击落飞机14架，击沉炮艇4艘、船舶13艘，战俘11241名，打死1555名。日军损失：阵亡675名，伤1404名。[2]1月21日（颜惠庆仍然被日军监禁），红十字会职员要来看颜惠庆，未被日方批准。[3]4月30日，香港的马路私人警察被解散。美国采取了更多的配售措施。福庆等人于上午9时上船。红十字会职员就疏散问题来访。[4]5月19日，（在上海）出席福庆夫人的寿筵，共四桌。[5]5月24日，（在上海）见到了埃迪和他的一家人、杜达夫妇，以及纺织界同仁。[6]6月2日，上海大米需要每担680元。[7]

颜惠庆、颜福庆这些地位很高的人士，在香港的待遇尚且如此，一般平民在日本铁蹄之下的生活状况，会如何惨苦，就可想而知了。

那时候，颜雅清的好朋友胡蝶女士也在香港，胡蝶深入简出，一心一意照顾丈夫和一双儿女，但是麻烦还是不请自来。1941年的一天，日军派人邀请胡蝶赴东京拍摄一部纪录片——《胡蝶游东京》，宣扬所谓的"中日友善"。虽然身在浮华的名利场，但是胡蝶还是极具爱国精神和民族气节的。她以怀孕为由，拒绝了和日方的合作。为了避免日本人再次找上门来，胡蝶决定带家人一起离开香港。在朋友的帮助下，几经辗转，一行人来到了重庆。

伯父颜惠庆从美国回到九龙，但是颜雅清并不能和他经常见面。据后来的《颜惠庆自传》透露，当时在香港沦陷后，颜惠庆的境况也很凄惨。他见九龙陷于无政府状态，难民无人照料，就冒险与香港红十字会会长同往，访日本宪兵交涉。当时已无自来水，寻购食物，因交通断绝，无法往来，且大小商店全行歇业。颜惠庆等居住一公寓

---

[1] 《颜惠庆日记》，上海市档案馆译，中国档案出版社，1996年，第387页。

[2] 同上，第396页。

[3] 同上，第400页。

[4] 同上，第428页。

[5] 同上，第432页。

[6] 同上，第433页。

[7] 同上，第435页。

中，日食稀粥，以节省米与水。有时佐以饼干乳酪，聊以充饥。后颜惠庆以友人家食物日趋缺乏，决定迁出，幸由红十字会代寻得旅社房间，每日供给简单午晚餐，但无自来水及电灯。12月17日，颜惠庆与若干友人又迁回半岛酒店居住，由日军指定居住四楼。至12月27日，酒店开始恢复电灯自来水。因日军已完全占领港九。30日，颜惠庆等五人被送往香港酒店，以颜惠庆等与国民政府有关系的要人，饮食均在居室中，酒店阳台作体操用。华文报纸《华侨日报》、《循环日报》、《星岛日报》、《自由日报》每日出版一张，新闻都是一样。日本设在九龙的兴亚院请颜惠庆等将各人履历写出，以备存查。1942年1月10日，日本驻华派遣军参谋长后宫淳及驻香港的日军总司令酒井隆等曾约颜在酒店客厅谈话。2月15日，汪伪组织顾问影佐祯昭少将、河本大作等又到颜卧室长谈，范围广泛，彼此交换意见。两次谈话都询颜对国际时局的看法及今后出处。颜当时言：中日战争已逾四年，双方损失惨重，中国难民数过千万，财产损失更难估计。实属最大不幸，个人年事已高，谨以沉重心情，希望早睹升平。日本军官曾问颜是否有意再作政治活动。颜答，衰病之身，自辞卸驻苏大使，退休迄今，业已七年，再已无意再入仕途，暮年岁月，只有从事文教及慈善事业，服务社会。

在这一段时间里，颜雅清在香港度过一生之中最艰难的岁月。她不是考虑自己的人，她为自己的同胞在受难感到无能为力而精神紧张。伯父也发现了她沉重的心情。但是伯父和父母亲都不知道，她在香港同样也有惊人的冒险行为，差一点死于日机的轰炸。有一次，她在日机轰炸的时候，赶着去一个伤员急救站帮助伤员。她看到日机对平民的设施也是轰炸，就想到自己在上海参加红十字会工作的经验，知道按照国际惯例，红十字会的所在地是交战者绝对不准侵犯的，于是她就设法爬到急救站的楼顶，挂出红十字会的会旗。没有想到，那面象征人道主义和怜悯仁慈的旗帜反成为更为醒目的轰炸目标，日机看到会旗，并没有停止轰炸，反而把轰炸升级。颜雅清和同伴几乎被炸弹击中。对这种惨无人道的罪恶行径，颜雅清十分震惊和气愤，日本帝国主义居然敌视国际惯例，对红十字会的所在地进行轰炸。不得已，颜雅清只得到处避难，先后在避难所躲避，但是避难所都被一一摧毁。在走投无路的情况下，颜雅清在一个法国人居所的走廊角落里避难。

12月25日英军投降之后，港地居民惶恐不安。英美侨民都在一夜之间被勒令进入集中营。颜雅清也被关进了集中营。在那里，她终日饥肠辘辘，遭到日军非人般的虐待，一日三餐无定时不说，食物不是发霉的，就是长虫的。颜雅清想到了先祖颜回少年时的贫困生活，那时候，颜回家贫，而酷爱读书，每日放学回家吃饭，往往片刻而归，继续攻读。孔子发现后，问颜回回家吃什么饭，颜回答：一张饼，一碗粥而已。孔子悄悄跟踪观察，原来颜回回家只喝一碗稀粥。孔子再问颜回：吃的什么饭，回仍答：一张饼一碗粥而已，孔子生气了，说：为人要诚实，为什么只吃一碗粥，却说还有一张饼，颜回恭敬地对老师说：粥上有冷却的皮，不就是饼么？孔子长叹一声，给颜回一点钱，颜回坚决不受。

8个月难熬的日子，颜雅清实在受不了，她决定逃跑，如果不跑，万一日军知道了自己在美国的反日讲演，非被处死不可。颜雅清没有别的出路，只有逃亡。她终于找机会穿上劳工的破衣服，以便遮人耳目，避开日军的监视。她千方百计，设法逃出了集中营。[1]

颜雅清说"我们跨过了罗湖桥，进入了自由的内陆区，在香港沦陷区，我们丧失了拥有感，但是，我们有坚贞不屈的气节，我们讲原则，我们热爱自由"。[2]

颜雅清带着两个孩子，先是步行，然后是千方百计雇了一顶轿子，逃离香港。但是轿子只有一顶，他们三人只能轮流坐，好不容易到达柳州，而后乘坐长途汽车到达桂林，此时的颜雅清已经瘦削不堪，掉了几十磅。在桂林，幸好和在重庆的陈炳章联系上，取得了一点支援。再靠朋友们帮忙，颜雅清在这里住了半年，陈国伟还在岭南中学上了学，陈国风则留在家里。半年后全家三口人再乘火车赶往重庆。

下了火车，在快进重庆住处的时候，乘车又成为大问题。当时汽车不好找，好不容易找到一辆可以进重庆市里的汽车，结果因为没有汽油，只能烧木炭，所以叫"木炭汽车"。

抗战爆发后，长江货源受阻，重庆仅通过滇缅公路和驼峰航线运油，难以保障，除部分军政车辆外，其余的都烧木炭。重庆当时的木

---

[1] 帕蒂·哥莉：《飞天名媛》，张朝霞译，花城出版社，2012年，第108—110页。
[2] 同上，第110页。

炭汽车主要是在贵州制造。当时的
公交车有两个司机、一个维修工、
两个售票员，车上还有一个专门负
责生炉子的徒弟。木炭汽车发动机
因为积炭，故障率很高，一般跑两
天就要修一天。

开车前司机都会将一袋子木炭
倒进车厢边的炉子里，然后再启
动。木炭汽车就是把木炭倒进固定
在汽车上的炉子，摇风生火，借助
煤气产生动力。大约每跑20公里左
右，就得掏出炉灰，再装木炭。木
炭车马力弱，每公里耗炭0.5公斤左
右，时速一般只有15公里。

颜雅清就是乘坐这样的汽车进
了重庆。

司机正在给烧木炭的汽车添加木
炭，摄于1941年1月18日

在颜雅清的意识里，重庆是当时中国的心脏，只要心脏还在跳
动，中国就有希望。到达重庆之后，颜雅清看到，重庆街头到处是两
句最通行的标语口号"有钱出钱，有力出力"、"抗战必胜，建国必
成"。她心中的信心倍增。

重庆是当时国民政府的战时首都，本来是为安全从南京迁都到这
里的。但是日本的飞机照样轰炸，而且经常是连番轰炸，钻防空洞成
为家常便饭。颜雅清到重庆之后，无依无靠，居无定所。好在陈炳章
也在重庆，而且父母亲这时候也从上海来到重庆，可以互相有些照
应。陈炳章住在重庆南路18号西路口的一栋三层楼里。那时候，他的
第二任妻子陈梁女士不幸因为产褥热去世，留下一个女儿，取名为陈
国仪。后来又和孔姓的妻子结婚，而孔姓妻子也是离婚的女子，自己
和前夫已经有了四个儿子，离婚时两个儿子留给了前夫，带过来两个
儿子。陈炳章考虑到自己的两个孩子，没有答应他们在家住，只是负
担经济补助，让他们在学校里住宿。这样子，陈国伟和陈国凤两个孩
子得以在父亲身边住。陈炳章的房子很宽敞，三层楼房以外，还有一
个阁楼，也是两间。一楼是客厅和餐厅，二楼房间很大，一边是卧
室，另外一侧是小客厅和书房，陈炳章在书房可以办公，有朋友来，

陈炳章也是在楼上的客厅和他们打打麻将。陈国伟在重庆沙坪坝的南开中学读书，住在学校了。陈国凤和陈国仪则住在三楼的两个房间里。阁楼两间是陈炳章的妹妹和妹夫一间、保姆住一间。陈国凤先在重庆上德精小学，后来也在重庆上了重庆中学市区班，是一个姓魏的当校长，校纪非常严格，是专门为国民政府的高官办的学校，被称为高官学校。念到高一，抗战胜利。国民政府迁往南京，陈炳章把他们带到上海上学。陈国凤考入母亲的母校中西女塾的高中部继续读书。

在重庆，抗日是颜雅清的主要工作，加上她在国民政府上层已经具有一定的知名度，出使苏联的经历和在美国的飞行经历，国内的大报是刊登过的。颜雅清和李霞卿被称为"飞行使者"、"中国亲善特使"，1939年4月12日，《新华日报》曾以《环飞全美为难民募捐》为题，报道过她们的事迹。

她在重庆的出现，一下子被第一夫人发现。1936年，宋美龄就出任航空委员会秘书长，为组建空军投入了大量精力。1937年春，宋美龄邀请美国陈纳德将军到中国当空军顾问，组建了名震寰宇的"飞虎队"。她始终掌握着空军的人事、采购甚至训练大权，被称为"中国空军之母"。在宋美龄的记忆里，颜雅清和李霞卿、郑汉英都是她熟悉的杰出女飞行员。而颜雅清除了飞行之外的两方面才能，很快也被第一夫人觉得有利用价值，其一是英文水平娴熟，其二是懂得护理。那时候宋美龄以到美国治病为借口，要去美国。实际上是肩负到美国游说的使命，为蒋介石取得美国的更大支持。宋美龄需要几个随行人员。于是决定让颜雅清陪同自己去美国，在两个亲戚孔令伟、孔令侃之外，就是这位颜雅清了。

利用这次机会，颜雅清熟悉了民国时期官二代的坏典型，"大名鼎鼎"的孔令伟，就是"四大家族"之一孔祥熙的二女儿，孔二小姐。孔祥熙是陈炳章的顶头上司，颜雅清和孔祥熙一家也有来往，早就知道孔令伟，但是并不深入了解。这次她得以全面认识这个出了名的坏女孩。这是一个男性化的女孩，穿西装，系领带，男孩式的短发。她的故事已经在南京重庆传播得沸沸扬扬了，几乎无人不知无人不晓。她13岁时就学会了驾车、打枪。在南京新街口枪杀警察，给很多上层要人难堪，甚至在重庆还和龙云的儿子在公园里发生过枪战。颜雅清早闻其名，见到以后，才真正知道这个后来被罗斯福总统称之为"我的小男孩"的孔二小姐，确实不是一般的女孩。颜雅清不容易理解的是，为什么这么一个女孩居然被第一夫人视为掌上明珠，而且还成为蒋家的大管家？路上的交流，才使颜雅清知悉。当时18岁的孔令伟，给颜雅清的印象，是她博览群书，学问渊博，几乎无所不知，上通天文、下知地理。文学，聊起来滔滔不绝，科学，也可以谈出很多道理。她读书懂得重点吸收，灵活运用。颜雅清终于看到神秘面纱下的孔二小姐：专横跋扈让人恨，聪明干练又不得不服，这就使第一夫人宋美龄对她宠爱有加。原来宋美龄看到的是孔令伟的才女一面，而其魔鬼一面，宋美龄根本就不看。

美国罗斯福总统同意派飞机来华，接宋美龄赴美访问。

宋美龄一行从重庆的起飞有不同的版本。

"1942年11月某日清晨4时，一架从美国环球航空公司来的波音307型同温层客机"阿帕切"号，在成都机场检修完毕，待命升空。机头灯光照见一队轿车驶上跑道，后边跟着一辆救护车，轿车中走出来的有蒋委员长，美国第十航空大队司令莱顿·比塞尔将军，以及其他十五名中美将校。从救护车里抬出一副担架，上面躺着蒋夫人，被小心翼翼地抬上飞机。客机的机长科内尔·纽顿·谢尔顿过去曾在中美洲丛林地带飞行，他专程从美国飞来，但此时仍不知道乘者是谁，两名美国护士和宋美龄18岁的外甥女孔令伟也上了飞机。于是机长谢尔顿奉命起飞。这架飞机从美国飞来的时候，越过南大西洋，穿过非洲和印度，一路上发动机常出毛病，但现在返航，南飞越过骆驼峰时，发动机在寒风中运转得却很平稳。这是第一架没有密封舱的四引擎飞机。而这次机上除了蒋夫人一行和机组人员外，再无他人。"[1]

"11月18日，美国环球航空公司的一架波音307同温层客机'阿帕切'号，由机长科内尔·纽顿·谢尔顿驾驶，从成都机场起飞，载着宋美龄，越过驼峰，穿过印度、西非，飞向大西洋彼岸。同机有两名美国护士，孔二小姐（孔令伟），和秘书长董显光（中宣部副部长）等人。在美国读书的孔令侃，在英国军队中服役的孔令杰，均在美国会合，一起活动。另据顾维钧大使谈到，美国驻巴西纳塔尔司令官沃尔什将军称，宋美龄专机曾在纳塔尔停留，降落后感到十分疲乏。这位将军曾接到伦敦发来的指示，要他派一架飞机带一位医生和护士去中国照顾她。但宋美龄把派去的医生和护士留在重庆，而

---

[1] 杨树标、杨菁：《宋美龄传》，浙江大学出版社，1995年，第179页。

带上了她自己的护士起飞。通常从纳塔尔到迈阿密要另换机组人员，宋美龄不愿意有任何变动，所以仍由从中国飞来的原班人员驾驶飞往美国。到了迈阿密，宋美龄身体已有所恢复，她坚持要到第二天才飞纽约。谢尔顿只得照办。次日，谢尔顿换了一架C—54飞机飞向纽约米切尔基地。熟练的技术使这位机长得到信任，以后宋美龄出国，多由他驾机运载。中国客人随便改变行程，当然会给主人带来不便，但是，11月27日，美国总统的代表哈里·霍普金斯还是到机场迎接。并直接送她到长老会的哈克尼斯医院。霍普金斯安排好了医疗准备，由 R．F·洛伯博士与阿区伦博士负责治疗。她在该院特别病房楼，占了第12层楼的全部。宋美龄显然有意识地将她准备的活动计划告诉美国总统，所以在去医院的路上，要霍普金斯对总统说清楚，她到美国来除了治病和休养外，没有任何其他目的。但是，与此同时，她开始提出许多有关中国和美国的问题。据霍浦金斯回忆，她相信对德、对日这两场战争都能胜利，但方法上要集中全部力量先打败日本。" [1]

　　到纽约后，宋美龄使用假名住进哥伦比亚长老会医疗中心的哈克奈斯大楼，由罗伯特·洛布博士负责照料。她的外甥女孔令伟和外甥孔令侃（当时正在美国读书）在哈克奈斯大楼陪伴着宋美龄，并组成秘书处，负责处理宋美龄的日常文件电讯事务。翌日上午，宋美龄就见到了罗斯福总统的夫人埃莉诺·罗斯福，她亲自来到了医院。宋美龄一脸病态，罗斯福夫人在她的回忆录《永志难忘》中说："蒋夫人似乎很紧张、很痛苦的样子，她不能忍受任何东西碰到她的身体，有很长一段时间，医生无法缓解她的痛苦，我认为这大概是她长期紧张、焦虑和中国气候所造成的后果。蒋夫人颇为娇小和纤弱，看到她躺在床上，我心里想，如果她是我的女儿，我一定会帮助她，照顾她。"宋美龄于11月28日致电蒋介石，告之和罗斯福夫人见面经过："今晨罗夫人准时到院，妹表示此次来美尽以私人看病，对美国政府并无任何要求。彼即谓美国朝野人民异口同声对妹极为仰慕，均认妹为全世界女界中第一人物，即彼与罗总统亦素钦慕，此次能有机会相晤，窃心庆幸。"此后，在宋美龄住院治疗的70余天中，罗斯福夫人经常到医院问候，两位"第一夫人"很谈得来：她们就中美关系和世

　　[1] 林家有、李吉奎：《宋美龄传》，河南人民出版社，1995年，第246—247页。

界局势交换意见。[1]

（1943年）2月17日，宋美龄前往华盛顿。罗斯福夫妇亲自到车站迎接，作为总统夫妇的贵宾，宋美龄在白宫停留两周之久（一说11天）。宋美龄的一些生活方式，显然使白宫的工作人员不满。宋美龄白宫管家阿朗索·菲尔德谈到这位夫人每天要换5次床单。她招呼男女服务人员时，不按铃或摇铃，而是用中国的拍掌方式。

埃莉诺·罗斯福和宋美龄

另外，她不到饭厅用餐，而是与两名护士及孔家兄妹一起在住处用膳。孔二小姐仍装束怪异，全身男装。2月18日，宋美龄在美国众议院和参议院先后发表演说。在众议院演说时，透过四个主要广播电台，同时向全美国广播。2月19日，她在罗斯福夫人的陪同下，出席总统在白宫椭圆形办公厅举行的记者招待会。到会的男女记者有172人，风靡了华盛顿新闻界。记者招待会上刁钻的发问，并未能难倒她，当然都是一些敏感的问题。[2]

1943年2月28日晚上，宋美龄到达纽约，市长拉加迪亚前往迎接，林语堂一家也到车站，女儿林如斯和赵秀澳给宋美龄献花。之后住进纽约州海德公园罗斯福总统家中。1943年6月24日，宋美龄到白宫辞行。次日即南行。29日，她乘美国政府提供的特备专机启程返国。宋美龄访美是成功的，有评论指出："蒋夫人访美和在美国所作的成功演讲，大大加强了中国的地位。她善于抑制自己，讲一口流利的英语，很镇静，给美国人留下了良好印象。"[3]

当时在美国，颜雅清注意到，时兴的中国杂志都看得到，《西风》、《刀与笔》、《耕耘》、《宇宙风》、《良友》、《人世

[1] 佟静：《宋美龄大传（上）》第2版，团结出版社，2006年，第289页。
[2] 林家有、李吉奎：《宋美龄传》，河南人民出版社，1995年，第250—251页。
[3] 同上，第263页。

间》、《抗战木刻》、《大众木刻》、《中华杂志》……各种抗日题材的杂志尤其多。

在宋美龄美国的这些活动之中，颜雅清参加了哪些？所有涉及到宋美龄的著作都没有提到，包括帕蒂·哥莉的《飞天名媛》。但是我们可以推断的是，宋美龄住在白宫的时候，颜雅清也是陪同人员，与罗斯福总统夫妇的会见以及宋美龄在国会的演讲稿，据陈国凤大夫讲，颜雅清是参与了的。而这正是几年以后，罗斯福总统夫人起草《联合国人权宣言》的时候，颜雅清成为其三位助手之一的契机。

我们知道在陪伴宋美龄的间隙，颜雅清于1942年12月去参加在加拿大魁北克举办的国际关系学院会议，其实是第8届太平洋国交会议。她那时候因为在香港的艰难生活，身体异常消瘦，比在去香港以前瘦了19.5公斤（43磅），她在会上就外国租借地、治外法权以及战后中国重建等问题发表了意见。[1]

从加拿大归来之后，颜雅清作为罗斯福总统夫人的助手之一，竭尽全力做了一件大事，帮助黑人女歌星玛丽安·安德森，圆了她4年前想在华盛顿宪法大厅演出未能实现的梦。安德森1899年2月17日（一说1897年2月27日）出生于宾夕法尼亚州的费城。她的歌声内敛饱满，具有磁性，穿透力极强，被喻为"当代最美妙的声音"。安德森音域宽广，演唱的咏叹调、黑人灵歌、音域与表情方面都很有魅力和感染力。她在古典音乐的歌剧、圣歌及音乐会的演唱方面得到人们的尊敬与赞美，低沉美妙的歌声也激发了其他艺术家的无数灵感。

她华丽动人的女低音，曾被著名指挥家和艺术大师托斯卡尼尼赞叹为"百年一遇"。1935年，托斯卡尼尼在萨尔斯堡听了安德森的演唱，对安德森说："你那美妙的歌声在100年中只能听到一次！"大师的赞评和在欧洲演出的成功，使美国终于接纳了安德森。从上世纪40年代开始，玛丽安·安德森实际上成了美国黑人艺术家的带头人。她突破了白人在艺术领域设置的一座座种族歧视的壁垒，到联邦政府所在地白宫进行演出，成为在此演出的第一位黑人艺术家。她还是第一个通过电波进入美国千家万户的黑人，曼妙的歌声打动了无数白人和黑人的心灵。黑人有如此辉煌业绩，25年以后还有一例，就是发表《我有一个梦》演说的马丁·路德·金。安德森于1991年获得格莱美

[1]　帕蒂·哥莉：《飞天名媛》，张朝霞译，花城出版社，2012年，第110—112页。

终身成就奖。

她说，唱歌的时候，我不希望人们看我是有一张黑人的脸还是一张白人的脸。我只希望人们看到我的灵魂。灵魂是没有肤色之分的。在一次音乐会上，她看到歌声能把人们聚在一起，非常感动。在她唱最后一首歌时，玛丽安邀请听众一起演唱，所有人都站起来，黑人和白人紧挨在一起，一同

安德森在演唱

演唱。在美国的历史上，这是少有的人类的精神超越了自身，超越了种族偏见。

1939年2月，当有消息透露，美国革命女儿会拒绝为美国最著名的和最受欢迎的女低音歌唱家之一玛丽安·安德森提供华盛顿的宪法大厦时，美国音乐、戏剧，电影及学术各界的知名人士及安德森小姐的歌迷们愤怒了。美国革命女儿会先是声称大厦已经预定出去了，但是这一解释不过是一个借口，而真实的原因是：安德森小姐是黑人。她的支持者们很快采取了行动。他们发表公开声明，并给美国革命女儿会和它的主席小亨利·M·罗伯特夫人寄去责难信。该组织的代表告诉记者："不做解释"；罗伯特夫人始终不表态。而安德森小姐也保持沉默，表现出她那20年来为观众所深爱的非凡的镇静和安详的品格。由美国民主联盟等组织以及纽约市长菲奥雷洛，拉加第亚，电影艺术家希尔维娅·西德尼和美国内政部长哈罗德·伊克斯等个人展开的抗议浪潮，以第一夫人埃莉诺·罗斯福辞去在美国革命女儿会的成员资格而达到最高峰。但该组织又一次拒绝作出解释。安德森小姐的歌迷们两次试图租用华盛顿中央高中的礼堂，但都失败了。一次是由于安德森小姐的音乐会具有商业上的风险。另一次则因为她的出场将打破不允许一个历日有两场预约的惯例。埃莉诺·罗斯福又一次出面插手此事，她说服伊克斯部长开放了林肯纪念堂，为安德森小姐举行一次免费露天音乐会。1939年复活节这一天，成千上万的人汇聚一堂。当伊克斯先生间接地指责了美国革命女儿会时人们哄笑了，

他是在介绍这位著名的黑人歌唱家时说这番话的。他说："在我们这个时代，太多的人只是在口头上称颂闪烁在我们国家上空的这两颗巨星（杰斐逊和林肯）。在这个伟大的殿堂里，我们所有的人都是自由的。"人们尽情地陶醉于安德森小姐的歌声中。这件令人难堪的事有三次小的高潮：罗斯福夫人按预定计划在白宫为美国革命女儿会举行茶会，但拒绝给予它应有的礼遇，而仅以个人身份参加，该组织所受的打击公开化了。随后，1939年4月25日，罗伯特夫人对此事公开进行了无力的辩解，说这场骚动使得修改该组织有关禁止黑人演员在宪法大厦演出的规定的努力成为泡影。[1]

1943年1月7日，安德森终于如愿以偿，在宪法大厅举办了独唱音乐会。自此以后，宪法大厅便向黑人艺术家敞开了大门。[2]

而这次帮助她斡旋成功的，一个是埃莉诺·罗斯福，一个就是颜雅清。颜雅清是帮助安德森筹备独唱音乐会的具体行动者。在白宫陪伴宋美龄的时候，罗斯福总统夫人就提到了这位黑人女星的遭遇。颜雅清非常不爽，在一个主张民主的国度，居然还这样歧视有色人种。安德森演出的那天，罗斯福总统夫人和3800名观众欣赏了她的美妙歌声。颜雅清觉得更为珍贵的是，安德森这次演出，决定把所有的门票收入，捐献给中国的抗日战争，通过美国援华联合会，把款项直接拨到中国的抗日账号上。颜雅清对这次演出的成功非常高兴，更为这位国际主义歌唱家对中国抗战事业的慷慨捐助，心怀崇敬之情。这次遭遇，颜雅清深度认识了安德森，也为颜雅清进一步接受人类一家的理念提供了难得的素材。

在华盛顿帮助安德森的空闲，颜雅清不忘自己的飞天梦，试图再申请一份飞行执照，但是无果而终。这使她非常失望。

---

[1] （美）乔治·C·科恩：《美国名人明星丑闻录》，法律出版社，1991年，第280—281页。

[2] 车兆和：《她敲开了艺术之宫的大门——记美国著名黑人歌唱家玛丽安·安德森》，《世界博览》1995年第1期，第34页。

第六章 和平女神

——最高境界是为全人类服务

早在1926年，颜雅清的好友李霞卿（艺名李旦旦）主演过一部无声电影《和平之神》，其主要情节是：为争夺地盘，各省军阀混战，国无宁日，民无宁日，无不盼望和平降临。乙省军官凌云飞（方信饰）奉督军之命，作和平使者前往甲省，见督军。行前，与未婚妻林素薇（许盈盈饰）依依话别。林素薇深知和平为民所期盼，虽感情难舍，仍然鼓励凌云飞毅然前行。甲省主战派代表苏民疾（邢少梅饰）将云飞软禁起来，加紧备战，战事一触即发。凌云飞一去无音，乙省督军再派林时杰（朱维基饰）为和平代表前往甲省。岂料林时杰刚出城门，就马失前蹄，摔成重伤。其妹林翠薇（李旦旦饰）出而代兄完成未竟之功，遂乔装男扮，星夜前往。没有想到刚到甲省，也遭苏民疾以同样方法软禁。苏民疾虽然好战，而女儿苏若兰（林楚楚饰）却深明大义，不满其父行为。苏若兰看见林翠薇与卫兵争执，得知乙省和平使者被其父软禁，非常气愤。她从父亲那里得知即将开战，立即告诉林翠薇，并同翠薇一起去拜见义母督军夫人（严珊珊饰）。凌云飞几次欲逃均未成功，再次乘机出逃时，又被抓住，士兵押解他到前敌指挥部。前敌指挥是凌云飞老友，云飞说明来意及被软禁之事，老友深有同感，带凌云飞来见督军。此时苏若兰与林翠薇已先在此。督军对凌云飞呈上的公文所言非常欣赏，察觉苏民疾从中作梗，督军将他拿下问罪。经过周折，甲乙省双方督军通电停战，达致和平实现。

看过这部电影，李霞卿扮演的林翠薇给颜雅清留下了深刻印象。颜雅清是多么想当一个和平女神啊。但她这个和平女神不光是为中国的和平，而是为世界和平。

1. 救援中国的"一碗饭运动"

颜雅清离开香港到美国，1942年底参加在加拿大魁北克举办的国际关系学院会议，1943年探寻重新获得飞行资格的执照，继续募捐没有成功。

在美国，国际人士、援华团体和华侨社团协作开展的援华抗日筹赈运动，曾出现多次高潮，其中最著名的是"一碗饭运动"。其时，于斌主教到美国，发动了"一碗饭运动"，它的口号是"一元美金可使中国难民活一个月"。直截了当、简洁明快的口号很快博得美国人民的普遍同情，慷慨解囊的人为数不少。于斌主教曾多次乘飞机去各地旅行，都知道他旅程十分重要、紧迫，"所以在他所乘坐的飞机上，都给他最大的方便，在他的机票上写上AA—Pcouy的字样，意思是特特优。这次活动，于斌主教曾到二百多个美国城市演讲，可以说是一个前无古人的'大手笔'。于斌主教募捐的方式也很特别，他训练了一位叫李约翰的4岁男孩，让他穿上中国的长袍马褂，站在桌子上为中国难民用英语讲话，当时的美国副总统麦考利大为感动，将这位李约翰认做干儿子，而四周的观众亦在感动之余纷纷倾其所有，大捐其款。于斌主教还请两位女飞行员——李霞卿和颜雅清驾机劝募。还请张大千的长兄张道子先生以卖画为难民捐款，收到极好的广告效应"。[1]

1938年6月17日，由美国援华委员会和中国平民救济协会联合发

---

[1] 浦鞍平：《沟通东西方交流的主教——于斌》，收入宋嘉沛主编《民国著名人物传（4）》，中国青年出版社，1997年，第786页。

起的"一碗饭运动"在美国各地同时举行,其目的在于筹赈100万美元,救济由于黄河决口,既遭兵祸,复罹天灾的数十万中国难民。当时的主席是许肇堆先生,而颜雅清是最重要的参与者。当日,节食运动在全美2000个大中小城市同时举行,参加者逾100万。在纽约,参加这一活动的中美群众有3万多人。纽约华侨聚居的唐人街,更是热闹非常。由华侨社团组织的武术队、醒狮队上街表演筹赈,各华人办的餐馆、杂货店、食品店、百货店举行义卖。在旧金山,参加这一活动的华侨和美国群众,达20万人之多。当日的节食运动,由美国前总统胡佛、《纪事报》主编史密士等联合各团体及华侨救国会共同进行。为了大造声势,引起美国人士的注意,旧金山唐人街举办了"中国战区难民惨状展览"和"中国抗战战绩展览"。当日的示威游行,由旧金山市长和中国驻旧金山领事驱车开路,华侨和美国群众参加者空前踊跃。据《旧金山纪事报》报道:"是日前往唐人街参加者,不下20万人,各处通衢,人山人海,拥挤不堪,各项车辆均无法通行,警察亦束手无策,多数出口轮船,亦因之临时延期驶出。一日之中,共募得5万美元。"[1]1940年夏秋之后,日本帝国主义把侵略矛头逐渐伸向太平洋区域,使日美之间的矛盾尖锐化,为了"帮助中国使之成为不断拖住日本和消耗日本力量的地方"[2],美国政府后来逐步改变了对华政策,由过去口头上的同情、象征性的援助,转变为以实际行动对中国的援助。

　　1941年5月初,美国援华委员会在纽约百老汇路1970号召开会议,会议通过民主选举,选举万斯泰为会长,华侨许肇堆博士为第一副会长,墨伦理博士为第二副会长,中国驻美大使胡适为名誉会长。会议决定,5月18日至25日为全美"中国周",动员全美国人民捐款500万美元援助中国抗战。5月17日,纽约市长拉加第亚宣布,"中国周"将于18日开始,并敦促纽约市民,慷慨捐输,使援华会能在纽约市内募款170万美元。为了迎接全美"中国周"的到来,全美各侨胞聚居的地区进行了全面动员和准备。纽约华侨筹饷总会先后准备了醒狮队、国旗队、军乐队、男女童军军乐队、妇女提旗队和民众队参

[1]　《新华日报》1938年7月17日。

[2]　(美)赫伯特·菲斯:《通向珍珠港之路》,周颖如、李家善译,商务印书馆,1983年,第144页。

加"中国周"的活动，并挑选了50名华侨少女偕同100名美国少女在纽约市区沿途劝捐。旧金山侨团准备了美术展览、时装表演、武术表演，还制作了两个特大的"饭碗"，作为"中国周"期间游行示威劝捐之用。5月18日至25日，风行全美的"中国周"活动如期举行，参加这一活动的有华侨和美国人士100多万人。值得特别注意的是，在"中国周"活动中，以纽约州州长李门为首的14位州长和以纽约市市长拉加第亚为代表的200名大中城市市长，先后发表宣言，呼吁美国人民捐款救济中国难民，并亲自参加各地举行的"中国周"活动[1]。这在美国历史上是少见的。翌年，"中国周"活动又在各地举行了一次，同样引起轰动。"中国周"活动是援华抗日运动的空前盛举，它的价值不仅仅是500万美元的捐款，而在于它表现了反对法西斯侵略，维护世界和平是不可抗拒的历史潮流。[2]

颜惠庆的日记里，也提到了这个运动：

1940年1月7日，晚上陈炳章设宴请客，共三桌。[3]1月12日，颜惠庆设宴招待旧金山的保罗·史密斯（Paul Smith），他为"一碗饭运动"筹集了大笔款项。1月13日，颜惠庆又在荷花饭店吃午饭，有梅小姐、林语堂和俞等人。谈论了安排新讲堂的计划和预算等问题（6个月的）。[4]1月30日，史蔼士来访，谈了雅清的行李事。[5]1月31日，颜惠庆步行去荷花饭店，林请颜惠庆吃午饭，遇见了沃尔什夫妇、文森特·希恩（Vincent Sheean）、马昆德和普费弗等人，作了短时间交谈。邦恩（Bonn）博士有个想法，即由中国来调停苏、芬战争。[6]2月5日，陈炳章来访，他将进大使馆工作。孟奇来访，还有张彭春、林霖博士。在家休息。陈炳章请颜惠庆看戏，婉辞。写家信。2月6日，史蔼士来访，谈了雅清的行李事。[7]2月14日，凯泽来访，他和雅清在股票问题上发生龃龉。他以其所属商行"布拉巴希"（Brabasch）的名义开出收据。在桃园散步并进晚餐，然后去天坛餐馆参加鸡尾酒会。[8]2

---

[1]　《新华日报》1941年5月18日。

[2]　黄慰慈、许肖生：《华侨对祖国抗战的贡献》，广东人民出版社，1991年，第274—275页。

[3]　《颜惠庆日记》，上海市档案馆译，中国档案出版社，1996年，第261页。

[4]　同上，第263页。

[5]　同上，第267页。

[6]　同上，第267页。

[7]　同上，第269页。

[8]　同上，第271页。

月16日，金中尉来访，驾车游览了市区四周，参观了金门大桥、露天市场及市区概貌。下午参加了招待会，见到了若干银行家、新闻记者和哥伦比亚领事等人。晚饭后去中国慈善协会发表演说。将一些文件寄给楠生。2月18日，收拾行李和接待来访者，有袁君和孙君（领事）等人。出席联合慈善协会举行的宴会，还拍了电影。驾车去雷德伍德森林（在缪耳山谷）。那些树木着实令人惊奇。[1]3月15日清晨，颜惠庆到达香港。颜福庆一家、刘鸿生迎接。[2]

美国报纸《格罗斯波因特新闻报》1946年3月28日第3版刊登的颜雅清照片

MISS HILDA YEN

香港的一个电影公司摄制了一部纪录片，记录了由美国华侨邝炳舜所领导的全美华侨爱国运动《美洲华侨一碗饭运动》，内容包括：（一）旧金山华侨阻止美国货轮运废铁往日本之爱国示威游行；（二）一碗饭运动夜间巡游旧金山华埠；（三）一碗饭运动华侨舞三百尺巨龙；（四）全世界最大之党旗在旧金山华埠巡游；（五）国父孙中山之铜像在旧金山举行揭幕礼（主持揭幕礼的嘉宾计有蒋纬国、颜惠庆博士、颜雅清及旧金山市长罗司）；这座立于旧金山圣玛利公园内的孙中山铜像由美国意大利裔雕刻艺术家、孙中山挚友布芬那Beniamino Bufano担任造像设计工作。1935年动工，1937年11月12日落成揭幕。其头部及两手均用淡红色花岗岩雕刻，孙中山面朝大洋彼岸的中国，坐东向西，双眸紧闭，似在沉思中国的未来之路。像基有圆型铜版，上镌文曰："中华国父孙公逸仙，推翻专制，解民倒悬。开物成务，创立五权。自由平等，大同克臻。丰功盛德，中外具胆。范像天表，垂诸万年。"颂词

[1] 《颜惠庆日记》，上海市档案馆译，中国档案出版社，1996年，第271页。
[2] 同上，第276页。

环外，则有纪念孙中山的英文颂词；（六）美国金门桥开幕饰车大巡游，自华埠之花车夺魁；（七）邝炳舜在"一碗饭运动"中演讲及女书法家即席挥毫。

对外的抗战宣传的队伍，开始是国家派出的，多位名流学者充任，胡适、张彭春等都是。后来名流学者另外有任务，私人演讲家为国宣传抗战者，继之而兴。难能可贵的是私人演讲家中，竟以女性占其多数。如谭金美、郭镜秋、李霞卿、李灵爱、颜雅清等，皆其卓卓者也。[1]她们非常清醒地认识到，"国若不存，何以家为？"所以积极投身到抗日救国的洪流之中。

正是在颜雅清积极参加"一碗饭运动"的时候，1943年3月21日，母亲曹秀英因中风在福开森路24号（即今武康路，与唐绍仪宅毗邻）的家中去世，终年62岁。母亲去世以前，一直是基督教女青年会的骨干。本来答应下午两点去八仙桥青年会开会，但是中午饭吃到一半，手突然不灵便了，筷子伸到碗外去了，母亲因中风突发而逝世，再也没有醒过来。母亲偏胖，多年来一直患有高血压。父亲颜福庆自己是医生，也不能给母亲治好病。父亲马上通知附近的亲戚顾庆禄、吴惠芳夫妇。顾、吴赶到在客厅焦急地等待，颜福庆在房间里抢救，给母亲做人工呼吸，终于没有抢救过来。下午2点，母亲去世。[2]

"一碗饭运动"后来扩大到成立血库。1943年6月，在美国纽约那疏街154号论坛报大楼十一层楼，正式成立"华人血库"，专为祖国抗战将士输血。当时参加输血的有华侨医界前辈刘瑞恒、朱章庚大夫，女侨胞有伍宝春女士、颜雅清女士。中国驻美总领事于焌吉和三个在纽约的中国留学生也参加了献血，是日参加献血者有14人。[3]

为什么取名"一碗饭运动"？据美国医药援华会负责人施蒂芬说：发起者所以要取名"一碗饭运动"，首先是取自中国西汉"漂母助韩信"的故事，藉以表示美国助华为一种"纯挚之同情心"。曾帮助汉王刘邦建功立业，后来得到汉王拜将封侯礼遇的淮阴人韩信，青年时代却十分穷困潦倒，他常到淮水钓鱼卖几个钱糊口，有时钓不到鱼就只好饿肚子。当时在淮水边浣纱的一个老太婆，看见韩信饿得可

---

[1] 卓麟：《华侨女演讲家谭金美》，《中美周报》第135期，1945年，第19页。

[2] 钱益民、颜志渊：《颜福庆传》，复旦大学出版社，2007年，第180页。

[3] 严仁颖：《族美鳞爪》，见沈云龙主编《近代中国史料丛刊续编》第50辑，文海出版社，1979年，第59—61页。

怜，就把自己带来的饭分一碗给韩信吃，韩信非常感激，说："我将来一定报答你！"老太婆反而生气地说："谁要你报答！"后来韩信拜将封侯，扬名天下，就给历史留下了"漂母助韩信"的动人故事。施蒂芬说："发起一碗饭运动表明美国民众助华，既非如市侩之流，专以利益交换为前提；亦无炫示富贵之心理，而使受者有耿耿不安之感焉。"其次，"中国人民以饭为生，取接济米饭，普渡众生之意，所谓'一碗饭'者，即助华运动之象征耳"。再者，人天天要吃饭，"每饭不忘"，"亦为表示助华运动非五分钟之热潮，将持之以恒地开展下去；素以面包为主食的美国人一碗饭足以引起好奇心理，故具有不可思议之吸引力量"。发起者对"一碗饭运动"的良好意愿并广为宣传，获得了各阶层人士广泛响应，广大华侨更踊跃参加。旧金山华侨为开展"一碗饭运动"，在街上搭起了大型彩牌，并举行了化装游行，不少侨胞扮成难民，各执空碗一个，喊着"多买一碗饭，多救一条命"的口号，穿过旧金山的大街，"情景至为动人"，旧金山唐人街更是"万人空巷"，表达了广大侨胞心怀祖国，热心救亡的赤子之心。如此动人情景亦出现在纽约的唐人街。"一碗饭运动"唤起了无数的美国人民救助苦难的中国人民、支持中国抗战的热情。"一碗饭运动"当时被誉为"中美打不破之链锁"，这个运动种下了中美人民"根深蒂固之笃谊之情"，"一碗饭运动"势必成为（美国）对华亲善之特殊运动，成为"中美亲善之象征"。因此，发起者预言"一碗饭"三个字，或将为所有对华亲善之国家，一律仿效而采用之。[1]

事实正是这样，"一碗饭运动"后来扩展到英国、加拿大，以及南美洲的许多国家。

这一运动得到了美国各阶层的广泛支持和响应，规模越来越大。起初在1938年6月，旧金山华侨首先举行声势浩大的"一碗饭运动"，他们举行反日大示威，用飞机散发传单。美国前总统胡佛，《纪事报》主笔史密士等联合各团体前来参加。旧金山市长与中国领事馆领事是日同乘汽车，由市政府率队游行华人区，参加人数达20万，募捐5万多元。华人巡游队举着各种标语牌，上面写着："请帮助中国难民充满其饭碗，你们五毫银可买'一百碗饭'，五毫银可救中国难民的

[1]　《宋庆龄与香港一碗饭运动》，http://blog.sina.com.cn/s/blog_5125405c01009mbi.html。

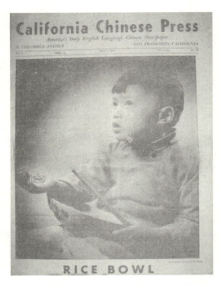

California Chinese Press

America's Only English Language Chinese Newspaper

RICE BOWL

当年旧金山媒体大张旗鼓宣传"抗日一碗饭运动"的正版报纸报道

命。""饥饿的中国难民需要饭食，你们帮助吗？"……"一碗饭运动很快扩大到全美国，有的地方组织了美国救济中国难民联合会。"是晚旧金山市华侨再次掀起高潮。中西人士踊举募捐，华埠之夜，前来参观者人山人海，挤得水泄不通。……"一碗饭运动"援华运动不仅为祖国捐得了巨款（约100万美元），而且在客观上起到了开展美国上层人士和美国广大人民的国际统战的作用。其政治意义和经济意义一样重要。这是美国华侨开展国际统战取得的重大成就。[1]

旅居美国的华侨女性，为国内的抗日做出了重大的贡献。她们宣传抗战，在各地组织许多妇女团体，如华盛顿的中华妇女会，纽约的妇女救国会、华侨妇女爱国会等，其宗旨均为"促进旅美各地华侨妇女从事抗战建国、复兴民族之工作"。华人妇女从事着大量的抗日救亡活动，利用各种方式为祖国捐款、捐衣物、捐药品。旧金山洗衣女侨工捐献大量金钱，将抗日宣传品附入衣服里进行抗日宣传，她们与美国人民一起举行反日示威，通过公演、举办影画展、年宵夜卖，成功举行"一碗饭运动"。纽约妇女救国会与华盛顿中华妇女会联合义演独幕剧《救国与爱》，轰动一时，激励了广大华侨的爱国信念，慷慨悲壮，轰动全美，震撼侨界。

名戏剧家欧阳予倩在《介绍一位斗士》里写道：

当地华侨迅掀起了一个为抗日勇士捐献"一碗饭运动"（即每人少吃一碗饭，支援前方将士，救济难民活动），他为了响应"一碗饭运动"，便与"胜寿年"剧团同仁举行了一次别开生面的大游行。他造

---

[1] 任贵祥：《华侨第二次爱国高潮》，中共党史资料出版社，1989年，第271—272页。

世界公民颜雅清

了一只直径达两米的特大饭碗，叫两个小孩扮成难民抬着前头走（一说是用大板车装载着沿街推去），演员们分别化装成凶残的日本兵和我国难民，关德兴则化装为一名山东大汉，肩挑着两个人筐，里面坐着五六个"难民小童"（一说是他身上背三个小孩，再两只手一边抱一个）啼哭不止，他嘴里一面说一面唱，进行宣传抗日，这幅"难民受苦图"激发起广大侨胞强烈的民族意识和奋起抗日的意志，纷纷将钱、物抛入那只"大饭碗"里去，有些美国人见此场面也异常感动，纷纷解囊捐款，就这样一直走过十五里的长街。接着又有人举出一个五六十磅重的龙头，说倘若关先生能舞过一条街，便可捐若干钱。当时，关德兴本来已很疲倦了，但是他一来不肯服输，二来他素性认定了一桩事就拼命到底，所以，他毫不迟疑，举起龙头就舞动起来，结果募捐

爱国艺人关德兴1937年在旧金山华埠扮演难民揭开"抗日一碗饭"募捐序幕的照片

旧金山南侨学校学生为抗日"一碗饭运动"募捐活动的照片

了不少钱，可是这一次他病了十天。关德兴为了捐款抗日，他将一把三百斤拉力的弓，放在门外，哪个开得三把，他便捐美金10元放进救济箱，如果拉不开，他就要求那人随便捐多少，这样也捐了不少钱。[1]

[1] 开平县政协文史资料研究委员会：《开平文史》第26辑，广东人民出版社，1992年，第33—34页。

1939年6月颜雅清（左二）与李霞卿在后者完成飞行后会面。右为于斌神父，左为郭德权武官（照片源自帕蒂·哥莉《飞天名媛》）

颜雅清在美国高层外交会议上代表中国出席（RK CHEN），右一为美国著名学者乔治·E·文森特博士（照片源自帕蒂·哥莉《飞天名媛》）

颜雅清（右二）、颜湘清（右一）和陈国伟夫妇参加侄女的婚礼（陈国凤大夫提供）

胡适作为一个一直宣传和平主义的学者，也极力主张抗战。1939年10月30日，他在纽约美国中国协会发表演讲《我们还要作战下去》。31日，胡适在纽约"一碗饭"运动聚餐会上发表《对美国的中国朋友谈话》，说："非至公正之和平确有实现之可能，中国决不轻言和平。"[1]

从现在掌握的资料，我们一直没有找到更多的颜雅清演讲的报道。但是可以肯定，颜雅清演讲的次数是相当惊人的。待以时日，这些演讲会被发现，那时候，颜雅清的抗日贡献，会更为被人关注。

[1] 重庆《大公报》1939年11月12日。

2.从自我之中解放出来

　　历史往往被尘封，优秀女性人物的历史更为容易被尘封，颜雅清的历史就是被尘封很久的。应该说，颜雅清是中国的"塔荷蕾"——女性巴哈伊先驱者。

　　颜雅清是20世纪40年代成为巴哈伊的最著名的中国女性。她在美国以希尔达·颜·梅尔[1]而著名的。

　　杂志*The Purein Heart*这样介绍这位杰出的巴哈伊：

　　在美国加入巴哈伊教的著名华人希尔达·颜·梅尔，于1905年11月29日生于上海一个殷富的基督徒之家，16岁时，她作为中美大学文化交流的学生，获得了奖学金到美国史密斯大学留学，毕业后回到上海，受其表叔父曹云祥的影响而了解了巴哈伊信仰。（与陈炳章）离婚后，她在莫斯科的中国驻苏使馆为其伯父颜惠庆大使作侍应生。她后来曾到柏林和瑞士工作。第

颜雅清和外国朋友Cononal在一起（陈国凤大夫提供）

---

　　[1] Hilda Yen，美国的报刊上也写作 Ya—tsing Yen, Hilda Ya—Tsing Yen Male, Miss Hilda Yen Male, Hilda Yank Sing Yen。

中年颜雅清（陈国凤大夫提供）

二次世界大战即将开始时，她移居美国。1941—1943年间，她返回祖国，在重庆服务于抗战活动，她的父亲颜福庆此时任蒋介石内阁的卫生署署长。1944年，她到了美国，在伊利诺斯州威尔梅特成为巴哈伊，在联合国公共信息部工作。任职期间，她曾经在美国和加拿大的许多重要集会上代表巴哈伊发表演说，常常在巴哈伊和非巴哈伊聚会上引证守基·阿芬第的话。1949年4月4日到9日，在纽约州成功湖举行的第三届国际非政府组织的国际代表大会上，她是巴哈伊四人代表团的成员之一，主持了这次国际会议。1952年10月6日至10日，在纽约联合国总部举行的第五届非政府组织国际代表大会上，她又是巴哈伊代表团成员，并担任了大会第一工作委员会的副主席。颜雅清于1970年3月18日辞世，她的长期挚友M·莫特海德夫人这样称赞她："希尔达·颜·梅尔将在未来

1944年5月19—25日芝加哥举行美国第36届巴哈伊年度大会，庆祝巴哈伊创立100周年，颜雅清参加了这次活动（局部）[《巴哈伊世界》（1944—1946）]

中国巴哈伊的历史上占有永恒的地位。"

早在上海医学院工作的时候，颜雅清就非常欣赏该校的院歌。她永远铭记着父亲担任院长的上海医学院院歌，那是颜福庆请黄炎培写的，歌词是：

> 人生意义何在乎？
> 为人群服务；
> 服务价值何在乎？
> 为人群灭除痛苦。
> 可喜！可喜！
> 病日新兮，医亦日进；
> 可惧！可惧！
> 医日新兮，病亦日进。
> 噫——其何以完我医家责任？！
> 歇浦兮汤汤，古塔兮朝阳；
> 院之旗兮飘扬，院之宇兮辉煌！
> 勖哉诸君，利何有？功何有？
> 其有此亚东几千万人托命之场！

歌里倡导的为人群服务，是颜雅清的最高追求。当她接触到巴哈伊信仰的时候，她为人群服务的思想更为明确了。

上面已经说到，1923年在曹云祥影响之下颜雅清知道了巴哈伊信仰的来历，但是并没有成为巴哈伊。1932年3月6日，伯父颜惠庆在日内瓦国联工作的时候，就见过纽约的律师米尔斯先生，他是波斯泛神教一派的信徒。[1]波斯泛神教在胡适和很多人的著作里都是指巴哈伊教Bahaism。但是这些接触和了解，她都没有感到巴哈伊教对她有什么吸引力，当时她志不在此。1944年，她宣布自己的新信仰就是巴哈伊。这一年的5月19—25日，在美国芝加哥威尔迈特召开了第36届美国巴哈伊年会，来庆祝巴哈伊教创立100周年，同时在该地也举行了其他一些庆祝活动，包括庆祝美国巴哈伊教50周年的活动。颜雅清参

---

[1] 颜惠庆：《颜惠庆日记》，上海市档案馆译，中国档案出版社，1996年，第640页。

颜雅清和巴哈伊教驻联合国代表米尔德里德·莫特海德夫人（Mildred R. Mottahedeh）在一起（陈国凤大夫提供）

1944年5月颜雅清（左三）和朋友们在芝加哥灵曦堂前留影［《巴哈伊世界》（1944—1946）］

256

巴哈伊教代表米尔德里德·莫特海德夫人（Mildred R. Mottahedeh）（右二）在联合国会议上

世界公民颜雅清传

加了第36届美国的巴哈伊年度会议，而且在5月25日晚上6点半在芝加哥史蒂文斯酒店舞厅举行的分组讨论会上发言。

会上，颜雅清认识了美国最早的巴哈伊信徒、《西方之星》的创办人之一，也是巴哈伊著作的出版家，被誉为美国巴哈伊社区支柱的阿尔伯特·温达斯特先生

1944年5月25日颜雅清在芝加哥庆祝巴哈伊100周年研讨会上发言［《巴哈伊世界》（1944—1946）］

（Mr.Albert R.Windust），他告诉颜雅清，他的父亲托马斯·温达斯特先生在1913年5月21日去世以后，阿博都巴哈1913年7月4日在埃及塞德港致信表示哀悼，强调不必为父亲的去世感到不快。我们所有人都会从这个世界到另一个世界。世俗平凡的生活没有任何的重要性。在神圣的世界，我们会找到永恒的生命和寻求到永恒的价值。人生的重要性在于这个事实，获得通过信仰和自我牺牲精神，在神的道路上必须作出努力，以获得真正的永恒幸福。

1944年颜雅清在芝加哥灵曦堂加入巴哈伊信仰

在几个发言结束之后，颜雅清最后发言。温达斯特先生介绍了颜雅清的简历，说：颜小姐作为我们的客人，来自另一个遥远的国度中国大陆重庆。她曾在1935年和1937年代表中国参加日内瓦的国联会议。她是一位女飞行员，且经历了香港沦陷后，逃亡回中国内地，又飞往美国，做了关于如何赢得世界和平的讲座。她成为一名崭新的巴哈伊，我相信我们愿意听听她对巴哈伊百年庆典的印象。

颜雅清在外交领域的杰出贡献，很多在场的巴哈伊朋友早就有所耳闻。颜雅清在会上发言，介绍自己接受巴哈伊信仰的情况，她深情

1944年5月芝加哥庆祝巴哈伊100周年活动
[《巴哈伊世界》（1944—1946）]

1944年5月芝加哥巴哈伊百年庆祝活动研讨会
现场[《巴哈伊世界》（1944—1946）]

地说：5年前我到美国旅行，并做了关于中国、世界联邦政府和世界和平的讲座。那时我驾驶的"新中国精神"号飞机，正是我坠落的那一架。从这一事故康复以后，我意识到（事故之前）我在中国历经的第一次生命。但是现在我想把我的第二次生命奉献于服务上帝和人类之道上。从那以后，我又回到中国，经历了香港的战役，从那里逃到了中国，去年飞到美国这个国家。

她接着说：自从再次来到你们国家，我找到了一种信仰，这种宗教通过实践行动将能实现人类一体，且天下所有人从事的都是善行。最后，我发现一群真诚的人，实际上在践行着他们所宣扬的教义，不只是在空口说教来实现人类一家的愿望。我赞同他们宣扬的所有的教义，并且，正是在最近，我皈依了这个信仰。[1]颜雅清这次在威尔迈特灵曦堂看到黑、白色人种的男女亲密无间，有的在手牵手举办婚礼，真正看到了没有种族隔阂、人类一家的场景，非常激动。她终于被从表叔曹云祥那里知道的巴哈伊教义打动，成为巴哈伊教徒，此时曹云祥先生已经去世7年了。

从此，巴哈欧拉的名言"地球乃一国，万众皆其民"[2]，一直在她耳边回响。这些新的思想认为，现实世界的所有人，不分男女，人人都是平等的，不管种族、肤色、社会地位如何，人类皆兄弟，应

---

[1]　*The Baha' i World* 1944—1946，p179。

[2]　《巴哈欧拉圣典选集》，马来西亚总灵体会，1992年，第288页。

该统一和谐，真诚相爱，互相信任。整个人类是一个统一的独特种族，是一个有机体的单位，是上帝创造物的顶点，是创造的生命和意识中最高的形式，能够与安拉的神灵交往。巴哈欧拉说："你们是同一棵树上的果实，同一树枝上的叶子，用最虔诚的爱、和谐及友情与大家相处吧……团结之光如此强大，它能照亮整个地球。"[1]阿布杜巴哈也指出，人类有肤色种族之不同，风俗习惯、口味、气质、性格、思想观点方面存在广泛的差异，这正是人类既一致又多样化的标志，是完美的象征和上帝恩

颜雅清出席1944年5月芝加哥巴哈伊百年庆祝活动研讨会（由美国巴哈伊档案馆提供）

惠的揭示者。这正像花园中的花朵，"不管种类、颜色和形状有所不同，但是，由于它们受到同一泉水的浇灌而清新，受到同一和风的吹拂而复活，受到同一阳光的照耀而成长，这一多样性便增添了它们的美和魅力。""如果花园里所有的花草、树叶、果实、树枝和树都是同一形状和颜色，这将是多么的不悦目！不同的颜色和形状，丰富及装饰了花园，而且还增进了它的艳丽。"[2]既然人类是一致的，那么就不应该继续生活在充满冲突、偏见和仇恨的混乱世界里，为此，巴哈伊教反对人与人之间互相作对和互相残杀。这些论述为她的世界公民注入了巨大的支持和活力。她更为积极地投入到为人类服务的事业之中，以后的工作重点转向联合国的创立和世界和平的实现。

　　颜雅清被巴哈伊教义打动，成为巴哈伊教徒之后和巴哈伊信仰者莫特海德夫人Mottahedeh保持着高度密切的往来。颜雅清在联合国公

　　[1]　《巴哈欧拉圣典选集》，马来西亚总灵体会，1992年，第250页。
　　[2]　阿布杜巴哈：《生活之神圣艺术》，第109—110页。转引自威廉·汉切尔、道格拉斯·马丁：《巴哈伊教——一个新崛起的世界宗教》，新加坡总灵体会，1993年，第76—77页。

巴哈伊教驻联合国代表。（左至右）阿明
Banani，莫特海德夫人Mottahedeh，颜雅清和马
修布洛克，1949年4月4日至9日于美国纽约成功
湖。米尔德里德是颜雅清的挚友。（巴哈伊国际
社团提供）

颜雅清笔迹（巴哈伊国际社
团提供）

共情报部工作。任职期间，
她曾经在美国和加拿大的许
多重要集会上代表巴哈伊发
表演说，常常在巴哈伊和非
巴哈伊聚会上引证阿博都巴
哈和守基·阿芬第的话。

　　但是，刚刚进入这样的
一种新信仰，颜雅清难免带
有自己原先就有的那种对自
我的执迷。在1945年10月5日
致卡洛尔和拉瑞的信中，颜
雅清表现出一种对自己演讲
打分的焦虑。那时候，她不
能超越自我的束缚。她对他
们说：作为你我之间的一个
小秘密，我想听一下你认为在所有的讲
话者当中谁讲得最好，谁排第二，谁排
第三，谁又排第四。我真的很想知道，
因为如果我没排上名次的话，那我就知
道我应该提高自己讲话的内容和技巧，
而不是在一边沾沾自喜。与别人比较对
我来说是最具鼓励作用的。我听了所有

人的讲话，我听了艾尔西在芝加哥和华盛顿的讲话，听了华雷斯在威
尔米特的讲话。我非常想要听听你作为听众在过去的一周里对所有讲
话者的比较。这会帮到我们这些巴哈伊演讲者。所以请回信告诉我你
的想法，并请附上对每一个讲话者的看法。卡洛尔和拉瑞在同年10月
10日的回信中，告诉她，"关于你说的那些不同讲话者，我觉得很难
去做比较，因为他们都来自不同的背景，有着不同的经历，我看待巴
哈伊演讲者就像巴哈欧拉在谈及显圣者时一样，他们既不同又相同。
对我来说，我对每个人的贡献都很满意，如果我要选择其中任何一个
的话，都是不公平的"。颜雅清觉悟到自己已经沉迷于自我了，阿博
都巴哈的教导，打开了她心灵的窗户。阿博都巴哈说："最大的监狱

是自我之狱。""撒旦"就是"执迷于自我"。"我，我的，都是罪恶的字眼！""不要想你们自己"，"要想着上帝的恩惠。这样总会使你快乐"。阿拉伯谚语说："孔雀总是很满足，因为它总是只看自己美丽的羽毛，从不看自己丑陋的脚。"[1]在学习中，她的灵魂不断得到净化。不到一年，她在底特律演讲的时候，境界就大不一样了。她逐渐放弃了自我，从世界团结的角度来看待一切问题了。

颜雅清说，我现在是一个基督教徒出身的巴哈伊，也有犹太教出身的巴哈伊，伊斯兰教出身的巴哈伊，佛教出身的巴哈伊，各种各样的巴哈伊都有。还有天主教出身的巴哈伊和新教出身的巴哈伊，但事实上我们不把他们分为天主教徒巴哈伊和新教徒巴哈伊，我们只称他们为巴哈伊教徒。

颜雅清与巴哈伊朋友、影星卡洛尔·隆巴德（Carole Lombard）的合影，摄于美国芝加哥（由美国巴哈伊档案馆提供）

但是为什么基督教徒被分为天主教徒和新教徒？为什么天主教徒又被分为希腊天主教徒和罗马天主教徒？为什么新教徒又被分为圣公会教徒、浸信会教徒、卫理公会教徒等等分支？在中国我们对这些美国人，尤其是这些不同的教派感到非常困惑。他们都在宣扬基督的教导，为什么要分成这些个不同的派别？自从接受了这种新信仰，她认为宗教的根本目的是要团结全人类，促进友爱精神，使全人类获得幸福；倘若宗教使人类分裂，或互相敌视，那它的存在便是多余的。宗教应该是促进团结的，而不是造成不团结的。

因此，巴哈伊们认为你不需要放弃你过去的信仰。通过成为一名基督教徒出身的巴哈伊，你可以成为一名更好的基督教徒。事实上，对我自己来说，我对教堂没有什么兴趣。当然，我生下来就是一名基督教徒，而现在因为我成为一名巴哈伊信徒，从而让我变成一名更好

[1] 《完美的典范》，澳门新纪元国际出版社，第11—13页。

的基督教徒，因为它让我真正深入学习了基督教的教义。

现在，我只想要向你指出为什么我，作为一名中国人，相信所有宗教能够团结在一起。因为在中国，早在耶稣基督诞生以前，孔子就教导中国人"己所不欲，勿施于人"。难道这听起来和我们的黄金法则不是很相似吗？他还教导我们"四海之内皆兄弟"，基督教里面不是也宣扬人与人之间的手足之情吗？所以说，世界上所有这些神圣教导之间有什么区别呢？所有不同的宗教领袖们一直在提醒着我们这些愚昧、固执并且一错再错的人们。我们脑子里充满了如此顽固的自我，总是认为"我想要比你好，所以我的宗教也要比你的宗教好。"但事实不是这样的，这些宗教导师们一直在教导我们人与人之间的手足之情，并试图帮助人们克服（消减）自我。因此，根据我给你们讲的中国人所接受的教导和基督教徒们所宣扬的教义，你能看出两者之间有任何的不同吗？我看不出来。历史上他们来到我们中间就是要教导我们走在那条狭窄的直途上，不要自以为是，（自我膨胀而）误入歧途。

现在已经是20世纪，也应该是我们认识到这种团结的时候了——国家之间的团结，人民之间的团结，以及所有宗教之间的团结。

很多人说东方和西方永远也不会相遇。我们当中有多少人这样说过："哦，吉卜林不是说过东方和西方永远不会相会吗。因为他在一首诗里写到'东方就是东方，西方就是西方，两者永不相会'。"

因为这些人不想让东方和西方相会，所以他们故意断章取义地引用吉卜林的话，来证明他们的观点。他们想办法说服自己（让这个观点合理化）。我要和这些人对质，因为同样是吉卜林，在同一首诗里面他是这样写的：

"哦，东方是东方，西方为西方，
两者永不相会，
直到天地都接受上帝的审判；
但是既无东方，也无西方，
没有边界，不分血统，不论出身。"
我可以重复一遍吗？
"但是既无东方，也无西方，
没有边界，不分血统，不论出身，

四海之内皆兄弟。”

颜雅清认为，吉卜林的诗作突出了人类一家、四海之内皆兄弟的主题。

从美国巴哈伊社团给寄过来的和颜雅清有关的几封信，可以看出颜雅清的简单的成长过程。

颜雅清小姐：

（我们）也给你寄上一本《阿博都巴哈的遗嘱》，以及国家灵体会准备的一份评论和信息简报。

致以最好的祝愿

您忠诚的秘书

1944年6月5日

附：各类传导的册子，我们会给您一样各寄一本，如果您让我们知道您最喜欢哪本，需要多少册，请告知，我们将很高兴看到您收到这些资料。

LC颜雅清：

威尔梅特市，谢里登路536号

衷心欢迎，建议与国家灵体会磋商活动。祈祷伟大的胜利，上帝的爱和眷顾。

守基·拉巴尼

地址由索拉·思洛伊德小姐转

纽约市

第五大道995号

斯坦霍普旅馆

永久地址

电话：3069

温内特卡

布什街455号

守基·阿芬第致颜雅清亲笔信

此信件经世界正义院胡达·麦哈姆德研究员鉴定，是守基·阿芬 263

第致颜雅清的亲笔，具有非常重要的史料价值。

亲爱的霍利先生：

　　我很遗憾得知你最近身体不好。当我给你打电话的时候，霍利太太告诉了我这个事情，我希望您能尽快恢复健康。我刚结束一个拜访明尼苏达大学的州立师范学院的三周的旅行，在这些拜访中，我在我的演讲中整合进了巴哈伊的教义。但是，当时我希望在我去的这些地方能够有巴哈伊的联系方式，所以我再次请求您是否可以给我一个美国各个城市的巴哈伊秘书处清单。

　　致以巴哈伊的爱

颜雅清

（邮戳上写的是：底特律密歇根）
威尔梅特市，伊利诺伊州
谢来登路536号
霍拉斯·霍利先生
（写在一张贺卡上）

亲爱的乔治·拉蒂默：

　　谢谢您友好的来信。由于我工作和学习非常繁忙，请原谅我没有尽快给您回信。我在学习国际法并且被指定为中国代表团的技术顾问，将随代表团参加在敦巴顿橡树园召开的初步联合国安全对话，稍后，我希望能参加这个安全会议。你或许想要知道，在四个大国（The Four Powers）的清单上，这个巴哈伊是惟一的女性。如果之前没有这样做过的话，昨天罗斯福夫人又收到了巴哈伊的文献。希望在威尔梅特市与您再见。

　　巴哈伊的爱

颜雅清

新年欢乐
艺术家不详，明
对 C. T. Loo 表达敬意，纽约市
为战争孤儿的利益而售
LITHO 美国

264　纽约市

57街东5号
中国妇女救济协会公司

亲爱的拉里（Larry）：

您真是太好了，邀请我在来密尔沃基的时候到您家做客。我乘坐的飞机很可能在9月29号晚上11时15分抵达，如果没坐上下午6时39分的航班的话，我其实真想坐上那班。我会很高兴住到郝兹家里，并且非常盼望尽快来到。

请向查尔斯·赖默询问安排的细节。在密尔沃基，我就把自己的时间安排都托付到您和他的手上了。

巴哈伊的爱

雅清

1945年9月30日，星期六

请让查尔斯根据他给我做的安排预定我的回程通道。

（信封上地址是：）
密尔沃基2号，威斯康星州
国家银行大楼
第一威斯康辛，1017号
劳伦斯·A·郝兹先生

致颜雅清小姐

"和平计划之比较"

颜小姐，学习国际和平计划的学生，曾飞去参加13个在世界各地举行的和平大会，包括国际联盟，敦巴顿橡树园，布雷顿森林。她曾经协助她的伯父颜博士（W. W. Yen）的工作——中国驻莫斯科大使。她在1939年飞回中国，在香港的战争期间，颜小姐在敌占区生活了8个月的时间，在1941年逃离后来到了这个国家。

人类一体和普及教育是我们的信念。

1945年9月30日，星期六

（地址是：）
N.E.大街，144B
华盛顿，D. C.

亲爱的雅清:

　　谢谢您的问候卡片和良好的祝愿。

　　我暂时还没能够找到任何关于钱的书,但是我有弄到一本英国银行的维客斯先生写的书,我觉得或许您会觉得有趣,并且惊叹于书中的信息量。我会另行给您单独邮寄一本过来。

　　如果巴哈伊青年与这个中国男孩接触的话,我会知道的,就如你在卡片上建议的那样。

　　祝愿新年快乐。

诚挚的,

劳伦斯·A·郝兹

1945年12月29日

亲爱的拉里:

　　雅清同意参加底特律的会议!非常非常感谢。20号再见您——

阿拉乌阿卜哈

佩吉(Peggy)

摩根路132号

Grosse Pointe 30号,密歇根

邮戳上的信息:底特律,密歇根2. 1946年1月4号10-PM

卡片这面用于写地址

白鱼湾,威斯康星州

Lakeriver5400

拉里·郝兹先生

(秘书处记录,个人文件1940—1949)

纽约,N.Y.

第五大道995号

斯坦霍普旅馆

颜雅清小姐

亲爱的颜小姐:

266　　　在您接受了巴哈伊社团的成员的资格后,国家灵体会的成员非常

有幸记录了我们与您的讨论。

关于您的公开演讲，正如有些成员给您指出来的，我们敦促您，意识到它能为巴哈伊信仰做出重要的服务，因此，我们敦促您不要因为使用常规的宣传方法而危害到您所拥有的机会。一个将会很有效的方式是：在公开演讲的过程中使用一些巴哈伊的引言，然后让听众做出自己的回应，而非试图将演讲与您个人在信仰中的成员身份联系起来，除非是在演讲后在跟与会者的单独交流中自然地跳到了这个话题上。

对于您的牺牲精神，国家灵体会深表欣赏。您建议，为了进行巴哈伊的传导工作，您愿意减少为演讲局做讲演的时间，但是，灵体会的成员感到，由于您接触到的是全国的大而且具有代表性的听众群体，因此，在目前采取那样的一个激烈的步骤，将不是明智之举。

当然，巴哈伊信仰不应该被等同于任何政治观点，而这些观点您可能会在您的演讲中，或者其他的场合里讲到。

我们感到有信心，在您的即将到来的灵性启发之下，您将会获得智慧和洞见，非同寻常的机会将肯定会来到您的面前，您将在今后的年头服务于信仰。

为了对您有所帮助，我们正在请出版委员会给您寄一些书籍。我们也将很高兴给您提供当地的巴哈伊的地址，无论是这个国家的任何地方，无论何时只要您需要。我们会安排。

1944年6月5日

1946年3月25日星期六8时15分，颜雅清和卡尔施夫勒（Carl Scheffler）在纽约布鲁克林讲演，颜雅清的演讲题目是《比较和平之计划》（*Peace plans compared*），卡尔施夫勒的题目是《世界和平的代价是宗教》（*The price of world：Peace is religion*）

卡尔施夫勒1890年通过易拉欣（Ibrahim Kheiralla）成为巴哈伊教

颜雅清，摄于1945年5月，芝加哥（由美国巴哈伊档案馆提供）

徒，卡尔施夫勒早些时候会见了易卜拉欣，他从贝鲁特来美国，并在芝加哥定居。易卜拉欣指出，巴哈欧拉是上帝的使者，而他的到来是来履行所有"圣经"的预言。

朋友们观察到，自成为巴哈伊后，颜雅清好像失去了过去的雄心。但她自己的感觉却是，比任何时候都有雄心了。不错，她曾经享有世俗的荣耀，但后来发现全是空的。满足于可逝之物根本就不是雄心，除了服务人类，整个世界再不能提供任何值得她艳羡的东西。

3. 为联合国工作

1944年7月1日，就是盟军在诺曼底登陆仅三个星期之后，世界上的许多地方还是一片废墟，来不及医治战争的创伤，为了尽快恢复正常的世界秩序，44个国家的代表在美国新罕布什尔州小城布雷顿森林举行了"联合国国际货币金融会议"，俗称布雷顿森林会议，由此建立起以美元为中心的布雷顿森林体系。在美国总统罗斯福的主持下，在布雷顿森林会议上，签订了主要由美国经济学家怀特和英国经济学家凯恩斯起草的两个协定——国际货币基金协定与国际复兴开发银行（简称世界银行）协定，而后导致1947年美、英等23国又在日内瓦签订关税及贸易总协定。由于国家之间的经济关系概括起来不外货币金融关系、投资关系与关税贸易关系等三类关系，所以，这3项协定实际上规定和调整了国家之间的全部经济交往关系。但是，由于它们是规定和调整国家或政府之间的经济权利与义务关系的协定，它们所规定的行为规则为所有缔约国所遵循，所以它们是建立整个国际社会中的国际经济秩序的国际经济公法，有的西方国家学者称它们是建立国际经济秩序的主要法律文件。[1]

与会各国均派出阵容强大的代表团和工作班子，当时，中国政府代表团的人数就多达47人。胡世泽作为中国代表曾参加过国际联盟的各次会议，他能讲英语、法语、西班牙语、俄语等多种语言。这次会议是胡世泽中国的首席，颜雅清是胡世泽的好朋友之一，也是这次会

---

[1] 李泽锐：《略论国际经济秩序法律机制》，《管理世界》，1989年第5期，第199页。

议的参加者。

会议确定了所谓"双挂钩"政策，即美元与黄金挂钩，其他各国货币与美元挂钩，史称"布雷顿森林体系"。世界从此结束了英镑的统治，开启了美元时代。布雷顿森林体系通过实行美元和黄金直接挂钩以及固定汇率制度，促进了国际金融的稳定发展，为国际贸易的扩大和世界经济增长提供了有利条件。世界银行和国际货币基金组织是1944年布雷顿森林会议的产物，前者的领袖一定要是美国人，后者是欧洲人。这种不合理的规定延续至今。近年来，随着经济全球化，世界经济新的不平衡在加剧，南北差距不断拉大。作为曾经是协调和维护世界经济秩序的布雷顿森林机构难以扮演越来越重要的角色，国际社会要求改革以使其适应全球化发展需要的呼声也日益高涨。

而当时的美国是趾高气扬的姿态，财政部长的表演可以说是活灵活现。7月22日晚上，在布雷顿森林的华盛顿旅馆会议室，摩根梭，这位美国财政部长和布雷顿森林会议主席轻松地说，新罕布什尔的空气对大家清醒地思考是有益的。但是，三个星期以来，布雷顿森林的空气里却一直弥漫着各种争论和吵闹，从上午8点半到第二天凌晨3点半，天天如此；现在终于安静下来了，偶尔还能听到附近教堂里的钟声。摩根梭觉得，他和在座的44个国家的财政金融代表，已经把一切有关国际货币体系的问题基本安排妥了，下面就等待最后通过大会决议了。这时，摩根梭当然听不到远隔大西洋的诺曼底海滩上正在消失的炮声。虽然他自信在这里的事业足以与艾森豪威尔的事业相提并论，但是，他和在座的每个人都清楚，如果有荣誉的话，那是英国老头凯恩斯的。这倒不是因为凯恩斯是英国代表团的首席代表，而是因为这老头是个预言家——在他们的眼里。几年前，他便预言了这里所发生的一切。10点已经过了，代表们坐在各自座位上，只有凯恩斯的座位仍然空着。几天前，他犯心脏病，谁都不知道他是否会参加这个最后会议。摩根梭也说不准。凯恩斯迟到了，但毕竟来了。他看上去很疲倦，脸色苍白如纸，绕过长桌，走向自己的座位。同时，房间里几乎所有的人都默默地站起，向他致敬。摩根梭放心了。他邀请凯恩斯作提议通过《最后决议》的演讲。凯恩斯站着——他不是广场演说家，而是议会、讲坛、沙龙和BBC上的演说家，语调总是那么缓和、真挚。他说：主席先生，我对由我来提议这将被人牢记的《最后决议》深表荣幸。"这次会议的各国代表团，完成了一项艰难的使命。”[1]

凯恩斯的演说标志着布雷顿森林会议的结束，它提出了一项创建国际货币基金组织的计划，结束了货币混乱状况，将维护不同货币之间的汇率稳定和秩序，这是一个新的时代的开始。[2]

会议结束之后，颜雅清又作为中国代表之一，参加敦巴顿橡树园会议。

位于美国首都华盛顿市郊，有200年历史的敦巴顿橡树园是一处庄园，原来属于哈佛大学旗下的一个历史研究机构。1944年8月，这里所有的学者突然被临时安置到园外，而一群西装革履、手里拿着文件包的人，走进了园内，他们将要讨论起草的正是未来的联合国宪章。他们当中有一群中国人，包括中华民国驻英国大使顾维钧、外交部次长胡世泽、驻美大使魏道明，以及驻美军事代表团团长商震。其中也有一个女士，就是颜雅清。

敦巴顿橡树园会议是1944年中、苏、美、英四国代表草拟联合国机构组织草案的会议，在华盛顿市郊乔治镇的敦巴顿橡树园举行。第二次世界大战爆发后，国际联盟作为一个国际组织实际上已名存实亡。颜雅清作为国联的实际工作者，明确批评了它的弊端。经过磋商，中、苏、美、英于1944年8月21日至10月7日在敦巴顿橡树园大厦举行了会议。会议因为苏联不同意和中国坐在一起，而分美、苏、英（8月21日至9月28日）和中、美、英（9月29日至10月7日）两个阶段进行。经过会谈，会议最终还是通过了关于建立普遍性国际组织的议案，并建议将这个组织定名为"联合国"。议案规定了联合国的宗旨和原则，联合国大会、安全理事会、秘书处等主要机构的组织和职权，以及关于维护国际和平及安全和关于国际经济与社会合作的各种安排。

中国参加了第二阶段会议，参加人员是外交部次长胡世泽，驻英国顾维钧大使、驻美魏道明大使及商震团长为代表，并指定空军毛邦初、海军刘田甫、陆军朱世明为专门委员。又为表示我国重视此会议起见，拟另由国内派浦薛风、张忠绂二人来美任专门委员，以备咨询

---

[1] 金志浩、郑泽青等编著：《影响历史的演说》，知识出版社，1995年，第158—159页。

[2] 同上，第168页。

接洽。随后，由胡适、施肇基、张嘉璈、蒋廷黻和周鲠生组成的豪华顾问阵容也开到了华盛顿。国民政府还另外派遣了7名参赞、4名专门技术委员和11名秘书参加代表团。颜雅清是其中的专门技术委员之一。美国代表斯退丁纽思和英国代表吉布均出席。

12月13日下午六点钟，胡世泽在重庆报告会议的召开情况，说："敦巴顿橡树园会议分四种方式：全体大会，理事会议，军事会议，起草会议。"颜雅清参加的是全体大会和起草会议。理事会议是各国3个代表参加。军事会议的时间最长，是美英苏和中美英分开举行的。美英苏的时间最长，讨论欧洲的军事问题。这次会议决定了联合国的命运，胡世泽认为，国联与联合国的最大区别是，国联是以欧洲为中心的，而联合国是以世界为单位的广大组织，是全世界的。[1]

会议上除同意前一阶段的议案外，补充3点重要建议：1、在和平解决争端上，国际组织应适当考虑正义和国际法原则；2、大会应承担国际法的编纂和发展的任务；3、经济和社会理事会应扩大到教育和其他文化合作。中国的建议先后取得美英苏赞同。会议虽然在常任理事国、安理会的否决权、创始会员国的资格问题上存在分歧，但它通过的议案成为1945年旧金山会议拟订的《联合国宪章》的基础。鉴于国联未能制止第二次世界大战，罗斯福及其在国务院的盟友坚决要求新机构必须更多地由大国支配，即罗斯福所说的"四个警察"（美国、苏联、英国和中国）。国务卿赫尔（Cordell Hull）强调需要靠经济平等而不是武力维持和平，但他的影响力一直有限。

罗斯福总统还赢得了很多共和党反对派人士的支持。甚至连共和党1944年的总统候选人、纽约州州长杜威（Thomas Dewey）都支持美国加入这个新组织。因此，1944年总统选举完全没有再现1920年大选中围绕国联问题唇枪舌剑的那种局面。

这一点对于美国来说有特别重要的意义，因为敦巴顿橡树园会议正是在美国总统选战的最后几个月期间举行的。由于美国的策划工作远远走在英国和苏联前面，所以美国基本驾驭了议事日程。会议决定成立一个由两个重要机构组成的组织：（1）一个作为辩论论坛的大型大会机构；（2）一个规模较小的（反映"四个警察"声音的）安全理事会，由它启动联合国的"执行权力"。就结构而言，联合国与

---

　　[1]　《胡世泽的报告》，《西风》1945年第73期，第38—42页。

老国联非常相似——两者均由一个大会机制和一个规模较小的理事会组成。但它们有着一个重要区别。参加敦巴顿橡树园会议的四大盟国——美国、英国、苏联和中国——对提交到安理会的议案享有绝对否决权。而在国联，任何成员国都可以对执行行动予以否决。联合

联合国早期在成功湖的办公楼，颜雅清曾经在此任联合国信息官员（陈国凤大夫提供）

颜雅清在联合国工作时期的住所（陈国凤大夫提供）

国将权力还给了大国。[1]

　　会议期间，顾维钧出席了于焌吉总领事在华道夫·阿斯多里亚饭店为孔祥熙举办的宴会。8月27日，顾维钧和孔祥熙、胡世泽及其他一些客人共进了午餐。孔祥熙向顾维钧介绍了中国代表团组成的经过。顾维钧和当时的驻美大使魏道明在争代表团团长，最后还是顾维钧为团长。后来孔祥熙也想当团长。政府高层人员的争权夺利已经闹

联合国中国代表团合影

　　参加1945年联合国国际组织的中国代表团成员合影。代表团正式成员10人，团长是行政院代院长兼外交部长宋子文。自左至右，分别是施肇基（高级顾问）、胡霖、董必武、顾维钧、宋子文、王宠惠、吴贻芳、李璜、张君劢。魏道明、胡适不在其中。胡适因为不同意苏联提议的常任理事国具有一票否决权的主张，未在宪章上签字。（联合国网站/图）

　　[1]　《中国代表团的技术顾问们》，《顾维钧回忆录》第5分册，中国社会科学院近代史研究所译，1987年，第393页，但是没有具体名单。

到国际会议上了。而颜雅清是会议上中国代表团的技术顾问，目睹了他们的表演。

1945年3月27日，顾维钧被国民政府委任为出席旧金山联合国制宪会议全权代表（代表团团长名为宋子文，实际主持者则为顾维钧）。4月7日，行政院代院长兼外交部长宋子文赴美，出席旧金山会议。4月19日，宋子文晤美总统杜鲁门于白宫。4月25日，"联合国制宪会议"在美国旧金山市歌剧院举行。

率领中、美、苏、英、法五国代表团的首席代表是：中国外交部长宋子文、美国副国务卿斯大丁纽斯、苏联外交部长莫洛托夫、英国外交大臣艾登和法国外交部长皮杜尔。

出席这次会议的中国代表团成员有：顾维钧、王宠惠、魏道明、胡适、吴贻芳、李璜、张君劢、董必武、胡霖，高级顾问施肇基。代表团秘书长胡世泽，副秘书长刘锴。全部中国代表75人，颜雅清是其中之一。

1945年4月在美国旧金山，召开世界各国反法西斯国家代表大会讨论成立联合国问题的会议。

盼望已久的日子到来了，人们怎么能不激动万分呢？25日下午4时，载着46个国家代表的一长列小轿车，在蒙蒙的细雨中，驶向了旧金山市歌剧院。人群沸腾起来。美国代表下车了，共156人，是人数最多的代表团；接着是中国代表75人，英国代表65人，苏联代表15人。四个发起国与其他国家的代表共850人进入了歌剧院。两旁的人们向他们抛撒着鲜花，表达着欢迎之情。1800名各国记者也蜂拥入场。1500张可以列席会议的旁听券早已发完，成千上万的市民则伫立在歌剧院外。开幕式很快就结束了，代表们走出会场时，人们热烈地齐声欢呼："和平！和平！"口号声久久地回荡在旧金山市上空。第二天——4月26日，按照会议议程，美国、中国、苏联、英国四个发起国的外长依次发言，共同表示要为维护世界和平而竭尽全力。苏联外长莫洛托夫在演说中，生动地表达了斯大林领导下的苏维埃社会主义政府和苏联人民衷心希望永久和平以及对建立国际安全机构的真挚态度，获得了全世界爱好和平人民的好评。会议前后开了整整两个月，这时的会员国已增加到了50个。6月26日，大会一致通过联合国宪章，各国代表在宪章上签字。中国共产党的代表董必武，作为中国代表团成员之一，也在宪章上签了字。根据旧金山会议决定，联合国于1945年10月24日宣告成立。它的总部设在美国东海岸的纽约。[1]

4月27日，会议通过由美英俄中四国轮任主席，并邀请白俄罗斯、乌克兰加入世界和平机构。4月30日，会议通过邀请阿根廷与会（俄反对）。6月3日，中国代表团出席联合国国际组织会议的代表和华侨，展谒国父孙中山铜像。颜雅清回忆起铜像在1937年落成之时，自己和伯父参加了典礼，心情很是激动。6月21日，会议完成《联合国宪章》。6月26日早晨，参加旧金山会议的50个国家的代表，在旧金山退伍军人纪念堂举行了联合国宪章的签字仪式。在历时8个小时的仪式上，共有153名全权代表在宪章上签字。按照大会拟定的议程，中国代表团顾维钧第一个在宪章上签字，然后是苏联、英国和法国，接着是其他国家按照英文字母顺序的排列依次签字，作为东道主的美国最后签字。中国代表团进入退伍军人纪念堂后，在签字桌后站成半圆形，每个代表上前签字完毕，退回原处。会议通过了《联合国宪章》，杜鲁门莅会演说（即闭幕），谋永久和平。6月27日，联合国筹备委员会成立。8月15日，中国批准《联合国宪章》。8月24日。蒋介石签署《联合国宪章》批准书。9月25日，中国派朱家骅、胡适、罗家伦、赵元任、程天放为出席联合国教育文化会议代表。10月24日美国签署美国国务院保存之各国批准签署《联合国宪章》文件之议定书。联合国组织正式成立。

联合国成立后，颜惠庆被任命为联合国远东区救济与复兴委员会主席。而颜雅清因为始终是联合国创立初期的积极参与者，所以是第一批被联合国雇用的工作人员。

可不知道为什么作为与会者的孙碧海，在其回忆录《沧海浮生记》所提供的联合国中国与会者名单，在100多位参会者中找不到颜雅清的名字。孙碧海的这本书告诉我们过去不知道的一些事情，就是《联合国宪章》的中文翻译，遵循信、达、雅的翻译标准，由江易生、吴强华和孙碧海三人分别翻译初稿，而后吴经熊修改，最后由徐谟和王宠惠审核定稿。[2]

而在台湾《国民政府档案》里，明确记录有颜雅清是参会者。文件典藏号001060200011，卷名《旧金山会议事项案》。

---

[1] 紫都、李占福编著：《一生必知的50件外国历史大事》，远方出版社，2005年，第131页。

[2] 孙碧海：《沧海浮生记》，台湾传记文学出版社，1973年，第53—56页。

国民政府档案

典藏号	001060200011
卷名	旧金山会议事项案
内容描述	蒋中正于联合国会议期中，在旧金山演讲及函外交部电驻旧金山总领事馆，就被邀于联合国会议期中演讲，向加州共和政治研究会致谢，世界妇女会电旧金山会议，派颜雅清女士出席工作，吴蕴初请增派工业界人士出席为旧金山会议高等顾问。

时间	起	1945-03-06
	迄	1945-07-17

地名资讯	旧金山(美国)
主题	外交－国际会议
缩影号	243-0666

光盘片编号	TIFF档	17215，17216
	JPEG档	427

影像使用限制	馆内阅览
原档使用限制	限阅

入藏资讯	来源	总统府
	取得方式	移转
	入藏时间	1961-08-15

保存状况	良好
语言	中文，英文
版本	原件

诚如罗斯福总统所说，布雷顿森林系和联合国一起构成了持续和平与安全的两大基石。颜雅清为这两大基石都贡献了力量，当然不能和凯恩斯相比，也不能和胡世泽相比。她就是她，一个不被人注意到的女性，但是她毕竟参与了，而且做出了杰出的贡献，联合国的史册记载了她。

当然，也正如笔者的老朋友澳大利亚外交家和学者李瑞智先生所说：虽然联合国所属政治、经济组织和布雷顿森林会议属下的财经机构都是按当时参加会议国家的情况设立的，反映了当时国际社会的复杂现实，但它们更反映了美国和英国这两个英语国家的价值观、雄心和愿望。当然，联合国这个庞大的国际组织赋予安理会五个常任理事国：美国、英国、苏联、中国和法国以否决权[1]。

联合国成立之后，颜雅清积极参加联合国的工作。1946年她成为联合国公共信息部公共关系的官员，代表联合国在美国各地讲演，而且参与推行巴哈伊教和世界新秩序的活动。

联合国照片说明：联合国新闻部海外和公共联络部信息联络官颜雅清，纽约，联合国1947年1月15日摄影，编号118313照片[2]

---

[1] （澳）李瑞智、黎华伦著：《儒学的复兴》，范道丰译，商务印书馆，1999年，第46页。

[2] 陈国凤大夫提供。

1947年，颜雅清帮助埃莉诺·罗斯福——前总统夫人，起草《联合国人权宣言》，为其三位助手之一。自1945年12月，杜鲁门总统任命埃莉诺·罗斯福担任美国驻联合国代表团团长（相当于后来的驻联合国大使）和联合国人权委员会主席。埃莉诺·罗斯福以议长身份为《世界人权宣言》的制订全力奋战。《世界人权宣言》委员会，是由18位委员所组成。颜雅清作为埃莉诺·罗斯福的三位助手之一，是起草人之一。颜雅清把巴哈

颜雅清和美国朋友在一起

伊教的和平理念写进了这篇宣言。1948年12月10日，在联合国总会上通过《世界人权宣言》，获得与会人员全体起立鼓掌，据说这是联合国的首次壮举。颜雅清为此做出了贡献。

颜雅清作为大会组织综合委员会的工作人员，出席了联合国总会通过《世界人权宣言》的会议。中国代表团首席代表张彭春，行政院新闻局副局长邓友德，《益世报》主编刘豁轩、记者马星野，上海新闻报社长程沧波，和颜雅清参加了在瑞士的会议。会议于1948年3月23日至4月21日在日内瓦联合国欧洲会所召开。在中国报纸称为的和平宫，也召开了"联合国新闻自由会议"，菲律宾首席代表罗慕洛当选大会主席。最后几天晚上的会议甚至经常到深夜12点以后才结束。会议通过了《国际新闻自由公约草案》，在提出"人人应有思想之自由与发表之自由"的同时，也指出"发表的自由亦有其相对的义务与责任，如有违反，则须受法律上明白规定的惩罚"。对不许传播的内容作了如下规定：1．为国家安全应守秘密之事项。2．意图煽动他人以暴力变动政府制度或扰乱治安者。3．意图煽惑人民犯罪者。4．发表不洁，有害于青年之文字，或供青年阅读之出版物者。5．妨碍法庭审判之公正进行者。6．侵犯著作权及艺术权者。7．意图毁损他人之名誉，或有害他人而无益于公众者，无论其毁损者为自然人或法人

皆然。8．违反因由职业上，契约关系或其他法律关系而产生之法律责任者，包括泄漏因职业上或官方资格而获得之机密消息。9．有意欺骗者。10．有计划地传播足以损害人民、国家间友好关系之虚构或曲解新闻者。[1]

在联合国工作期间，颜雅清积极推广巴哈伊的和平发展理念。

1949年3月11日布朗大学《彭布罗克记录》[2]刊登消息：3月20日下午8时15分，联合国秘书处记者（？应该为信息部官员）颜雅清在福利街65号发表讲演：《世界和平是可能的？》。这次讲演是由犹太教社区的一个巴哈伊教世界事务周活动捐助的。

值得特别注意的，是颜雅清还是联合国联邦信贷联盟创始13位会员之一，而且是首位成员。颜雅清和丈夫约翰·吉福德·梅尔都是成员，其他还有 T. Coke，Russell Cook，Daniel Charles A. Hogan，Lucille Griffith，Pierce Williams，Sanford Schwartz，De Walt，Robert S. Hausner，I-Mien Tsiang，H. Courtney Kingstone，F. P. E. Green。

据查，联合国联邦信贷联盟（UNFCU）于1947年开业，拥有352

Our Founding Board Members

13 UN staff members, who were based in New York, established UNFCU in 1947:

Hilda Yatsing Yen	Russell Cook
T. Coke	Daniel DeWalt
John Male	Robert S. Hausner
Charles A. Hogan	I-Mien Tsiang
Lucille Griffith	H. Courtney Kingstone
Pierce Williams	F.P.E. Green
Sanford Schwartz	

联合国联邦信贷联盟创始会员名单

---

[1] 郑兴东、沈史明、陈仁凤、包慧"高等学校文科教材"：《报纸编辑学（修订本）》，中国人民大学出版社，1988年，第27—28页。

[2] Pembroke Record，1922—1970年美国最有名的报导妇女活动的报纸。

名全职员工和5名兼职员工，是一个不以营利为目的的合作机构，符合联合国工作人员、联合国专门机构、前国际公务员及其家属在全球的金融需求。覆盖的范围与成员超过205个国家，而且怀着使人民生活感到非常自豪的使命，服务世界。创立者的视野放在一个稳定的过程中，能够履行承诺即信任、价值和信心。以便成为一个安全港，保护成员的资产，并作为金融咨询服务的可靠来源。作为一个坚定的合作伙伴，提供灵活的解决方案以应对实际生活中的挑战，集体能量集中在建立一个与成员信任和个人的关系。

Peace Depends on Religion, Baha'is Told by Hilda Yen

Miss Hilda Yen of Shanghai, China, addressed the Baha'is and their frelnds at the home of Mr. and Mrs. George True, 132 Moran road, on Monday evening.

Speaking of the San Francisco Conference, Miss Yen said, "They have solved many things at this conference but they have left God out. We cannot have lasting peace without first turning to God. We should be ashamed to think that it takes so tiny a thing as an atom in the form of the atomic bomb to make us realize that we must live together in harmony on this planet or we shall destroy ourselves."

Speaking of her trials during the siege of Hongkong, Miss Yen said that although it was dreadful it was also wonderful as it brought all people to the realization of the oneness of humanity—a basic teaching of the Baha'i Faith. When in Hongkong, all were reduced to the lowest forms of living, and although she had $2,000 hidden on her person, it was worthless when all bills over the denomination of $10 were declared invalid.

Thus the wealthy had to learn new standards of living. When the social frills were dropped by necessity they were all reduced to the realization that they were all one humanity, Miss Yen declared. "Values are completely changed and we faced reality. We were all hungry three times a day and very tired and only had the clothes on our backs," she said.

Miss Yen pointed out that political unity alone, such as we see in the United Nations Charter, would not bring us peace, but that we need social, cultural and religious unity as well. "All those," she said, "are provided for us in the writings of Baha'u'llah and are now being worked out by Baha'i groups all over the world."

Miss Yen also emphasized that, as Baha'u'llah said, we need to eliminate all prejudices, racial, national, and political, as they are the cause of wars. In addition if we could all speak one language we would find that many of our fears and suspicions would vanish.

Peggy True.

之后在1949年，在纽约州成功湖举行联合国非政府组织第三次国际代表大会上，颜雅清是巴哈伊四人代表团的成员之一。1952年10月6—10日，在纽约联合国总部举行的第五次国际非政府组织国际代表大会上，她又是巴哈伊代表团成员，并担任了大会第一工作委员会的副主席。

进入联合国，颜雅清的活动异常活跃。由于颜雅清对外交圈比较熟悉，乔治·曲夫妇让他们的朋友来见她，并在周一、周二晚上来听她发表演说。[1]

当时的报道《和平依赖于宗教——Hilda Yen女士向巴哈伊朋友们的演说》[2]说：

来自上海的Hilda Yen（颜雅清）女士于周一晚上在George R.True

---

[1]　George R·True（乔治·曲）夫妇特别邀请颜雅清于周一和周二到Moran路132号做客。参见《Hilda Yen女士拜访True》，载于《格罗斯波因特时报》1945年8月9日第7版。

[2]　《格罗斯波因特时报》，1945年8月16日第7版。

Thus the wealthy had to learn new standards of living. When the social frills were dropped by necessity they were all reduced to the realization that they were all one humanity, Miss Yen declared. "Values are completely changed and we faced reality. We were all hungry three times a day and very tired and only had the clothes on our backs," she said.

Miss Yen ...

... one world."

Miss Yen also emphasized that, as Baha'u'llah said, we need to eliminate all prejudices, racial, national, and political, as they are the cause of wars. In addition if we could all speak one language we would find that many of our fears and suspicions would vanish.

Peggy True.

1945年美国报纸上有关颜雅清巴哈伊讲座的报导（局部）

约翰·罗伯特

（乔治·曲）夫妇的家（Moran路132号）中向巴哈伊信徒及一些朋友们发表演说。乔治·曲曾经致信守基·阿芬第询问有关圣护的事宜，圣护1943年回信答复了有关问题。[1]

演讲中，谈到旧金山会议，颜雅清女士说："他们在会议上已经解决了许多问题，但是还有一些是留给上帝来解决的。没有对上帝的信仰，我们不可能有持续的和平。一想到原子弹中哪怕微小的原子皆能和谐共处的道理，我们为此感到羞耻，这也使我们意识到，我们必须共同生活在一个十分和谐的地球上，不然将会毁掉我们自己。"

在谈到香港被困期间的审判时，颜女士说虽然这一事件很可怕，同时也是个很好的事，因为通过这件事，人们认识到人类的一体性——也就是巴哈伊信仰的基本教义。在香港，所有人都沦为最低级的生物，虽然自己拥有面值是2000的港元，但是所有面额10元以上的货币都被宣布无效。因此富有的阶级不得不另谋生路。一旦社会的虚饰无法继续维持，他们会认识到我们毕竟都是人。颜女士说，"价值观完全发生了变化，我们不得不面对现实：经常一日三餐都是饥饿的，而且身体疲惫，衣物仅够遮体而已。"

[1] 美国《巴哈伊新闻》1944年，第171页。

颜女士指出，只靠诸如联合国宪章类的政治统一是无法为我们带来和平的，我们还需要社会、文化和宗教层面的统一。"所有这些，"她说，"都可以在巴哈欧拉的圣作中找到出处，并且是当前全世界的巴哈伊团体共同努力的目标"。颜女士还强调说，正如巴哈欧拉所说，我们需要消除一切种族、国别和政治歧视，因为这些都是战争的根源。另外，如果我们都能够说同一种语言，我们就会发现，自己心里所有的畏惧和疑虑都会消失。

另外一份《聆听巴哈伊和平计划》[1]说：

为了展开巴哈伊和平计划，周一晚（1946年4月1日）8点，在底特律研究所的艺术礼堂，美国和加拿大国家灵体会主办了两场讲座，主持人是约翰·罗伯特。（Aldham Robarts）[2]约翰是加拿大的一个突出的巴哈伊。他1901年在安大略省滑铁卢出生，1937年在多伦多成为巴哈伊。1957年，被任命为圣护。

演说者是颜雅清（Hilda Yen）女士和肯尼斯·克里斯蒂安（Kenneth Christian）先生，颜雅清演讲的主题是"和平计划"（Peace Plans Compared），肯尼斯·克里斯蒂安主题则是关于世界和平（此处原文看不大清楚）的进程。

这种特殊场合，观众对这两位来底特律的出色的演讲者关于支持世界和平的讲座充满了极大的热情。克里斯蒂安先生来自兰辛（Lansing）的密歇根大学英系系；而颜雅清女士是从纽约刚来的，她是联合国组织中国代表团的官员。

颜雅清相信，只有所有国家的领导人和民众联合起来，对宗教和文明之间的密切联系有更新、更好的理解，才能改变全球危机继续存在，甚至愈演愈烈的趋势。

颜雅清以她独到的远见踏入20世纪，将永远被后世所记。她出生于上海富裕显赫的世家，也因此从小就接触到了中国社会的重要人物。像他们当中的许多人一样，颜雅清的家庭皈依了基督教。当她8岁的时候，她的父亲把家庭带到了康涅狄格州纽黑文，在那里她的父

---

[1]　《格罗斯波因特时报》，1946年4月4日，第5版。

[2]　1901年11月2日至1991年6月18日。

颜雅清与巴哈伊朋友在一起（由美国巴哈伊档案馆提供）

亲在耶鲁大学医学院深造。颜雅清在美国的学校就读，直到她12岁时回到中国。但是青年期的她具有独立的思想精神和远大的理想，16岁时参加考试并以文化交换生的资格考进了美国的史密斯大学，她是获得这荣誉年龄最小的中国学生。她得到了历史学位以后，回到上海安定了下来。

颜雅清学习了巴哈伊信仰，她热忱地希望世界能够团结为一；虽然她发觉巴哈伊信仰似乎是世界许多问题的答案，但是她还没有准备好接受巴哈伊信仰。

颜雅清和她另外一位身为中国驻苏联大使的伯父（颜惠庆）工作，之后伯父又被任命为中国驻德国大使。当颜大使作为中国代表派到国际联盟时，颜雅清也跟着他到了瑞士。跟伯父的这三年增长了她的阅历，帮助她成为真正的国际公民。她以犀利的见解深知人类大团结远远超过了联合国所给予的政治性的小团结。此后，她经常讲到世界现状的不足和世界对团结全人类的大蓝图的迫切需要。

报道说，在联合国任职期间，颜雅清代表巴哈伊在美国和加拿大参加了许多公共会议。她还经常在巴哈伊和非巴哈伊的会议中，在演讲里引用守基·阿芬第的话。1949年4月4日到9日，在成功湖湖畔，她主持了联合国组织的第三届国际非政府组织的会议，是四个主要组织者之一。1952年，她又作为巴哈伊成员，参加了在纽约联合国总部召开的第五届非政府组织的国际会议，担任第一工作组副主席。她是联合国非政府组织机构中最著名的中国籍巴哈伊教徒。1970年3月18日，她在美国去世。她的勇敢、智慧和宽广的胸怀将为后世所铭记。[1]

根据巴哈伊国际社团（No.296/30 June 1993）提供的信息，颜雅

---

[1] 《巴哈伊世界》1968—1973卷，第476—478页。

清的业绩不断被巴哈伊国际社团所提及。1993年，为提高妇女地位正式开设了巴哈伊办事处，5月26日在纽约举行的巴哈伊国际社团办事处的仪式。这次活动是由约90人出席，包括新闻界和巴哈伊信仰的成员。

威尔玛埃利斯博士主持节目，欢迎客人，介绍了来宾。米尔德里德·莫特海德夫人（Mildred Mottahedeh）谈到关于妇女与男子平等，简单介绍了巴哈伊教、巴哈伊工作，以及提高妇女地位的简史。

客人们参观了办事处并观看了展览，题为"巴哈伊的先锋女性"。除了介绍面板，展览精选了八个突出巴哈伊妇女：Bahíyyih Khánum，杜奥斯汀，劳拉德·雷福斯巴尼，卡尼，希琳·福达尔，莫娜Mahmudnizhad，玛莎·露特和颜雅清。

米尔德里德·莫特海德夫人是颜雅清的挚友，是美国著名的中国瓷器出口商，包括纽约大都会艺术博物馆都收藏有她瓷器的复制品。她生于新泽西州，1989年在纽约见到了一个出生于伊朗的进口商人Mottahedeh，他们1929年结婚，夫妇两个开始收购东方瓷器，象牙，玉器和青铜器，积累了世界上最好的私人收藏约2000件。美国前总统罗纳德·里根收藏有他们的赠品。她的丈夫1978年去世后，她继续经营公司，直到她于1998年退休。作为巴哈教信仰的一个成员，她与她的丈夫，在乌干达创立了一所小学和中学的系列学校，并维持在印度马哈拉施特拉邦四个村的发展项目，如在农业技术培训设施、公共卫生服务和当地手工业的发展服务。1958年夫妇建立了一个基金会，以帮助在第三世界的社会和经济发展项目。

第七章 荣辱不惊

——淡定的晚年

1. 第二次婚姻

我们可以看到，在美国，颜雅清是以希尔达·颜·梅尔[1]而著名的。尤其是 Hilda Ya-Tsing Yen Male 这个名字，过去无论如何搞不清楚来源是哪里，现在可以清楚了。因为颜雅清和陈炳章结婚之后叫陈颜雅清，而这个名字显然是颜雅清第二次婚姻之后的名字。

颜雅清的丈夫约翰·吉福德·梅尔（John Gifford Male）是新西兰人。他和颜雅清的结合也是他的第二次婚姻。

颜雅清在皈依巴哈伊教和在联合国工作的一个最重大的副产品，是认识了约翰·吉福德·梅尔，并很快坠入爱河。

自从自己不仅在思想上，而且在行动上加入了巴哈伊信仰以后，颜雅清就经常考虑有关家庭的观点。巴哈伊认为，男性和女性之于人类，好比鸟之双翼。只有双翼均衡地成长，鸟儿才能够飞翔……只有当女性与男性在获取品德与善美方面并驾齐驱时，人类才能获得本当达到的成功与繁荣。巴哈伊特别强调女性的教育和发展，为了使女性在社会和经济生活中具备与男性同样的能力和地位，对两性的教育就应该没有差别。在资源有限的情况下，受教育的优先权应该赋予女孩。如果父母无力让所有的孩子接受教育，那么，女孩的教育应优先考虑。虽然男女权利相等，然而，如果一定要分先后，则女孩子应优先，因为她们是未来的母亲，而母亲是孩子的第一个教育者，受过教育的母亲才能养育优秀的儿女。假若母亲受过教育，儿女一定会被教

---

[1] Hilda Yen，美国的报刊上也写作 Ya-tsing Yen，Hilda Ya-Tsing Yen Male，Miss Hilda Yen Male，Hilda Yank Sing Yen。

养得很好；假若母亲聪明，儿女也一定聪明；假若母亲信仰宗教，她就会教导儿女怎样敬爱上帝；假若母亲是有道德修养的，她就会引导她的孩子走上正直之路。妇女的责任如此重大，而对于她毕生的伟大工作，反而缺乏训练，以获得适当的和必需的才能，这是上帝所不悦的。巴哈伊教不仅以家庭为社会的基本单位，而且把它作为人类社会发展的起点，认为由一家之爱，就可推己及人，由近及远，扩展到种族、国家之间，进而实现大同的社会理想。从巴哈伊这里，颜雅清看到家庭和参加社会活动并不矛盾，而且还会促进实现世界大同。这样，她反省自己，离开家庭是否恰当？现在有一种重新组织家庭的愿望。

　　1947年1月8日，父亲颜福庆乘坐"美国总统远洋轮船公司"的28000吨"戈登将军号"赴美考察。这是一艘乘坐1000多人的巨大邮轮。大多数是统舱，有双层铺、三层铺甚至是地铺，人像沙丁鱼罐头一样挤得满满当当。在船尾甲板上，划有一些空地，做散散步、晒晒太阳、看看海景，或是打打乒乓之用。"戈登将军号"从崇明岛出海时，正值子夜。

　　2月，颜福庆到美国，颜雅清和父亲相处了一段难得的日子。父女见面，有说不完的话。父亲得以知悉女儿为联合国所做的工作，和前罗斯福总统夫人的相处，非常高兴。这次见面之后，颜雅清就再也没有见到父亲。1966年"文革"期间，颜雅清到香港，曾经想见父亲，但是未能实现。那时候不仅父亲备受折磨，就是前夫陈炳章也难逃厄运，被打成了"历史反革命"，失去了人身自由。

　　1948年，颜雅清帮助巴哈伊社团变成联合国非政府组织机构成员，自己也成为联合国的雇员。也在这一年，颜雅清把自己的儿子陈国伟和女儿陈国凤先后接到美国读书。两个孩子都是使用联合国的护照。

　　在来美国之前，16岁的陈国凤在上海中西女塾读中学。外祖父把她送到飞机场，搭乘了当年最后一趟飞美国的班机，正值圣诞节前夕，父亲陈炳章给陈国凤一件皮大衣，她就一个人飞往纽约。飞机中途在阿拉斯加加油，乘客下飞机。陈国凤穿着父亲给的这件皮大衣，还差点冻死。到纽约之后，颜雅清和颜我清姐弟两个和先期到达的陈国伟到机场迎接这位小英雄。

　　1948年这一年，颜雅清和新西兰人约翰·吉福德·梅尔结婚。

对于约翰，过去我们几乎一无所知，只知道他是新西兰人，参加过第二次世界大战，立过战功。而帕蒂·哥莉的《飞天名媛》，把颜雅清和他的这种跨国恋搞清楚了，使我们得以了解其第二次婚姻的全貌。

约翰·吉福德·梅尔是来自新西兰惠灵顿的学者，出生于1913年1月6日，比颜雅清小9岁，他聪慧

非洲之星奖章

俏皮，喜欢幽默，擅长讲故事。夫妇两人都是和平主义思想的宣传者，但是又都为实现和平的理想不惜牺牲自己的生命。他在新西兰第一远征军野战炮部队第8增援队，负责情报收集工作，从列兵升到中士，获得了铜质鎏金的英军"非洲之星"奖章。这种奖章是颁发给1940年6月至1943年5月间在北非战区及马耳他参加战斗者。而约翰·吉福德·梅尔是获得这种奖章的幸运者之一。

他退役之后来到美国，也是第一批被联合国雇用的工作人员，先任职于联合国人权中心，该中心是联合国秘书处处理人权事务的机构，前身是联合国秘书处的人权司。约翰的具体职务在咨询服务科，该科实施人权领域的咨询服务和技术服务方案，在世界各地区就主要人权问题筹备国际研讨会和培训班，监督为处理具体人权问题的政府官员所提供的人权领域年度研究经费方案的执行，监督研究生见习和研究年度方案的执行，负责鼓励地区机构促进和保护人权的方案，开办人权中心资料馆。后来则在联合国人权中心驻加拿大蒙特利尔办事处，任社会事务官。

颜雅清的两个孩子从大陆来美国之后，梅尔待他们很好，和他们住在一起。陈国凤因为在中西女塾的成绩很好，就可以满足美国中学的入学条件，但是需要补习一下美国历史和英文。陈国凤利用半年的时间补习完毕，进入高中，因为成绩优秀，1949年6月提前一年毕业。毕业之后，陈国凤报考了纽约的市立大学，读医学院预科。预科读完之后，陈国凤考康奈尔大学医学系，当时朝鲜战争已经爆发，中美关系紧张，中国学生在美国受到排挤，陈国凤的入学受阻。不得

已，陈国凤下定决心，回国读医科。她有母亲一样的性格，你不让我在美国学医，我可以回中国学医。中国女孩子照样可以当医生的！这样，陈国凤和自己的初恋情人林祝恒一起回国，考入协和医学院，读完了8年制的医科，1957年毕业，成为一名小儿心胸科医生，在中国医学科学院一直工作到1980年，而后到美国做访问学者，考入世界卫生组织，到美国纽约医院工作，取得了美国纽约州颁发的针灸执照，在纽约开办了中西医结合的诊所，给成百上千的美国人看病，为中医在美国的传播打下了基础。至今，陈国凤大夫年逾八十，仍然着力促进中医在美国的传播，担任美国中医学会华人顾问委员会第一届主任委员，现在仍然担任荣誉主任。陈国凤主意已定：外祖父把西医传到中国，我将中医传到美国！

据帕蒂·哥莉说，1948年5月15日，颜雅清和梅尔在康涅狄格州的新卡纳小镇举行了婚礼，证婚人是霍伊特·卡特琳（Hoyt Caitlin）。该镇的居民，大部分是在纽约工作的精英一族，这里多年蝉联美国最富裕小镇头衔。婚后，颜雅清夫妇住在纽约皇后区的公园路村的联合国雇员住宅。[1]皇后区被誉为是"全世界最多元化的移民集中地"。

在康涅狄格州的南诺沃克周围，有一个立着许多小山的半岛，那里的美丽景色让很多游客陶醉。诺沃克是美国康涅狄克州费尔菲尔德县的一个城市，南临长岛海湾，有潮汐湿地，本地植被，草坪和护堤。

罗德岛濒临大西洋，风景优美，气候宜人，是19世纪美国豪富喜爱的避暑胜地。这里有很多豪华别墅，一所叫做"听涛"的别墅，远近闻名，是美国铁路大亨范德堡家族在19世纪末建造的，是嵌在纽约和波士顿两座闹市间一个欧罗巴风情的小城。在朱迪思岬（Point Judith）的野生保护区和令人惊叹的200英尺的莫希干绝壁吸足了游人的眼球。但在颜雅清夫妇那里，这里的知名度是因为90年前发生的一次火车坠河事件。1853年5月，纽约和纽黑文联合铁路公司一列快车，以大约每小时30至50英里的速度驶近一座吊桥。当时吊桥已经吊起。信号示意列车不许通过，但快车已无法停下来。一节机车、一节机煤水车、两节行李车以及第二节行李车衔接的吸烟车厢、两节行李

---

[1] 帕蒂·哥莉：《飞天名媛》，张朝霞译，花城出版社，2012年，第126—127页。

车厢和第三节车厢前半部分
扎入诺沃河中。事故造成46
名乘客死亡，25人受伤。这
是当时美国历史上最惨重的
列车事故。

晚年的张国伟先生

在难得的休闲时间，夫妻
两个经常在周末到海上泛舟，
浪漫一下。有时候也会带着颜
雅清的两个孩子一起去。梅
尔对颜雅清的孩子很好，很爱
护和关怀。而且绝对尽继父的
责任，教育孩子们应该怎么做事，怎么做人。梅尔和孩子们说，美国这
个国家并不是十全十美，好的地方可以学，不好的地方不要学。他绝对
不盲目崇拜美国，很有思想。梅尔经常开一辆帐篷式的汽车，晚上在车
上休息。梅尔手巧，会做饭，正好补充了颜雅清厨艺的不足。梅尔特别
会烤制一种牛排，在外边野餐，孩子们都吃得非常高兴，其乐融融。梅
尔还会做一个拿手菜，就是把香蕉用油炸熟以后，马上浇上自制的冰淇
淋，更是别具风味。颜雅清开车比较野，经常出车祸，伯父颜惠庆到美
国的时候，绝对不敢乘坐她开的车。梅尔不让她开，两个人便经常为此
争吵，但是颜雅清往往是失败者，因为别人都不愿意坐她开的车，她也
只得败下阵来，放弃开车兜风的机会了。

有一次他们外出度假，天公不作美。那是1954年秋天的一个早晨，
其时他们已经在康涅狄格州的南诺沃克安了家，他们和朋友夫妇一共
4个人，乘一艘叫"卢奥"的帆船从长岛海湾出海。早餐后，颜雅清
刚要在帆船上画水彩画，突然间，狂风大作。惊涛骇浪打翻了很多船
只，也差一点把他们的帆船打翻，桅杆折断，只得急忙穿上救生衣，
以防万一。就在惊魂未定的时候，大风又戛然而止，他们脱险了。

本来，夫妻两个打算过一段闲云野鹤的世外桃源生活，休整一下
疲劳的身心。这次出海的意外经历，似乎在给颜雅清一个警示：你生
来就是为世界和平而奋斗的，休闲的生活不适合你。

颜雅清在联合国有个中国同事叫张国和，担任过联合国人事处
长，也是今天仍然健在的前联合国官员。在接受采访的时候，他告
诉陈国凤，他当时的住处和颜雅清斜对面。据张国和说，颜雅清是

颜雅清和约翰（左二）（照片来自帕蒂·哥莉《飞天名媛》）

联合国非常积极的初期参加者，同事们对她的评价是"时尚"、"活跃"、"理想主义者"。梅尔也是和平主义者，他们因为共同的理想结合在一起。他非常叹息，联合国为什么会有这个规定，男女不能同时在联合国工作，不然颜雅清也可能不会得乳腺癌。

颜雅清必须工作。但是联合国后来有一个规定，夫妻双方不能同时在联合国工作。为了确保丈夫，颜雅清只得退出联合国。为此，颜雅清又做出了牺牲。她在好长时间都非常沮丧，心情郁闷，难以排解开。大凡肝气不畅，容易患乳腺癌，颜雅清1960年代患此病，与此心情有关。

不在联合国，颜雅清还是要工作的。没有工作简直等于慢性自杀。这时候的她，试图找工作碰到了很多难题，进一步加深了她的郁闷。

好不容易，靠朋友帮忙，颜雅清找到了一份工作，实际上是做心理护理的义工。在一家叫做费尔菲尔德的州立精神病医院，她担任业余治疗师，鼓励病人自立自主。当她看到病人有所好转时，她满足了。[1]

[1] 帕蒂·哥莉：《飞天名媛》，张朝霞译，花城出版社，2012年，第133页。

2. 从护理到图书馆

　　光彩的人生经历，没有成为颜雅清的负担。她在完成巴哈伊在联合国的工作以后，淡出社交圈，迈入自己淡定的晚年。

　　作为联合国信息官员的颜雅清，在1949年不得不在美国法院争取自己的一项合法权利。事情的缘由是，她和伯父颜惠庆1935年在莫斯科淘宝，买到了一些苏联贵族珍藏的宝贝，其中有很多珍贵的珠宝。1945年因为担心东飘西荡，颜雅清就把其中的三块切割打磨得不很精细，分别价值6000美元的中国宝石、1125美元的星光蓝宝石和495美元的蓝宝石，委托给一个宝石商先加工打磨，完工以后暂存。但是三块宝石后来不见了，珠宝商承认丢失的过错，但是不承认颜雅清所提供的宝石的价值，居然说颜雅清是漫天要价，有欺诈行为，三块宝石最多值300美元。为了自己的清白，颜雅清把珠宝商告到了华盛顿的一家法庭。颜雅清把宝石的照片在法庭上当场请专家鉴定，结果证实颜雅清的估价准确，颜雅清打赢了这次官司。[1]

　　颜雅清1951年试图进入纽约社会工作学校，因为超龄而没有成功。然后短期担任联合国巴哈伊社团的观察员。这时候，其丈夫约翰·梅尔被FBI（美国联邦调查局）调查，怀疑他有"非美国行为"。1955年颜雅清在州医院做业余兼职护理，想在哥伦比亚大学内外科医师学院学习职业护理，再次因为超龄而被拒绝。她继续游说更改《联合国宪章》。

　　在她看来，《联合国宪章》有致命的弱点，除了忽视宗教的作

---

[1] 帕蒂·哥莉：《飞天名媛》，张朝霞译，花城出版社，2012年，第128页。

用，存在思想的匮乏，还有四大问题严重制约了联合国的作用：其一，宪章的有关条款极大地损害了各大国之间的关系，在某种程度上会使联合国成为"国际怪物"；其二，联合国大会只是起到顾问的作用，因为没有立法权，就会削弱联合国的作用；其三，联合国的国际托管问题，对殖民主义抱有一种支持和怂恿的态度，和倡导的广泛民主的原则背道而驰；其四，常任理事国的否决权问题，只要一个常任理事国不同意，联合国的决议就不能通过。颜雅清严厉斥责殖民主义这种陈腐的统治形势是美国所支持的，与欧洲帝国主义列强的沆瀣一气的。她还尖锐批评美国在太平洋地区建立军事基地，认为建立军事基地就可以避免战争这种想法可笑之极，愚蠢之极，因为颜雅清预测，电子武器时代即将来临，那时候，洲际导弹可以随意打到世界的任何一个地方。像个预言家，颜雅清所言中的宪章弱点，联合国至今在这些方面仍然受到限制，因而其作用也就有限。颜雅清的演讲，语言犀利，入木三分，有影响力。[1]

约翰在计划他的退休生活。在他五十几岁时，约翰写信给他在新西兰的朋友Rex Fairburn，希望朋友能帮忙为他和颜雅清找到一块靠海的地皮，让他能和颜雅清一起在秀美的自然中安享晚年。Rex负责任地找到了一块靠近新西兰北岛的北端，并且以前被用做孤儿假期夏令营的地方，此地位于马胡兰基港（Mahurangi Harbor）的西海岸，正待出售。约翰捉住了这个机会，在他的祖国用了2500英镑的价格购买了这块地产。这个有些摇曳的大房子有着不错的设施，按照Rex描述的那样，"一个古老的风琴，30个床铺，20个床垫，两个壁炉，大沙发，还有一个9英尺长的小艇"，这可能有点过誉了。他的朋友劝说他没有必要整个拆除房子，只在原来基础上做一些必要的装修就可以了。约翰采纳了他的意见，基本上保持了房子的原貌，只是做了一些必要的补救和修理。如果在房子附近的小岛上放眼瞭望，那景色绝对无与伦比。

在约翰梦想着去这个环境幽静、生活安逸地方的同时，颜雅清却计划着进一步投入工作当中。她一直考虑能找到一个更为适合的工作，可以让她不仅能从中得到个人的满足感，同时也能有更多的机会来帮助他人，到达像父亲说的"为人群服务"的目的。1956年，她满

---

[1]　帕蒂·哥莉：《飞天名媛》，张朝霞译，花城出版社，2012年，第121—122页。

怀喜悦和期待地申请了哥伦比亚大学的图书管理专业，这是一个并没有年龄限制的专业。当然这个专业，理论上也是不招收35岁以上的学生的，除非这个学生有着长期从事图书相关工作的经验，或者在知识上有着孜孜不断的探索。颜雅清整个人生都充满了对知识的渴求和探索，她决定再次尝试一下这个机会。于是，她请求耶鲁大学的中国协会的执行秘书George D.Vaill先生能给她写一封推荐信。Vaill先生此前在颜雅清申请哥大心理医生的项目中已经为她出示过推荐证明，这次他也非常愿意再次伸出援手。

为了能让颜雅清的申请更具有说服力，Vaill先生给她以高度评价。"这是可供参考的，"他在写给学校的推荐信中指出，"梅尔夫人曾经在三年时间里完成了一个本需要四年才能完成的学位的学习，并在1925年6月顺利毕业，那时距离她的20岁的生日都还有5个月。这是一个并不常见的优秀的学习记录。"

有着杰出的国际事业背景，再加上一流的分数和极具说服力的推荐信，颜雅清终于梦想成真。在1956年秋天，她被哥伦比亚大学正式录取，成为一名图书管理专业的学生。毕业后，她在布鲁克林从事纽约公共图书管理的工作。没有多少图书管理员有着像她一样的语言能力、广泛的知识和对全球事务的理解。由此，她也一直保持着对社会公共事务的热情。

布鲁克林公共图书馆（Brooklyn Public Library）是美国纽约市布鲁克林区的公共图书馆系统。它是纽约市的三个公共图书馆系统之一，也是全美第五大的公共图书馆系统。和另两个纽约公共图书馆系统（纽约、皇后）一样，布鲁克林公共图书馆是非营利组织，依赖纽约州政府、联邦政府和大众的补助或捐款营运。这所备受舆论好评的装饰艺术风格建筑物，在1938年动工兴建，1940年底完工，被誉为当代美国最佳的装饰艺术风格建筑之一，占地达33000平方米，总聘用职员达300人。二楼开放于1955年，提供更多空间给公众使用。

在约翰和颜雅清的婚姻中，他们一直保持着平等、自由、亦师亦友的夫妻关系，同时他们也是自由与慈爱的积极倡导者和典范。然而，在他们步入婚姻殿堂十年以后，他们看似美满的婚姻也出现了裂隙。他们渐渐开始感觉疲惫，这时颜雅清的那种不安又再次出现，她不断要满足自己的工作狂欲望。这和丈夫的计划大相径庭。尤其是当丈夫要安度晚年的想法日益强烈的时候，颜雅清竟然无法忍受了。最终，他们在1959年12月18日正式办理了离婚手续，一段跨国的姻缘就这样中断了。

约翰早已开始寻觅新的恋情，在离婚手续三天以后，他和Martha Catherine Winstone 女士结了婚。这名女士以前为《每月评论》杂志工作，有着广泛的阅读和知识。五年以后，约翰和她一起搬到了约翰出生地新西兰，他们在那里度过了安逸的退休生活。[1]

1959年以后，颜雅清逐渐淡出了我们的视线，就是她的女儿陈国凤大夫，也所知甚少。这是颜雅清给我们留下的遗憾。

那时候在国内的父亲，以自己的老迈之躯，为国家继续做着贡献，除了在每年的两会上发表言论，1959年还在英文杂志《中国建设》上发表《今日之医学教育》，向国际友人介绍新中国的医学教育成就。

在美国，颜雅清很少知道三年困难的实情，她自己自顾不暇。1959年和约翰离婚之后，自己在1960年又得了乳腺癌。孝顺的女儿没有告诉父亲，她不想让父亲为自己牵肠挂肚。她已经失去了母亲，不能再让可敬的父亲再增加负担，他已经够累了。但是自己在美国的情况，父亲还是听到了一些。在三年困难时期，颜福庆最担心的是孩子们。上了年纪的人，更是希望团团圆圆。他听说女儿刚刚离婚，而且工作也不是多么理想，多么希望爱女回到身边，共享天伦之乐呀。

颜雅清的女儿陈国凤，1949年与颜瑞清一道回国，后来考入北京协和医科大学。毕业后，留在协和任研究员。1959年，20万人在北京郊区修建密云水库，需要筹建一所有200张床位的医院，陈国凤被派往密云水库，成了该医院的一名医生。外孙女参加工作，成了一名光荣的人民医生，颜福庆十分欣慰。

1960年7月20日，颜福庆专门给雅清去信，把外孙女参加工作的好消息告诉她。信的开头就说："你女儿国凤在新中国生活得很好。""听说你在美国生活得不很愉快，希望回到祖国来发展？"细心的父亲也想到了女儿的顾虑，担心回国后找不到合适的工作。颜福庆在信中开导女儿，回国后有多种选择，既可以去学校教书，也可以去当英文报刊的编辑等等，不愁找不到合适的工作："你回来是不难找到合适工作的。英文在中国已经成为一门重要的外语了，小学、中

---

[1] 帕蒂·哥莉：《飞天名媛》，张朝霞译，花城出版社，2012年，第139页。

学和大学都缺少英文教员。目前英文出版的报刊已有多种，例如《中国建设》、《中国评论》等。""我希望你和湘清一起回来。你们可以华侨的身份回国，能得到政府的优待。"[1]

但是，颜雅清难以启齿，自己的难处不好再告诉父亲。她要挺住。她的乳腺癌手术的时候，医生没有什么信心，预言活不过一年，但是颜雅清坚信，意志能够抑制癌细胞的增长，她默默忍受着手术带来的疼痛，身边没有了亲人，自己咬牙坚持着。身体稍有好转，她继续工作。此时，颜雅清在万般无奈的情况下，为了工作和将来的身体治疗方便，在回国无望的最终时刻，宣布加入了美国籍。这样，父亲希望她回国工作的愿望，就无法实现了。

作为世界公民，颜雅清虽然在名义上已经是美国人，但是当美国1961年发动越南战争的时候，她是一个坚决的反对派。

除了参加一些休闲活动以外，颜雅清还有着相对安静的兴趣。她深深地被心理学所吸引，并且在家附近的Fairfield国立医院志愿担当一周两次的业余心理医生。她工作的医院是一座红砖铸成的殖民地时期的建筑，蔓延开来的建筑布局可以帮助其中的患者精神焕发。和这些病人一起工作，并且亲眼见证他们的点滴进步，这让颜雅清充满了成就感，她最后决定在这个领域进行专业方面的学习。她在将近50岁的年纪，满怀期待地申请了哥伦比亚大学医学院的学习机会，最终她只被录取为候补学员，未能参加于1955年秋天开始的高级课程的学习。她被拒绝录用据称是因为她年龄过大，在心理学专业有一个不超过35岁的年龄限制。这让她很失望但是也没有办法，颜雅清又满怀兴趣地回到医院进行她的志愿者工作。

与此同时，她也密切关注着联合国的情况。颜雅清对联合国在国际事务中的表现早有预见，她在以前的演讲中曾预言了《联合国宪章》的颁布。但是她也因为联合国众多成员国因为各自利益，不停威胁退出联合国，造成工作效率大受影响的事实，而一度感觉十分沮丧。她认为，联合国必须出台一个强有力的修正案，来制约这种不断"绑架"联合国的行为。为了能促使这一政策的出台，她也至少一次就这一话题进行演讲。在这方面，她非常同意金问泗在批评国联时的观点："国联是一个没有长成的小孩子。国联自身是没有力量的。国

[1]　钱益民、颜志渊：《颜福庆传》，复旦大学出版社，2007年，第212—213页。

联的会员国，其中有三四国，是有力量的。但是不肯把自己的力量，借给国联。"[1]在颜雅清看来，联合国的前途会如同国联一样，陷入大国操纵的陷阱。

这时候的颜雅清也有了一个新的恋人，但最后并没有像与约翰的第二次婚姻一样持续那么久。对这个新恋人，我们一无所知。

尽管这样，或许正因为这样，颜雅清和她相隔遥远的第一任丈夫陈炳章，继续分享和珍惜对对方的爱恋，而且这种爱慕也滋养和浇灌着他们剩余的人生。

在上世纪60年代，陈炳章写信给他的前妻颜雅清，索要她的照片，颜雅清在他的心中无疑还有着特殊的地位。他们的孙子也回忆到，在家里，有时可以听到，颜雅清和陈炳章的越洋电话，这一壮举的难度在当时的中国，相当于二十多年前，颜福庆打电话给Prattville医院询问颜雅清坠机受伤的状况。他回忆说，电话中经常可以听到爷爷奶奶非常愉快的交谈。这让他好奇：为什么他们会离婚，他问奶奶为什么他们不能团聚。奶奶回答说，陈炳章受不了一个自由浪漫又早熟的妻子，她总是让陈炳章在和她的感情中感觉筋疲力尽。[2]颜雅清总是愿意自我批评，她为此感到满足，不再有歉疚。

---

[1]　金问泗：《旅欧三年之感谢——1936年4月14日在中央广播电台的讲演》，《中央周报》1936年第416期，第13页。

　[2]　帕蒂·哥莉：《飞天名媛》，张朝霞译，花城出版社，2012年，第137页。

3. "东方西子，饮尽欧风美雨"

　　在颜雅清生命中的最后五年，她年轻时对新鲜事物的激情慢慢减弱，她也变得越来越安定、淡定。

　　她的健康状况也大不如前。正应了中国的一句古话：病来如山倒，病去如抽丝。她的身体恢复很慢，而且她对健康不是很注意，透支太多。到在20世纪60年代，她因为乳腺癌不得不接受乳房切除术。虽然她的医生预言几年后她就会过世，但是她成功战胜了这种预言，坚强地生活了下去。

　　晚年的颜雅清除了继续为巴哈伊做些力所能及的工作，就是注意巴哈伊信仰和中国文化的比较。在外人看来，她和巴哈伊的关系变得没有那么密切，人们看到她投入很大的精力，研究中国经典著作《易经》。

　　颜雅清在研读《周易》的过程中思忖，为什么一部《周易》在中国儒家和道家那里都有崇高的地位？在儒家，《周易》为"五经"之首，在道家，《周易》为"三玄"之首。参悟的结果，颜雅清了解到，《周易》之作为"变化之书"，其实"变"中有"不变"。所谓"不变"的，正如董仲舒所说"天不变，道亦不变"，这个不变的天，其实就是巴哈伊的上帝，"天尊地卑"是说上帝和万物的关系，这个"天"并不是指"有形之天"，而是"无形之天"，就是上帝。而"地"，也不是指"有形之地"，而是泛指万物。天是至尊的，创造者、操纵者、主宰者，而地是至卑的，是被创造者、被操纵者、被主宰者。

　　就是在远古人类广泛的生产和生活实践活动中，由仰观俯察，近取诸身，远取诸物，而接触到天地、日月、昼夜、寒暑、阴晴、男女、水火等一系列错综复杂的自然矛盾现象。人类结束蒙昧野蛮时代而进入文明社会之后，由于有了社会分工，等级也就出现了。于是，君臣，贵贱，贫富，治乱，兴衰，主奴等错综复杂的社会矛盾现象也就随之产生。在往后更进一步的社会发展之中，人们观察到更多的自然界和社会中的矛盾现象，从自己的实际经验中，又概括出吉凶、祸福、乾坤、泰否、谦豫、剥复、损益等等具有对立统一因素的矛盾观念，这些观念不仅为阴阳学说的创立奠定了有力的思想基础，而且为阴阳学说的发展丰富了内容。《易经》已经把人们日常生活中接触最多的天、地、风、雷、水、火、山、泽八种自然物，作为天下万物产生的根源，并把天地看做其他六种自然物的父母，是世界万物的总根源。天地即乾坤，世界万物就是在乾和坤所代表的两种对抗势力的相互作用之下孳生、变化和发展的。这样，《易经》虽然没有出现阴阳这一概念，但确实蕴含了阴阳对立的思想。只有从这一角度来理解《庄子·天下》中所说的"《易》以道阴阳"，才有意义。

在《周易》的开启之下，道家从阴阳中抽象出"道"，把"道"作为宇宙本体，等同于巴哈伊的上帝。而儒家则从阴阳、五行，抽象出"五伦"，以仁义礼智信为基本思想。儒道互补正是巴哈伊的理念。

她注意到《周易》提倡"万国咸宁"，万国各得其所而咸宁，犹万物之各正性命而保合太和也。中国从来主张天下一家，同邻邦友好相处。《易传·乾·象》："首出庶物，万国咸宁。"《说文解字》："国，邦也。""万国"，即万邦，含万方之义。意为万方都得到了安宁，有"天下太平"之义。这正是巴哈伊教提倡的思想。

颜雅清看到阿博都巴哈曾经多次赞赏中国文化，尤其是讲到："中国是未来的国家。"他在一份《中国书简》中写道：

中国，中国，到中国去！巴哈欧拉的圣道一定要传导到中国。那位圣洁崇高教导中国人的教师在哪里？中国有最大的潜力，中国人追求真理也最为诚挚。教导中国人的巴哈伊教师一定要先具有中国人的精神，了解中国人的经书，学习中国人的习俗，以中国人的辞汇和他们交谈。这些教师要以中国人的灵性福祉为念，而不得有任何私心。

在中国，一个人可以传导许多人，可以教育培养崇高的人士，他们将成为人类世界中的明亮灯烛。诚然，我说，中国人能免于任何狡诈伪善，为崇高的理想奋斗。如果身体许可的话，我将亲自到中国去。中国是未来的国家，我希望适当的教师能受鼓舞而到那广大的国家，建立上帝王国的基础，促进神圣文明的本质，并高举巴哈欧拉圣道的旗帜去邀请人们参加上帝的圣宴。

颜雅清闲暇之时可以读不少书，古今中外，都涉猎一些。可惜没有来得及把读书的心得整理出来。她自己希望能够用行动去实践阿博都巴哈的期许，用中国的语言来介绍巴哈伊教，但是没有来得及完成，就撒手人寰。

颜雅清的朋友林语堂，在编辑《论语》杂志期间，撰写过"联语五则"，其中两则是林语堂对《论语》杂志同人的期许，也是对自己一生风范的生动写照：

道理参透是幽默，性灵解脱有文章。
两脚踏东西文化，一心评宇宙文章。[1]

颜雅清也是"两脚踏东西文化"。

颜雅清晚年一直在布鲁克林图书馆工作，直到1970年3月18日。这一天，她像往常一样，照例去沐浴，准备上班，但是一下子昏倒在浴室里，再也没有起来。颜雅清一生致力于中国的救国事业和世界和平，到晚年却孤苦伶仃地死在自己的寓所。她的一个邻居，每天早晨都要跟出外工作的颜雅清打打招呼，3月19日、20日连续两天，邻居没有看到颜雅清，电话又没有人接。邻居就把电话打到颜雅清的孙子陈克文那里，陈克文报警之后，警察打开了颜雅清的寓所，发现颜雅清倒在自己的浴室里，验尸官的结论是高血压和心脏病引起的死亡。中国失去了一个好女儿，世界失去了一个好公民。

她走得太突然，很多事情还没有做完，世界公民的义务还在等待她。但是一切都无法实现了，她的一生太劳累了。动脉硬化闭塞症折磨着她，心肌梗死是她去世的直接原因。她的死亡证明书上是这样的

---

[1] 毛翰：《晚风堂上语，残月林家诗》，陈煜斓主编《走近幽默大师》，中国社会科学出版社，2008年，第312页。

结论。

泰戈尔的一句诗"生如夏花之绚烂，死如秋叶之静美"，只是泰戈尔所希望的一种理想状态，而在颜雅清这里却完全变成了现实，是其一生最恰当的写照。颜雅清从小就看不上林黛玉那种"娴静时如娇花照水，行动处似弱柳扶风"的娇柔之美，她更喜欢一种豪放的美，她的去世，实现了自己的愿望。

在颜雅清去世之后一年，1971年1月9日，她的好朋友林语堂在美国的长女林如斯，也因长年的精神忧郁悬梁自尽。白发人送黑发人，林语堂伤心欲绝，写下一首《念如斯》：

东方西子，饮尽欧风美雨，不忘故乡情独思归去。
关心桑梓，莫说痴儿语，改妆易服效力疆场三寒暑。
尘缘误，惜花变作摧花人，乱红抛落飞泥絮。
离人泪，犹可拭；心头事，记不得。
往事堪哀强欢笑，彩笔新题断肠句。
夜茫茫何处是归宿，不如化作孤鸿飞去。

这首诗似乎也可以用在颜雅清身上，她正是"东方西子，饮尽欧风美雨"。

颜雅清的追悼会在纽约曼哈顿的河滨教堂举行。该教堂是一座跨教派、跨种族、国际性的教堂，它不仅以精美的哥特式建筑著称，还有世界最大的钟琴，又是精神信仰和进步主义政治运动的中心。同时河滨教堂也能恰当而准确地反映出颜雅清的声望和信仰。

在她的生命里，颜雅清经历了众多的政治与社会的剧变。出生在清朝，成长在革命中的中国，二战中的英雄，越战时旅居美国，颜雅清亲历了太多的历史变迁，从一个裹小脚的年代，到一个迷你裙和幻觉剂盛行的年代。她自己的心路历程也像一个盛大的航海之旅，她的足迹也遍布各地，这让她遇到各种各样的人，也倾听各种各样的声音。

正如帕蒂·哥莉所说："纵观她的一生，虽然她看似在追索个人价值的实现，但是这种追求从未偏离她对全人类和谐友爱、四海一家的信仰的坚持。不公正是一种令人无法忍受的罪恶，人类应该消除这种不公正。"[1]颜雅清在自我中挣扎出来时，从未偏离过对社会公正，人类友爱的执着追求。这些信念像北极星一样指引着颜雅清，在她自己的那些论述中我们可以得知，这种执着追求也恰恰帮助她度过了那些艰难日子，同时也为她赢得了来自他人的大力支持，这也是她所需要的。

在1973年，颜雅清的第一任丈夫，陈炳章在74岁的时候去世了。但是这位元配丈夫，颜雅清一直对他忠心耿耿，即使离婚之后，两人之间也从来没有发生过任何龃龉。他们的离婚，原本就不是因为感情的不和，而是颜雅清为事业做出的一种个人利益的牺牲。上世纪40年代，陈炳章偕陈国凤的继母到美国，颜雅清像朋友一样到机场和车站迎接，陪同他们到各处转转。一直到1966年"文革"爆发之后，颜雅清还曾经通过去香港打电话问候前夫，担心他在"文革"中遭到迫害，但是这时候的颜雅清，已经在乳腺癌手术之后。头几年，因为不得已为争取美国的医疗费，她只得选择加入美国籍，这是她一生最不愿意的事情。而这之前，陈炳章不断的电话，也打给前妻颜雅清，哪怕短短的几句问候，也可以让对方感到非常满足。但是这时候的他们，只能通过电话来叙叙旧了。一对一开始不情愿的包办婚姻，经过岁月的沉淀，也升华到了很高的高度：他们彼此精神上一直是互相爱慕的。原因就是对共同事业的追求。

颜雅清的第二任丈夫约翰，和他的第三任妻子一起移居到了新西兰北岛的 Warkworth，随后沉浸到了他的新生活当中（这像极了他原本打算和颜雅清一起度过的在 South Norwalk 的生活）。在那里，他享用着他自己的果园中的水果和来自大海的食物。甚至在他退休以后的生活里，他仍然继续着那些曾经让颜雅清迷恋上他的活动，继续为了和平和人权而游说奔走。他成为了新西兰 Peace Studies 基金的合伙人和董事长。同时作为一个敏感的诗人，他在1989年限量出版了一本关于他二战生涯的诗集，*Poems from a War*。他同时还保持着和颜雅清家庭的书信来往。鉴于他对人类和平和团结的卓越贡献，他在2002年，被授予了新西兰Order奖章。在接下去的一年，约翰·吉福德·梅尔在90岁的时候去世了。[2]

---

[1]　帕蒂·哥莉：《飞天名媛》，张朝霞译，花城出版社，2012年，第139页。
[2]　同上，第140页。

颜雅清生前最大的顾虑，是一直被她年迈的父亲的遭遇所困扰。她的父亲，颜福庆，一位为他的祖国做出过卓越贡献的著名医生，遭到了"四人帮"迫害，他的名誉被无情的践踏，他的生活也被社会边缘化。尤其是当他疾病缠身要去自己创办的医院就诊之时，却被医院的医护人员无情地赶了出来。父亲痛苦的遭遇考验着颜雅清，也对她的心理造成重大打击。但是，鞭长莫及的她，已经无能为力了。

在颜雅清为联合国服务的时候，是为国际主义做出自己的贡献。而他的父亲颜福庆则在国内焕发着社会主义建设者的热情，为祖国效力。抗美援朝期间，颜福庆参加上海市抗美援朝志愿医疗手术队的组织领导工作，积极动员医药卫生人员响应国家号召，参加医疗手术队奔赴前线。上海医学院各附属医院，在他领导下先后组织了三批志愿手术医疗队，还组织了一个防疫检验队参加反细菌战，共200余人。颜福庆当时虽已接近七十高龄，但仍参加了慰问团亲赴东北慰问志愿军。他的尽职尽责得到国家和人民的认可，几年的两会，颜福庆都作为医学界的代表，在两会发言。

颜福庆在1956年的两会上的发言说："我完全同意和拥护周总理的政治报告和各位首长的重要报告。我是一个知识分子，终身为医学教育服务；先在湖南湘雅医学院工作了18年，以后在上海医学院工作28年，两校共46年，至今我仍在办医学教育的事业，上海第一医学院，很光荣地接受了中央所交给我们的一切任务。解放以来，上医分配出一部分高级教员去协助各地兄弟医学院校。去年为建立新疆医学院，我们很愉快地配备该校所需要全部高级临床教员，去协助这个新学校，现在我们又接受了建立重庆医学院的任务，而上海原有的教育任务不减少，这个双重担子，我们已经挑起来了。"[1]

1957年的两会上，颜福庆的发言说："关于预防为主的方针。医务工作者还存在着注重临床而忽视预防的倾向。我院现有学生三千一百七十八名，附属医院六所，病床一千六百九十五张，尚有护校和干校。而全院教学人员只有四百七十六人，以此有限的人力，要担负教学医务研究的任务，又须提高教学质量，是有困难的。因此产生不良的现象，影响到教学人员的健康。据最近统计，在七十六个高级教授中，患病者就有十一人，占14.1%，其中有半休有全休，也有

[1]　《颜福庆的发言》，《人民日报》1956年2月7日。

带病从公的。根据政府政策，认为过去事业发展得太快，必须暂缓发展，要利用今年一年的时间，就现有基础加以整顿巩固。把提高质量列为一项中心工作。"[1]

颜福庆代表沈克非、王淑贞、胡懋廉委员的联合发言说：我们曾与地方医务人员一起，进行了血吸虫病、钩虫病、丝虫病和蛔虫病的一百余万人次的检查和三十余万人次的治疗工作，为工厂和人民公社训练了二万个保健员、保育员和炊事员；并改进了二千多个食堂和托儿所的卫生情况。[2]

但是作为一介书生，颜福庆在政治上是迟钝的，到1960年，他还在支持大跃进的说法。希望在医药卫生事业能够持续大跃进。[3]

颜福庆比他的女儿在世界上多活了几个月的时间。在他为中国奉献一生以后，他于1970年11月29日在屈辱和误解中去世了，时年88岁。

颜福庆在"文革"中遭受的痛苦，让今天的人们心中简直发颤。我们摘录一点对他遭受折磨的材料，就可以看到他的晚年是多么痛苦。

1957年，"反右"斗争开始，颜福庆就医学领域中存在的一些问题坦率地谈了自己的看法，不料言重心急，得罪了某位市领导，这位市领导将颜福庆内定为"右派"。好在时任中共华东局统战部部长兼上海第一医学院院长的陈同生[4]十分了解颜福庆，他顶住了上面的压力，没有给颜福庆戴"右派"帽子，保住了颜福庆，然而他却没有保住自己，后来在多方的压力下，他只得悄然离世。

---

[1] 《贯彻执行卫生政策四大方针》，《人民日报》1957年3月25日。

[2] 《努力贯彻党的教育方针》，《人民日报》1959年4月29日。

[3] 《医药卫生事业的持续大跃进》，颜福庆、沈克非、王淑贞代表和胡懋廉委员的联合发言，《人民日报》1960年4月11日。

[4] 陈同生（1906—1968），原名陈农非、张翰君。四川营山人。解放后，陈同生曾任上海第一医学院党委书记、院长，后担任上海市委统战部部长、上海市政协副主席。无论职务多高，他依旧是一副平常模样，没有半点架子。1957年反右时，他在电话里对一位市委领导说："颜福庆不能当右派，他是上海医界的一面旗帜，也是上海知识界的代表，连这样的人都团结不了，我这个院长就不要当了。"他在电话里跟那位领导争得很厉害。女儿问陈同生："谁是颜福庆？"他说："颜福庆是上海医学院的创始人，他教育学生要用学到的知识去治病救人，而不是去赚钱。他不允许自己的学生当开业医生。谁要开了业，以后他就不见，连送去的礼物都不收。他对学生要求很高，他自己就是学生的榜样。我们的工作不是没有缺点，人家提意见，是为了改进工作，哪里就是反党反社会主义？"（尹家民：《戎马书生陈同生》，《党史博览》2005年第7期）

颜福庆逃过了"反右"，然他最终没有逃过"文革"。

"文革"开始，颜福庆自然被红卫兵戴上"反动学术权威"、"反革命"、"特务"等帽子而被押上批斗台。颜志渊回忆说："看着爷爷被剃的阴阳头，挂着大牌，躬着腰，脚颤颤抖抖的样子，我的心仿佛被撞碎了似的。批斗时，爷爷倔着，坚不承认自己的报国之心为卖国之举。为此，红卫兵的唾沫、此起彼伏的口号声，还有那不可防的拳脚，一起向爷爷拥来。孰知此时爷爷已是八十五岁高龄的老人，哪能经得起这样的折腾啊！看着红卫兵惨无人道的举动，我的心犹如被撒上了盐，撕心裂肺，作为爷爷的大孙子，我无法去替代他挨斗，我羞，我恨。批斗结束，便是没完没了地写检查。爷爷眼睛不好，只得由我代笔。"祖孙两人蜷在一间小屋去回忆那不堪回首的往事，且还得无奈地将辉煌写成"罪孽"。不久，颜福庆被隔离审查了。也许是照顾他年迈，工宣队决定就地审查，也就是将颜福庆赶至家中楼上单间看守起来。为了不让他与家人接触，工宣队亲自守门监管。家中早已狼藉，不堪入目。颜志渊说："我和爷爷虽同住一屋，但难能见面。有时，楼上一阵散乱的脚步声，我的心顿时会揪起来，我知道爷爷又要被押去批斗了。"眼看爷爷挂着牌，被人强揪着头，作为年轻力壮的大孙子不能去扶持，不能去伸张，那种悲味、惨味，哪能说得完呢？

颜福庆还是很硬气的，平时，他躺在床上，翻翻"毛选"，读读语录，十分平静地对待周围发生的一切。令颜志渊最悲痛的是他大学毕业分至苏北与爷爷告别的场面。……

随着"文革"的进展，颜福庆的批斗会也逐渐减少。颜福庆隔离审查的警报也被解除，然天有不测之风云，颜福庆的哮喘病复发了。他年老体弱，如不及时抢救，便有生命危险。于是家属急忙拨通了医大附属中山医院的电话，请求急救车前来抢救。谁料，医院值班医生以"牛鬼蛇神"不出车为由，将颜福庆拒之门外。无奈之下，家人冒寒用板车将颜福庆拖送至中山医院。岂料，医院又一次将其推出大门。气得直哮喘的颜福庆呼天抢地地感叹："想不到自己一手创办的中山医院，竟不接纳在危急中的自己，何来人道，何来救死扶伤！唉，真是人妖颠倒。"好在自己是医生，只得自己开药，自己抢救了。

颜福庆家几经抄劫，已是一贫如洗了。待到长孙颜志渊结婚时，颜福庆囊中已空空。但大孙子结婚，做祖父的一点儿礼都没有，也说不过去，情急之下，他从箱柜里拿出一套旧的毛料西装，对颜志渊说："这是爷爷1962年出访香港时穿的，以后几乎没有穿过。现在好了，你做新郎时也许用得上。爷爷还有个要求，你是我的大孙子，你千万不要出国，要守在医学院。"面对爷爷，颜志渊泪涌如泉。颜志渊说："在做新郎时，我确实穿上了爷爷的西装，这套西装我至今还收藏着。我也遵循了爷爷的要求，留守在大陆。"[1]

十年以后，在粉碎"四人帮"以后，他的名誉最终被恢复。鉴于他对中国医学和教育的巨大贡献，以及他为人民事业的执着献身，人们为他举办一个规模盛大的追悼会，他的骨灰也被重新安放在了龙华壮观的革命烈士公墓。上海医药大学，后更名为复旦大学医学院，也为它的创始人颜先生在校园中树起一个巨大的塑像，这也一定会让去世的颜雅清欣喜。今天他被尊敬为整个中华民族的英雄，和他珍爱的女儿一样，坚定不移地为人类的进步做出重大的奉献。

而颜福庆的爱女颜雅清，在父亲之前，已经安静地栖息在不是自己出生地的纽约芬克里夫陵墓里。

美国纽约上州西切斯特县哈茨代尔郊外的芬克里夫墓园，这是一个有着百年历史的墓地，号称无宗派（Nonsectarian）墓园。创于1903年，坐落在纽约市北25英里处，占地63英亩，是美国东部著名的墓园之一。芬克里夫墓园也成为众多纽约名人的最后安息之地。

芬克里夫到底埋葬了多少名人，无法精确统计，仅从墓园网站提供的部分名人名单上，就可以窥见一斑，从政客、艺术家、NBA球星到学者、著名的传记作家。不过在此安葬的文艺界人士，如歌手、词曲作家、歌剧表演家、乐队指挥、影视明星、电视秀的主持人、画

晚年的颜雅清（陈国凤大夫提供）

[1]　《中国西医泰斗——颜福庆》，王晓君《海上撷忆话名人》，上海辞书出版社，2007年，第212—214页。

颜雅清在纽约的墓地（陈国凤大夫提供）

家、服装设计师、作家的比例还是很高，其中也真不乏名人，如《音乐之声》的歌词作家哈默斯坦、《窈窕淑女》的导演哈特、黑人作家鲍德温等。

除了文艺界人士之外，芬克里夫还安葬了不少政界名人，如前国会众议员奥斯汀、"美国志愿者运动"的发起人布思、民权领袖惠特尼·杨等，故在当地有"政治陵园"的别称。

芬克里夫从某种意义上讲，是一个名人济济的墓地，但它也是美国墓地的典型代表，处处体现着美国墓园文化。这里没有中国墓地的荒凉萧瑟、岑寂阴森，有的只是平静、安详和永恒，更加贴近人群，这大概就是两种不同的文化的不同表现吧[1]。

在颜雅清的坟墓旁有一个青铜色墓碑。尽管那时已经距离她的第二次离婚有了11年的时间，但她仍然认为自己的墓碑上应该把她称为Male夫人，不过他的儿子决定墓碑上不写Chen，也不写Male，而是简单的写为"Hilda Ya-tsing Yen"。她的名字中包含有英语和汉语，也暗示她这是一个对东西方都有着巨大影响的女性，同时也是一个有

　　[1]　姬红：《宋美龄安葬之地：芬克里夫墓园一瞥》，《世界知识》2003年第23期。

思想和勇气的独立女性。

　　墓碑上写着：

颜雅清，Hilda Ya-Tsing Yen　1905—1970

里弗代尔（布朗克斯县）

布朗克斯县

纽约，美国

文字说明：20世纪30年代中国女飞行员。国际联盟中国代表团成员，后来曾在联合国秘书处工作。

　　这是一个安葬着很多著名人士的墓园，对颜雅清来说更重要的是，她在这里并不是寂寞的，她还有自己的同胞在陪伴自己，中华民国第一夫人宋美龄与她的姐姐宋霭龄及曾任财政部长宋子文、孔祥熙等孔宋家族人士及外交家顾维钧身后均葬于此墓园。

■ 致谢

　　作为一个男子，写作本书的时候，心灵的震撼是不可不说的。作为一位女性，颜雅清的勇敢和献身精神、追求真理的道义力量，让我们今天的男子自愧弗如。

　　1995年8月，我开始接触巴哈伊教，知道了颜雅清这个神奇的女性。从此对她就非常感兴趣，但是17年来连续不断地查阅资料，却很少见到这位在国外非常知名的女性，颜雅清的面影好长时间都是模模糊糊的。这样，颜雅清就一直被神秘的面纱遮盖着。

　　但是，越是神秘，越是让我对颜雅清着迷。于是搜集有关她的生平资料。清初画家石涛，总结自己画作经验时说："搜尽奇峰打草稿"。这句话对我的启发极大。我自己对颜雅清资料的搜索，可以说是"搜尽千书找材料"，我几乎使尽浑身解数，使用了很多过去我认为非常灵验的方法，包括大海捞针、顺藤摸瓜、穷追猛打、小题大做，甚至季羡林先生教给的"杂志缝里找文章"，傅斯年先生教给的"上穷碧落下黄泉，动手动脚找东西"，这些被认为"屡试不爽"的绝法都用上了，但是仍然无济于事。

　　最后还是通过众多朋友的帮助，才把基本的资料搜集得比较齐全了。17年来，很多朋友帮助，才逐渐使颜雅清的资料丰满起来。所以这部书的完成，应该是集体合作结果，绝非我一个人的努力所能够完成的。我对帮助完成这部书的所有朋友，表示至诚的感谢！

首先要感谢颜雅清的女儿陈国凤
大夫，她自2012年3月多次来函对本书
进行指导，代表颜雅清的亲属对我表
示大力支持，在2012年4月21日、4月
22日、5月14日从美国纽约先后发过来
多张和颜雅清有关的珍贵照片，并且
指正了拙稿的不确切之处。

还须感谢美国巴哈伊档案馆提供
珍贵照片。

在这本书的致谢名单里，还包括
宗树人、江绍发、史玉妍、陈丽新、
颜志渊（颜雅清的侄子）、颜志凯

颜雅清女儿陈国凤大夫

（颜雅清的侄子）、舒蒙萌、潘紫径、郭伟、许宏、蔡元喆、王燕、
蔡燕颖、周夏颐、张涤生、周立坚、乔冰、莫君旸、杨静茹、王加
红、罗朝议、刘峰、马保全。其中好几个朋友是在《飞天名媛》中文
版出版以前，帮助我翻译的，没有他们的帮助，我无法读懂英文版的
著作。当然中文版出版以后，我可以读到全部的信息，然而帮助我翻
译的朋友们，所起到的作用是不能忽视的。

蔡德贵与陈国凤大夫，2012年10月16日北京

致
谢

特别应该感谢的是陈国凤大夫和加拿大女作家帕蒂·哥莉（Patti Gully），2010年底，我在美国达拉斯通过电话联系到陈国凤大夫之后，得到消息，说广州的一家出版社正在准备出版一本有关颜雅清的书，陈国凤大夫提供的是帕蒂·哥莉的 *Sisters of Heaven*（《飞天名媛》）。2011年4月底，我回国以后就不间断地注意网上发布的有关信息，非常高兴地看到花城出版社林宋瑜博士微博发布的信息，说，帕蒂·哥莉用七年时间撰写 *Sisters of Heaven* 一书，通过大量研究重现了这段几乎为世人所遗忘的历史，并向世人展现这三位中国最早的航空之花传奇的人生。书中还揭秘她们不为世人所知的情感挣扎及私人生活。但是书没有出版，一直到2012年春节，我打电话给花城出版社，找林宋瑜博士，可巧她出国在外。通过发行部联系，知道可以买到这本书。我便委托广州的朋友周立坚女士以最快的速度赶到出版社，她在第一时间买到这本书，立即通过快递公司快递给我。2月3日中午，我收到了这本书。收到该书的时候那种兴奋，几乎比洞房花烛夜、金榜题名时，还有过之而无不及。《飞天名媛》蒙林宋瑜博士慧眼识珠，由花城出版社出版，所以也应该感谢该书的责任编辑林宋瑜博士、揭莉琳和花城出版社，当然更要感谢该书的译者，广州民航学院的张朝霞。之后，陈国凤大夫得知我正在撰写她母亲的传记之后，多次从美国打来越洋电话，多次以80岁高龄亲自写回忆材料，每每让我感动不已。她不断提出自己的意见，提供新的史实和故事，使本书增色很多。

最后，还得感谢内子刘宗贤研究员帮助我通读全稿，纠正了不少打错的字，和不恰当的语句。

蔡德贵

颜氏家族世系表

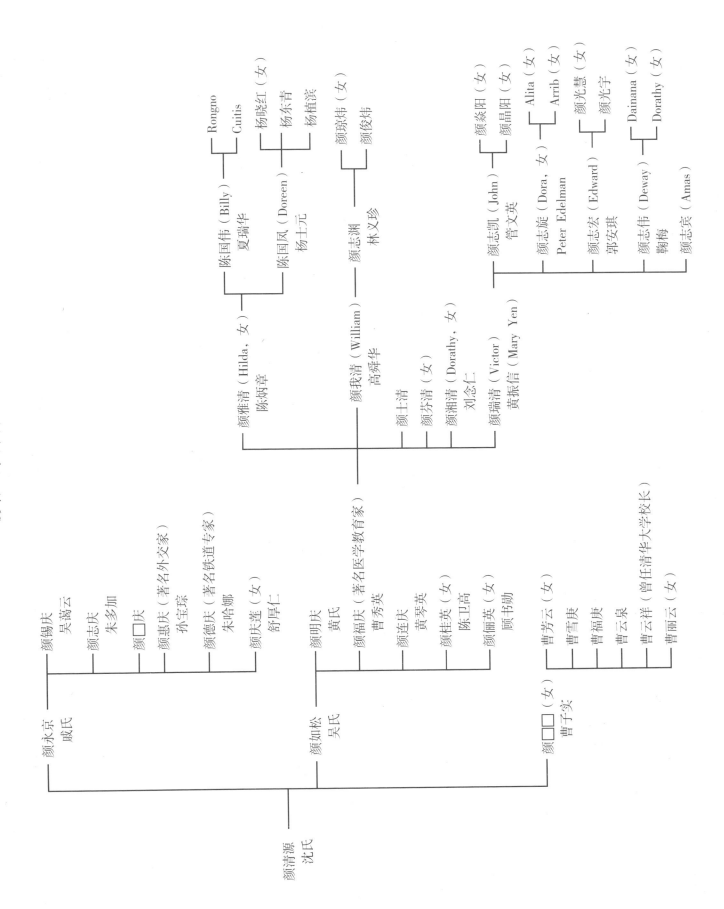